生态环境修复行政命令的规范构造和体系优化

Normative Construction and System Optimisation of
Administrative Orders for Ecosystem Restoration

程 玉 著

中国社会科学出版社

图书在版编目（CIP）数据

生态环境修复行政命令的规范构造和体系优化 / 程玉著 . —北京：中国社会科学出版社，2024.6

（中国社会科学博士后文库）

ISBN 978-7-5227-3630-3

Ⅰ.①生… Ⅱ.①程… Ⅲ.①生态恢复—行政管理—研究—中国 Ⅳ.①D922.680.4

中国国家版本馆 CIP 数据核字（2024）第 110697 号

出版人	赵剑英
责任编辑	梁剑琴
责任校对	闫 萃
责任印制	李寡寡

出　版	中国社会科学出版社
社　址	北京鼓楼西大街甲 158 号
邮　编	100720
网　址	http://www.csspw.cn
发行部	010-84083685
门市部	010-84029450
经　销	新华书店及其他书店

印　刷	北京君升印刷有限公司
装　订	廊坊市广阳区广增装订厂
版　次	2024 年 6 月第 1 版
印　次	2024 年 6 月第 1 次印刷

开　本	710×1000　1/16
印　张	17.5
字　数	296 千字
定　价	98.00 元

凡购买中国社会科学出版社图书，如有质量问题请与本社营销中心联系调换
电话：010-84083683
版权所有　侵权必究

第十一批《中国社会科学博士后文库》编委会及编辑部成员名单

（一）编委会
主　任：赵　芮
副主任：柯文俊　胡　滨　沈水生
秘书长：王　霄
成　员（按姓氏笔划排序）：

卜宪群　丁国旗　王立胜　王利民　王　茵
史　丹　冯仲平　邢广程　刘　健　刘玉宏
孙壮志　李正华　李向阳　李雪松　李新烽
杨世伟　杨伯江　杨艳秋　何德旭　辛向阳
张　翼　张永生　张宇燕　张伯江　张政文
张冠梓　张晓晶　陈光金　陈星灿　金民卿
郑筱筠　赵天晓　赵剑英　胡正荣　都　阳
莫纪宏　柴　瑜　倪　峰　程　巍　樊建新
魏后凯

（二）编辑部
主　任：李洪雷
副主任：赫　更　葛吉艳　王若阳
成　员（按姓氏笔划排序）：

杨　振　宋　娜　陈　莎　胡　奇　侯聪睿
贾　佳　柴　颖　焦永明　黎　元

《中国社会科学博士后文库》
出版说明

  为繁荣发展中国哲学社会科学博士后事业，2012年，中国社会科学院和全国博士后管理委员会共同设立《中国社会科学博士后文库》（以下简称《文库》），旨在集中推出选题立意高、成果质量好、真正反映当前我国哲学社会科学领域博士后研究最高水准的创新成果。

  《文库》坚持创新导向，每年面向全国征集和评选代表哲学社会科学领域博士后最高学术水平的学术著作。凡入选《文库》成果，由中国社会科学院和全国博士后管理委员会全额资助出版；入选者同时获得全国博士后管理委员会颁发的"优秀博士后学术成果"证书。

  作为高端学术平台，《文库》将坚持发挥优秀博士后科研成果和优秀博士后人才的引领示范作用，鼓励和支持广大博士后推出更多精品力作。

《中国社会科学博士后文库》编委会

序 一

生态环境修复是当前中国生态文明制度改革进程中的重点和热点问题，本书选题从行政命令视角切入对生态环境修复目标的实现路径进行探讨，尤其是对生态环境修复行政命令制度在多元生态环境修复责任追究机制框架下如何发挥其生态环境损害预防和救济功能的研究，对于生态环境修复法律理论研究的深入以及国家生态环境治理体系和治理能力现代化实践的完善，都具有重要意义。

全书借鉴了大量实然性的域外立法例，理论分析深入，逻辑结构合理，论证缜密，对域外立法例的介绍详细、精准，较为出色地论证了在当前优化中国生态环境修复行政命令制度的正当性、必要性、可行性。最后，作者在对生态环境修复行政命令的规范构造原理进行理论解剖的基础上，立足于生态环境损害救济体系化提出了优化当前中国生态环境修复行政命令制度的体系化方略，是不可多得的优秀研究成果。当前中国环境法学界已经开始注意到生态环境修复责任追究应当以行政为主导，本书不仅系统阐释了行政主导的内在机理，还以行政命令作为行政主导的具体化实现路径，为行政主导模式的具体展开奠定了制度基础。

程玉博士是国内较早关注生态环境损害法律责任议题的青年学者，近年来围绕该议题发表了一系列高水平的科研成果，本书是其第一本个人专著《生态损害法律责任实施机制的选择》的"姊妹篇"，这充分表明他不仅对环境法基础学术命题保持着持续的研究热情和动力，还具备高质量学术成果的产出能力。

程玉博士是我指导的博士后，为人谦逊、踏实，科研态度端正，学术作风严谨，创新意识强。他不仅协助我完成了部分教学科研任务，还发表了多篇中英文核心期刊论文，先后顺利立项中国博士后基金项目、国家社科基金后期资助项目和国家社科基金青年项目。其博士后出站报告获得评审专家和答辩委员会的一致好评，被评为优秀出站报告，并以次为基础申请获得了第十一批《中国社会科学博士后文库》的项目资助。本书即是在其博士后出站报告的基础上修改完成的。

不过，本书也存在进一步完善的空间。比如，对域外立法经验与制度优化建议的结合度不够紧密，对生态环境修复行政命令的管辖与适用等问题欠缺关注。2022年，欣闻程玉博士在前期已有研究的基础上成功获批国家社科基金青年项目《比例原则视角下生态环境损害法律责任体系化研究》。这是他在生态环境损害法律责任研究领域取得的又一项重要科研成果。我期待程玉博士在完成项目的过程中，能够就这些问题继续思考、成文，以理论推动、反哺实践。

我希望且相信，程玉博士能够继续在环境法领域精心耕耘，"躬耕教坛、精研学问"，取得更多丰硕的学术成果，为美丽中国的法制建设做出自己的贡献。

是为序！

冷罗生
2022年4月30日

序 二

相较于行政许可、行政处罚、行政强制、行政给付、行政征收等"热点"行政行为类型，有关行政命令的研究尚未获得理论界的青睐，一定程度上属于行政法上"熟悉的陌生人"。本书选取生态环境修复行政命令作为研究对象，深入探索其理论基础、规范构造、适法性控制、制度绩效等基础理论问题，并将其与行政协商、司法修复、公法制裁有效衔接，其学理意义不仅在于对行政行为理论和生态环境修复法律理论的双重丰富与发展，而且对完善生态环境损害救济体系具有重要启示。

本书具有较高的学术价值和应用价值。一是对大量碎片化的域外法制资料作了较好的收集、整理、消化和吸收，使本书具有较强的前沿性。例如，作者详细引介了英国、美国、德国和法国等多个国家在生态环境修复行政命令立法方面的制度经验，并归纳、总结了这些国家采纳的多元生态环境修复制度的适用关系。这些经验对完善我国生态环境修复行政命令制度、优化生态环境损害救济体系并提出对此的建议奠定了基础。二是运用成本效益分析方法比较行政命令、行政协商、司法诉讼等制度工具，形成了较为系统的、一以贯之的理论框架，体现了鲜明的理论特色。三是结合中国国情和法治体系的特点，提出了优化中国生态环境修复行政命令制度的正当性、必要性、可行性以及具体路径，使本书具有较强的对策性和应用性，可以为国家政策法律的制定和修改提供理论方案和学术支撑。四是本书关注环境法律责任规则的实施，克服了中国环境法学研究在一定程度上重制度设计轻实施、重制度轻理论、重细节轻宏观的惯性，重视对环境法学科基础理论的拓展研究并与前沿问题相结合，推进有创新意义的环境法学研究。

程玉老师作为北航法学院新进教师，是学校和学院重点培养的人文社科青年学术骨干。作为北航环境法与经济法中心主任，我见证了他近年来的学术成长。他不仅在教学科研工作方面取得了优异成绩，还多次参与国家有关部委重要环境政策和法律的研究、咨询工作，并协助我认真执行、完成我中心主持的科技部外国专家项目，与比利时、荷兰、德国、英国以及巴西等多所高校的环境法教授和法官建立了紧密的学术联系。本书的出版，再一次见证了他的饱满的学术追究志趣和逐渐成熟的青年学者创新风貌。衷心祝贺程玉老师佳作出版！

杜　群

2022 年 4 月 30 日

摘 要

随着生态文明建设的推进，人与自然和谐共生的现代化目标不断推动"生态环境损害"成为法律责任发展的"关键词"。生态环境修复法律责任是生态环境损害法律责任的优先适用形态。近年来，中国环境立法、执法和司法围绕生态环境修复法律责任进行了广泛而深入的制度创新。从责任追究机制来看，行政执法权的"疲软""失灵"以及公共政策实施型司法能动理念的迅速发展，促使司法权而非行政权成为生态环境修复责任追究机制的主导者，立法者循此思路创设了环境民事公益诉讼制度。然而，鉴于环保组织和检察机关在代表生态环境公共利益的民主基础和现实能力方面的困境，近年来中国在生态环境修复责任追究机制的配置思路方面发生了双重转向：其一，法律实施主体从检察机关和环保组织转向行政机关；其二，追究机制的制度载体从民事公益诉讼转向行政磋商和索赔诉讼。从环保组织和检察机关转向行政机关主导生态环境修复责任追究，是对"行政机关优先代表公共利益"的重申，具有法理正当性。但在生态环境修复责任追究机制所依托法制框架尚未完全从私法转向公法的现实背景下，仅将追究机制的制度载体从民事公益诉讼转向行政磋商和索赔诉讼，易在理论和实践双重维度造成困境。一方面，磋商机制的法律属性存疑，理论界在民事磋商和行政磋商之间摇摆不定。同时，行政机关借助索赔诉讼意味着其在维护生态环境公共利益时无须动用行政权，而是直接将问题交由法院裁判，容易引发"行政职权民事化，审判职权行政化"困境。另一方面，由于缺乏合理有序的法律责任衔接机制，行政磋商和索赔诉讼的"贸然"引入，可能会与中国法律体系中既有的生态环境修复法律制度发生适用冲突，进而严重制约生态环境修复法律责任的规制效果。

从域外立法经验来看，尽管以行政机关为中心的行政机制和以司法机关为中心的司法机制均可能被各国确立为生态环境修复责任追究机制，但行政命令始终并未完全脱离生态环境损害救济的规制工具箱，仍在一定程度上发挥着追究生态环境修复责任的功能。在部分国家立法例中，行政命令制度甚至是追究生态环境修复责任的主导机制。由于行政命令在中国尚未成为独立的型式化行政行为，加之中国立法者倾向于高度信任司法权的生态环境公共利益维护效能，确立或者重构我国生态环境修复行政命令制度尚未成为学界的主流观点。虽然已有少数学者开始主张行政权应当在生态环境公共利益代表和维护方面发挥重大作用，但既有成果更倾向于通过重构行政处罚制度来实现生态环境修复责任的追究目标。诚然，中国当前实在法体系中的各类责令行为类规范在一定程度上具有生态环境修复行政命令的效果。但是，污染防治法律体系中的"责令（限期）改正""责令恢复原状""责令（限期）治理"等不宜直接解释为生态环境修复行政命令，充其量只能界定为应急性修复命令；自然生态类法律体系中的"责令恢复"可以解释为生态环境修复行政命令，但现有规则仅强调对单一环境要素的修复，未明确涵盖对生态环境系统的修复。由于法律规则供给不足，实践中行政机关一般不愿意直接通过行政命令（更愿意通过民事公益诉讼或者生态环境损害索赔诉讼）修复受损的生态环境，一些零星实践面临于法无据的质疑。

生态环境修复责任的法律属性及其责任追究过程的特征（复杂的科学技术性特征），以及行政命令相较于索赔诉讼、磋商和解等制度工具的成本效益优势，决定了以政命令制度实现生态环境修复责任目标具备正当性基础。从中国国家权力分立结构、转型期的社会背景、生态文明体制改革以及域外成熟法制经验来看，重申生态环境修复行政命令制度具有可行性。其中，与国家权力分立结构契合、与中国转型时期的社会现实和生态文明体制改革精神相符为制度引入奠定了背景条件，而域外各国立法普遍青睐生态环境修复行政命令的法制经验则为制度重构输送了制度养分。然而，行政命令制度的高权行政行为属性与现代行政法强调的平等理念、合作治理精神不相契合，因此生态环境修复行政命令制度的重构需要充分消除这些弊端，尽量实现程序公正与行政效率的均衡。为进一步优化生态环境损害救济体系，促进生态环境修复责任救济主导力量从司法向行政的回旋，充分发挥行政规制的功能优势，有必要遵循法制化和体系化的思路，明确生态环境修复行政命令制度的适用边界和法制化方案，并构建相应的保障机制。

关键词：生态环境修复责任；行政命令；公法责任；规范构造；体系化

Abstract

With the advancement of the construction of ecological civilisation, the modern goal of harmonious coexistence of man and nature has continuously promoted "eco-environmental damage" as the "key word" in the development of legal liability. In recent years, China's environmental legislation, law enforcement and judicial system have made extensive and in-depth institutional innovations in relation to legal liability for eco-environmental restoration. From the accountability mechanism point of view, the administrative law enforcement power of the "weak" "failure" and the rapid development of the concept of judicial activism, prompting the judicial power rather than the administrative power to become the leading eco-environmental restoration accountability mechanism, therefore the legislator created the system of environmental civil public interest litigation. However, in view of the practical dilemmas of environmental organisations and procuratorates in terms of their democratic foundations and real-life capacity to represent eco-environmental public interests, in recent years China has made a double shift in its thinking about the configuration of mechanisms for pursuing accountability for eco-environmental remediation: firstly, the main body of the law's implementation has shifted from procuratorates and environmental organisations to administrative authorities; secondly, the institutional vehicle of the mechanism for pursuing liability has shifted from civil public welfare lawsuits to administrative consultations and claims for compensation. Second, the institutional vehicle of the accountability mechanism has shifted from civil public interest litigation to administrative settlement and claim litigation. The shift from environmental protection organisations and procuratorial organs to administrative organs to take the lead in pursuing liability for eco-environmental restoration is a reaffirmation of the "priority of administrative organs in representing the public interest", and has legal legitimacy. However, in the context of the legal framework on which the mechanism of accountability for eco-environmental restoration is based, which has not yet been completely shifted from private law to public law, the shift of the institutional vehicle of the mechanism from civil public interest litigation to administrative settlement and claims litigation is prone to create dilemmas in the dual dimensions of theory and practice. On the one hand, the legal attributes of the settlement mechanism are doubtful, and the theoretical circles are wavering between civil settlement and administrative settlement. At the same time, the administrative organ's recourse to claim litigation means that it does not need to use its administrative power to safeguard the eco-environmental public interests, but directly refers the issue to the court for adjudication, which is prone to cause the dilemma of "civilisation of administrative power and administrativeisation of adjudication power". On the other hand, due to the lack of a reasonable and orderly mechanism for articulating legal liabilities, the "hasty" introduction of administrative settlement and claims litigation may conflict with the existing Chinese legal system for eco-environmental restoration, and thus seriously limit the regulatory effect of legal liabilities for eco-environmental restoration.

From the point of view of extraterritorial legislative experience, although the administrative mechanism and the judicial mechanism may be established as the mechanism for pursuingthe liability of eco-environmental restoration by the countries, the administrative order has not been completely detached from the regulatory toolkit of eco-environmental damage relief, and both of them play the function of pursuing the liability of eco-environmental restoration to a certain extent. In some national legislative examples, the administrative order system is even the dominant mechanism for pursuing liability for eco-environemental restoration. Since the administrative order has not yet become an independent type of administrative act in China, coupled with the fact that Chinese legislators tend to have a high degree of trust in the effectiveness of the judicial power in safeguarding the eco-environmental public interest, it has not yet become the mainstream view of the academic community to establish or reconstruct the administrative order system for eco-environmental restoration in China. Although a few scholars have begun to advocate that administrative power should play a significant role in the representation and defence of eco-environmental public interests, the established results are more inclined to achieve the goal of accountability for eco-environmental restoration through the restructuring of the administrative penalty system. It is true that the various types of behavioural norms in China's current positive law system have the effect of administrative orders for ecological restoration to a certain extent. However, in the legal system of pollution prevention and control, "ordering correction", "ordering the restoration of the original status quo", "ordering treatment", etc. should not be directly interpreted as administrative orders for eco-environmental restoration; at most, they can only be defined as emergency restoration orders. "ordered restoration" in natural resource and ecological protection legal systems can be interpreted as an administrative order for eco-environmental restoration, but the existing rules emphasise the restoration of a single environmental element and do not explicitly cover the restoration of ecological environment systems. Due to the insufficient supply of legal rules, in practice, the administrative authorities are generally reluctant to repair the damaged eco-environmental directly through administrative orders (preferring civil public interest litigation or litigation for ecological damage claims), and some sporadic practices are faced with the challenge of having no basis in law.

The legal attributes of the liability for eco-environmental restorationand the characteristics of its accountability process (complex scientific and technical characteristics), as well as the cost-effectiveness of administrative orders compared to institutional tools such as claims litigation and negotiation and settlement, determine that the system of administrative orders to achieve the goal of the responsibility for eco-environmental restoration has the basis of legitimacy. From the perspective of China's national power separation structure, the social context of the transition period, the reform of the ecological civilisation system, and the mature legal system experience of extra-territorial countries, it is feasible to reiterate the system of administrative orders for eco-environmental restoration. However, the high-powered administrative behaviour attributes of the administrative order system are not compatible with the concept of equality and the spirit of co-operative governance emphasised by modern administrative law, so the reconstruction of the administrative order system for eco-environmental restoration needs to fully eliminate these shortcomings and try to achieve a balance between procedural fairness and administrative efficiency. In order to further optimise the eco-environmental damage relief system, promote the leading force for pursuing eco-environmental restoration liability from the judicial to the administrative swing, give full play to the functional advantages of administrative regulation, it is necessary to follow the idea of legalization and systematization, clear eco-environmental restoration administrative order system of the application of the boundaries and the legalization of the program, and build the corresponding guarantee mechanism.

Key Words: liability for ecosystem restoration; administrative order; public law liability; normative construction; systematisation

目　录

引　论 …………………………………………………………… (1)
　　一　研究缘起 ………………………………………………… (1)
　　二　研究意义 ………………………………………………… (3)
　　三　国内外文献综述 ………………………………………… (6)
　　四　研究内容和方法 ………………………………………… (22)
　　五　创新与不足 ……………………………………………… (24)

第一章　生态环境修复目标实现的科学原理与法律制度 …… (27)
　　第一节　生态学与法学语境中的生态环境修复概念 ……… (28)
　　　　一　生态学语境中的生态环境修复概念 ………………… (28)
　　　　二　法学语境中的生态环境修复概念 …………………… (32)
　　第二节　生态环境修复应当遵循的基本科学原理 ………… (34)
　　　　一　生态环境修复应当遵循的生态科学原理 …………… (34)
　　　　二　生态环境修复应当遵循的社会技术原理 …………… (39)
　　　　三　法律制度介入生态环境修复的基本逻辑 …………… (41)
　　第三节　中国环境法体系中的生态环境修复制度 ………… (42)
　　　　一　污染防治法律体系中生态环境修复的法律表达 …… (43)
　　　　二　自然生态法律体系中生态环境修复的法律表达 …… (44)
　　　　三　既有生态环境修复法律制度的规范表达缺陷 ……… (46)
　　　　四　中国双轨制生态环境修复法律制度面临的困境 …… (48)
　　本章小结 ……………………………………………………… (53)

第二章　生态环境修复行政命令的规范构造与功能局限 …… (54)
　　第一节　生态环境修复行政命令的规范构造 ……………… (55)

一　作为基础行政决定行为的行政命令 …………………… (55)
　　二　行政命令的型式化方案：中心价值 ………………… (58)
　　三　行政命令决定行为的三重制度功能 ………………… (63)
　　四　生态环境修复行政命令的概念定义 ………………… (68)
　　五　生态环境修复行政命令的法律属性 ………………… (73)
　第二节　生态环境修复行政命令的运行原理 …………………… (78)
　　一　遵循行政命令的一般运行原理 ……………………… (78)
　　二　契合生态环境修复过程的特征 ……………………… (79)
　第三节　生态环境修复行政命令的功能局限 …………………… (81)
　　一　单方行政决定：从高权行政到传统参与行政 ……… (82)
　　二　生态环境修复行政命令不具有惩戒性功能 ………… (85)
　　三　生态环境修复行政命令的法律公共实施困境 ……… (88)
　　四　生态环境修复行政命令程序的开放灵活性 ………… (91)
　本章小节 …………………………………………………………… (93)

第三章　生态环境修复行政命令的规范考察与实践探索 …… (94)
　第一节　中国生态环境修复行政命令的规范考察与
　　　　　实践探索 …………………………………………… (94)
　　一　中国生态环境修复行政命令的规范考察 …………… (95)
　　二　中国生态环境修复行政命令的实践探索 ………… (103)
　第二节　域外生态环境修复行政命令的规范考察与
　　　　　实践探索 ………………………………………… (117)
　　一　英美法系国家生态环境修复行政命令制度 ……… (117)
　　二　大陆法系国家生态环境修复行政命令制度 ……… (125)
　　三　行政命令制度与其他修复制度的适用关系 ……… (136)
　　四　对域外各国制度之一般经验的归纳和总结 ……… (142)
　第三节　中国生态环境修复行政命令制度的结构性缺陷 …… (146)
　　一　生态环境修复行政命令制度的实体法依据不明 … (147)
　　二　生态环境修复行政命令制度的程序法规范欠缺 … (149)
　　三　多元生态环境修复法律制度的适用关系不清晰 … (151)
　　四　生态环境修复行政命令和公法制裁衔接不当 …… (152)
　本章小结 ………………………………………………………… (155)

第四章 优化中国生态环境修复行政命令制度的逻辑基础 ………………………………………… (157)

第一节 生态环境修复行政命令制度在域外的普遍适用 …… (158)
第二节 生态环境修复责任属性与行政命令运行原理契合 ……………………………………… (163)
第三节 以行政命令追究生态环境修复责任具有功能优势 ……………………………………… (167)
一 生态环境修复责任追究主导者转向行政机关的理由 ……………………………………… (168)
二 在磋商和诉讼外选择生态环境修复行政命令的理由 ……………………………………… (179)

第四节 具备完善生态环境修复行政命令制度的基础条件 ……………………………………… (187)
一 生态环境修复行政命令与国家权力分立结构相契合 ……………………………………… (188)
二 生态环境修复行政命令与中国转型期社会现实相符 ……………………………………… (192)
三 生态环境修复行政命令契合生态文明体制改革精神 ……………………………………… (194)
四 具备优化生态环境修复行政命令制度的法规范基础 ……………………………………… (196)

本章小结 ……………………………………… (196)

第五章 中国生态环境修复行政命令制度的体系化构建 ………………………………………… (198)

第一节 推动生态环境修复行政命令制度的法制建设 …… (199)
一 生态环境修复行政命令制度的规范进路选择 …… (199)
二 生态环境修复行政命令制度的实体法规定 ……… (201)
三 生态环境修复行政命令制度的程序法控制 ……… (204)

第二节 构筑生态环境修复行政命令制度的保障机制 …… (216)
一 对行政机关怠于或者恣意行为的保障机制 ……… (217)
二 对责任人无能力或者拒不履行的保障机制 ……… (218)

第三节 厘清生态环境修复行政命令制度的适用边界 ……（220）
  一 生态环境修复行政命令与多元修复制度的协同………（221）
  二 功能视角下生态环境损害法律责任的适用与衔接……（231）
本章小结 ……………………………………………………（236）

结　论 ……………………………………………………（238）

参考文献 …………………………………………………（241）

索　引 ……………………………………………………（249）

后　记 ……………………………………………………（251）

Contents

Introduction ··· (1)
    1. Research Origin ·· (1)
    2. Research Significance ·· (3)
    3. Literature Review ·· (6)
    4. Research Content and Methodology ································· (22)
    5. Possible Innovations and Shortages ································· (24)

Chapter 1   Scientific Principles and Legal Regimes for Achieving Ecosystem Restoration Goals ·· (27)
Section 1   The Concept of Ecological Restoration in the Context of Ecology and Law ··· (28)
    1. The Concept of Ecological Restoration in the Ecological Context ··· (28)
    2. The Concept of Ecological Restoration in a Juridical Context ······ (32)
Section 2   Basic Scientific Principles that Should be Followed in Eco-environment Restoration ··· (34)
    1. Eco-Science Principles to be Followed in Eco-environment Restoration ·· (34)
    2. Socio-technical Principles to be Followed in Eco – environment Restoration ·· (39)
    3. The Basic Logic of the Legal System's Involvement in Eco-environment Restoration ··· (41)
Section 3   Eco-environmental Restoration System in China's Environmental Law System ··· (42)
    1. Legal Expression of Eco-environmental Restoration in the Legal System of Pollution Prevention and Control ····················· (43)

2. Legal Expression of Eco-environmental Restoration in Natural Ecology Legal System ……………………………………… (44)
3. Deficiencies in the Normative Expression of the Established Legal System of Eco-environmental Restoration …………… (46)
4. Dilemmas of China's Eco-environmental Restoration Legal System ……………………………………………………… (48)

Summary ……………………………………………………………… (53)

Chapter 2　The Normative Construction and Functional Limitations of Administrative Orders for Eco-environmental Restoration ………… (54)

Section 1　The Normative Construction of the Administrative Order for Eco-environmental Restoration …………………… (55)
1. The Administrative Order as a Basic Administrative Decision …… (55)
2. The Stylized Scheme of Administrative Orders: Central Values ……………………………………………………… (58)
3. The Triple Institutional Function of AdministrativeDecision Acts ……………………………………………………… (63)
4. Definition of Administrative Orders for Eco-environmental Restoration ……………………………………………… (68)
5. Legal Attributes of Administrative Orders for Eco-environmental Restoration ……………………………………………… (73)

Section 2　Operating Principles of Executive Orders for Ecosystem Remediation ……………………………………… (78)
1. Following the General Operating Principles of Administrative Orders …………………………………………………… (78)
2. Fits the Characteristics of the Eco-environmental Restoration Process …………………………………………………… (79)

Section 3　Functional Limitations of Administrative Orders for Eco-environmental Restoration ………………………………… (81)
1. Unilateral Administrative Decisions: from High-powered Administration to Traditional Participatory Administration ……… (82)

2. Administrative Orders for Eco-environmental Restoration Do Not
      Have Disciplinary Functions ……………………………………… (85)
   3. The Dilemma of Legal Public Implementation of Eco-environmental
      Restoration Administrative Orders ……………………………… (88)
   4. The Open Flexibility of the Eco-environmental Restoration
      Administrative Order Process ……………………………………… (91)
Summary ………………………………………………………………… (93)

Chapter 3　Normative Examination and Practical Exploration of Administrative Orders for Eco-environmental Restoration ………… (94)

Section 1　Normative Examination and Practical Exploration of China's Administrative Orders for Eco-environmental Restoration ……………………………………………………… (94)
   1. A Normative Examination of China's Administrative Orders for
      Eco-environmental Restoration ……………………………………… (95)
   2. Practical Exploration of Eco-environmental Restoration
      Administrative Orders in China …………………………………… (103)
Section 2　Normative Study and Practical Exploration of Administrative Orders for Eco-environmental Restoration in Foreign Countries ……………………………………………… (117)
   1. The System of AdministrativeOrders for Eco-environmental
      Restoration in Common Law Countries ………………………… (117)
   2. Administrative Order System for Eco-environmental
      Restoration in Civil Law Countries ……………………………… (125)
   3. The Relationship between the Administrative Order System and
      other Restoration Systems ………………………………………… (136)
   4. General Experience of Extraterritorial Countries ………………… (142)
Section 3　Structural Deficiencies in China's Administrative Order System for Eco-environmental Restoration ………………… (146)
   1. Uncertainty about the Substantive Law Basis of the
      Administrative Order System for Eco-environmental
      Restoration ……………………………………………………………… (147)

2. Lack of Procedural Law Norms in the Administrative Order System for Eco-environmental Restoration ……………………（149）
3. The Relationship between the Application of multiple Legal Regimes on Eco-environmental Restoration is not Clear ………（151）
4. Inadequate Interface between Administrative Orders and Public Law Sanctions for Eco-environmental Restoration ………（152）

Summary ………………………………………………………………（155）

Chapter 4 Logical Basis for Optimising China's Administrative Order System for Eco-environmental Restoration ………………（157）

Section 1 The Extraterritorial Application of the Administrative Order System for Eco-environmental Restoration ……………（158）

Section 2 The Attributes of Eco-environmental Restoration Liability and the Operation Principle of Administrative Order ……………（163）

Section 3 Functional Advantages of Pursuing Eco-environmental Restoration Liability by Administrative Order ……………………（167）

1. Reasons for Shifting to Administrative Organs as the Leader of Eco-environmental Restoration Liability ……………………（168）
2. Reasons for Choosing Administrative Orders in Addition to Settlement and Litigation ……………………………………（179）

Section 4 Basic Conditions for Improving the System of Administrative Orders for Eco-environmental Restoration ………（187）

1. Administrative Orders for Eco-environmental Restoration Liability Fit into the Structure of Separation of State Powers …………（188）
2. Administrative Orders for Eco-environmental Restoration Liability are in line with China's Transitional Social Reality ……………（192）
3. Administrative orders for Eco-environmental Restoration Liability are in Line with the Spirit of Ecological Civilisation System Reform ……………………………………（194）
4. The Legal Normative Basis for Optimising the Administrative Order System for Eco-environmental Restoration ……………（196）

Summary ………………………………………………………………（196）

Contents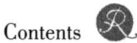

Chapter 5　Systematic Construction of China's Administrative
　　Order System for Eco-environmental Restoration ·················（198）
Section 1　Promoting the Legal Construction of the Administrative
　　Order System for Eco-environmental Restoration ················（199）
　　1. The Choice of Normative Approach to the Administrative Order
　　　 System for Eco-environmental Restoration ························（199）
　　2. Substantive Law Provisions of the Administrative Order System for
　　　 Eco-environmental Restoration ······································（201）
　　3. Procedural Control of Eco-environmental Restoration Administrative
　　　 Order System ···（204）
Section 2　Constructing the safeguard mechanism of the
　　Administrative Order System for Eco-environmental
　　Restoration ··（216）
　　1. Guarantee Mechanism for the Administrative Organ's Negligent or
　　　 Wanton Behaviour ··（217）
　　2. Guarantee Mechanism for the Incapacity or Refusal of the liable
　　　 Person to Perform ··（218）
Section 3　Clarifying the Boundaries of the Administrative Order
　　System for Eco-environmental Restoration ···························（220）
　　1. Synergy between Administrative Order for Eco-environmental
　　　 Restoration and Multiple Restoration Systems ·····················（221）
　　2. Application and Connection of Legal Liability for Eco-environmental
　　　 Damage under Functional Perspective ·······························（231）
Summary ···（236）

Concluding Remarks ··（238）

References ··（241）

Index ···（249）

Acknowledgements ··（251）

引　论

一　研究缘起

　　环境污染或者生态破坏对环境要素或者生态系统本身造成的侵害为生态环境损害。预防和救济生态环境损害是现代环境法的重要功能之一。为救济生态环境损害，中国先后实施了环境民事公益诉讼制度和生态环境损害赔偿制度。目前这两类制度工具已成为中国最严格生态文明制度体系的组成部分，在生态环境修复实践中发挥了重要的制度约束作用。但"以问题为导向"的制度建构思路在挣脱既有法制传统的同时，也对国家法律制度体系构成了不小的冲击，引发了理论界的广泛争议。环境民事公益诉讼制度和生态环境损害赔偿制度的理论基础为何？被视为二者正式法律规范依据的2020年《民法典》第1234条和第1235条究竟是纯粹的私法规范，还是特别法规范，抑或纯粹的公法规范？在环境民事公益诉讼制度和生态环境损害赔偿制度蓬勃发展的背景下，传统行政执法机制是否存在适用空间？未来中国多元生态环境修复法律制度的具体适用关系应该如何设计？这些理论争鸣进一步延伸至中国生态环境损害救济的司法实践中。

　　诚然，如果多元生态环境修复责任追究制度工具的适用关系不明，可能会导致生态环境修复制度实施成本增加、最终修复效果互相抵消等不利后果。在2017年北京市朝阳区自然之友环境研究所、中国生物多样性保护与绿色发展基金会诉江苏常隆化工有限公司，常州市常宇化工有限公司、江苏华达化工集团有限公司土壤污染公益诉讼案中，行政机关已经对系争污染地块采取了修复措施，但环保组织认为修复目标没有达到，于是又向污染者提起环境民事公益诉讼。最终江苏省高级人民法院在终审判决中主张，"地方政府组织实施的土壤修复涵盖了污染责任人的侵权范围，因此环保组织无权主张由污染者承担侵权责任，环保组织只有在修复未能完成，或完成后仍不足以消除污染对周边生态环境、公众健康的影响时才可起诉。并且相关污染治理费用（即实施风险管控和修复措施的成本）只能由新北区政府负责追偿"①。按照江苏省高院的观点，环保组织的民事公益诉讼权利应当让位于政府机关组织实施的修复活动。由此可以推知，若政府机关利用传统行政执法机制在特定污染场地上实施修复，则环保组织可能无权提起环境民事公益诉讼。然而，在法律并未就环保组织起诉设定前置条件的背景下，法院如此做法有违法嫌疑。如果说常州毒地案体现了环保组织诉权和行政机关执法权之间发生冲突的可能性，那么这种冲突成为现实的例子是 2017 年的永登蓝天石英砂非法采矿案。在该案中，永登蓝天石英砂有限公司、张某某（石英砂公司鸡冠山石英砂委托代理矿长）在《使用林地许可证》到期后，继续申请办理未果的情况下，于涉案林区内开采石英砂，致使植被遭到破坏，林地生态环境受到严重损害。甘肃省兰州市永登县农林局遂提起公益诉讼。甘肃省兰州市中级人民法院在一审判决中要求永登蓝天石英砂有限公司、张某某向永登县农林局支付赔偿款 1012360.23 元。永登蓝天石英砂有限公司不服一审判决上诉，甘肃省高级人民法院经审理后作出裁定撤销一审判决，"永登县农林局作为具有行政执法权的国家机关，并不具备环境民事公益诉讼的原告主体资格，且农林局对于毁坏林木的行为可以按照《森林法》第四十四条明确授予的行政执法权力，通过行政执法手段予以救济"②。

《森林法》第 44 条规定的"责令补种树木"行为的法律属性是行政命令。③ 事实上，随着中国生态环境保护工作从"以污染防治为中心"逐渐转向"污染防治与生态环境修复并重"，部分地方政府机关已开始尝试以行政命令实现生态环境修复目标。2014 年，吉林省松原市前郭县环保局在向中石油吉林油田分公司松原采气厂下达《行政处罚决定书》

---

① 参见江苏省高级人民法院判决书，〔2017〕苏民终 232 号。
② 参见甘肃省高级人民法院民事裁定书，〔2017〕甘民终 505 号。
③ 笔者认为，责令补种树木不宜定性为行政处罚，理由是责令补种盗伐株数十倍树木这种行政处理方式，更侧重于恢复性和教育性而非制裁与惩罚，其目的是要求违法者消除不良后果、修复被破坏的生态环境和自然资源，该行政行为的属性是行政命令而非行政处罚。此观点亦为实践所印证。参见江苏省宿迁市宿城区人民法院判决书，〔2017〕苏 1302 行初 348 号。

时，责令其限期改正违法行为，对造成的生态环境污染进行修复；①2016年，浙江省宁波市鄞州区环保局对固特砼混凝土有限公司作出行政处罚时，责令其修复周边河道生态环境。② 某些地方的检察院甚至构建了"督促行政机关责令修复"的工作机制，督促行政机关责令犯罪嫌疑人修复其造成的生态环境损害。③ 对于行政机关并未积极责令污染者修复受损生态环境的行为，部分地方检察院还直接提起环境行政公益诉讼。④ 但在中国行政命令行为研究整体比较薄弱的学术背景下，行政命令行政行为尚未型式化，不仅法律属性与行政处罚纠缠不清，还欠缺体系性的法律控制机制。理论研究滞后限制了实践的发展。尽管中国主要生态环境单行法律法规均规定了生态环境行政命令制度，但与域外法制经验相比，中国生态环境行政命令制度在救济生态环境损害方面远未发挥应有的作用。那么，中国既有生态环境行政命令制度在实施生态环境修复方面存在哪些困境？在中国已经确立政策修复和司法修复等多元制度背景下，是否有必要再引入行政命令制度来实施生态环境修复？若有必要，又如何从规范视角出发构建出一套公平合理且具有实践可操作性的生态环境修复行政命令制度？

二 研究意义

行政行为的类型化研究是将在不同领域重复适用，又体现出相同特征的行政行为分门别类，构建一系列行政行为的类型，这种类型化研究有利于对相同类别的行政行为进行统一规范，也有助于简化法院的识别过程。⑤ 相较于行政许可、行政处罚、行政强制、行政给付、行政征收、行政裁决等"热点"行政行为，有关行政命令的研究尚未获得理

---

① 参见李晓喻《中石油吉林分公司因违规排污被罚50万元》，人民网，http://energy.people.com.cn/n/2014/0213/c1010-24344728.html。
② 参见《"按日计罚"生威，一甬企被罚40万元》，《宁波日报》2016年6月2日第A6版。
③ 例如，独山县检察院在办理生态环境案件过程中，采取"恢复性司法"的方式，依法向行政机关发出检察建议，督促其责令犯罪嫌疑人对受损生态环境进行修复，并将生态修复情况作为酌定从轻处罚的量刑情节。参见《独山检察院恢复性司法助推生态环境修复》，《法制生活报》2019年5月29日第8版。
④ 例如，十堰市郧阳区人民法院行政判决书，〔2016〕鄂0321行初6号；淄博市淄川区人民法院行政判决书，〔2018〕鲁0302行初50号等。
⑤ 参见余凌云《行政法讲义》，清华大学出版社2010年版，第216页。

论界的青睐，构成行政法上"熟悉的陌生人"。但近年来，行政命令的广泛适用使其成为现代社会行政法秩序构建过程中最重要的执法措施类别之一。不少行政法学者将行政命令作为行政决定或者行政处理的重要形态进行论述。① 可以说，行政命令的类型化进程已经开启。行政命令制度的实质功能是依法通过行政决定为行政执法相对人设定实体性法律义务，这与生态环境修复法律责任要求相对人修复受损生态环境、赔偿生态环境损害的法律目标契合。理论上，立法者可以授权行政机关作出行政命令以追究生态环境修复法律责任。随着近年来生态环境修复法律制度研究领域的不断拓展，生态环境损害救济的行政主导特征逐渐被揭示，以行政命令追究生态环境修复法律责任亦成为当前中国环境法学界面临的重要研究课题。本书从行政命令切入探讨生态环境修复法律责任的追究机制，对相关理论研究的深入和实践的完善都具有重要意义。

（一）理论意义

生态环境修复行政命令制度优化不仅是对当前生态环境损害救济问题的一种实务对策研究，更是一项关涉环境法学理论基础命题的研究。在环境侵害二元性的理论框架下，现代环境法无法回避的核心议题之一便是如何妥当安置"生态环境损害"，如何为生态环境修复法律责任目标匹配最佳的制度工具。随着环境国时代的纵深化发展，生态环境损害救济正日益进入立法者的视野，成为各国新时期环境法不可忽略的重要任务。各国立法者渐次将生态环境修复法律责任更新为环境法的重要目标，并配套了一系列法律责任追究机制的制度载体。依主导机关不同，这些制度大体可以划分为两大类，即行政修复制度和司法修复制度。行政修复制度是指行政机关作为主导性决策机关通过行政规制手段（包括行政命令、行政处罚、行政强制与协商和解等）来追究生态环境修复责任，而司法修复制度是指法院作为主导性决策机关应法定原告（即生态环境公共利益代表人）请求通过裁判方式追究生态环境修复责任。其中，在中国目前法律实践中，司法修复制度包括两种，一是环保组织、检察院作为原告提起的环境民事公益诉讼，二是行政机关启动的生态环境损害赔偿诉讼。理论上，这些制度都能实现生态环境修复责任目标。但何种制度工具才是实现生态环境修复

---

① 行政命令是行政决定的重要形态，参见胡建淼《行政法学》，法律出版社2010年版，第300页；行政命令属于行政处理参见姜明安《行政法与行政诉讼法》，北京大学出版社2011年版，第265页。

责任目标的最佳制度选择？如果多元生态环境修复制度并存具有合理性，那么，又该采取何种方案对这些生态环境修复制度进行整合或者衔接？对于这些问题，目前环境法学界莫衷一是，尚未形成一致共识。本研究的理论意义即在于对这些问题做初步解答。

最后，生态环境修复行政命令制度的规范构造原理（包括理论基础、适法性控制、制度绩效等）具有独特性，不仅与司法修复制度存在差异，也不同于行政处罚、行政强制以及协商和解制度等。研究如何完善生态环境修复行政命令制度，并将其与其他行政修复制度和司法修复制度进行有效衔接，是对中国行政行为理论（尤其是行政命令行为理论）和生态环境修复法律理论的双重丰富与发展。

（二）实践意义

本书研究的问题虽然是一项理论层面的问题，但研究结论对于立法、执法和司法实践也具有一定的积极作用和参考价值。

首先，从立法价值来看，本书旨在厘清传统行政执法机制（即行政命令）在生态环境修复领域的制度功能边界，并提出能够更好实现生态环境修复法律责任目标的多元生态环境修复法律制度整合方案。由此，相关研究结论可以为立法者优化中国生态环境修复责任机制体系提供切实可行的方案。其次，就行政执法而言，在行政命令制度尚未完全类型化为一种行政行为类型以及行政命令在中国行政法体系中被普遍忽视的背景下，作为重要行政执法工具的生态环境行政命令不仅适用范围有限（实践中"重处罚、轻命令"），且欠缺体系性的规则安排，因而无法发挥追究生态环境修复法律责任的制度效果。在此意义上，本书相关研究结论可以为生态环境行政命令的功能拓展提供机会。立法者在实施程序层面构建生态环境修复行政命令制度的适用情形和具体规则，不仅能为生态环境修复行政命令制度运行提供规范依据，还有助于对生态环境修复行政命令进行更加精准的适法性控制，促进生态环境修复效能提升。最后，就司法控制而言，本研究旨在从制度整合维度将生态环境修复行政命令置于衔接有序的多元生态环境修复制度体系中，其实质是重塑行政权和司法权在生态环境修复责任追究领域的良性互动关系。就本书而言，良性互动关系的考量须关注两个方面问题：一是适用司法修复制度的情形；二是以司法审查控制生态环境修复行政命令的失灵情形。

此外，对于目前零散的生态环境修复行政命令立法［比如，2019年

《土壤污染防治法》第四章规定的土壤修复责任，2020年《煤炭法（征求意见稿）》第64条和第78条]及地方执法实践，本书还具有关照和呼应现实立法的意义。

三 国内外文献综述

实现生态环境修复责任目标的两种主要制度路径——行政修复制度和司法修复制度，在目标层面具有一致性，即修复受损生态环境并在不能修复时赔偿生态环境损害，但它们的实施程序有所不同。其中，行政修复制度是指行政机关通过行政规制手段实施修复，而司法修复是指法院应法定生态环境公共利益代表人请求在司法框架中通过民事判决实施修复。国内外学者围绕生态环境修复法律制度展开了细致分析，为便于分析，本书从国内和国外两个角度展开文献综述。

（一）国内研究现状

起初，中国学者特别关注司法修复制度，重点研究了环境民事公益诉讼制度和生态环境损害赔偿诉讼制度，行政修复制度未获得应有重视。近年来，学界开始关注公法在生态环境损害救济方面的有效性，逐渐强调生态环境修复责任的公法责任属性，对行政修复制度的研究逐渐兴起。由于观察视角和研究方法的差异，不同学者选择了不同行政规制手段作为行政修复制度的实施载体。在行政命令这一重要行政行为形态尚未于中国行政法体系中获得应有重视的背景下，目前环境法学界更青睐于运用行政处罚和行政磋商来追究生态环境修复法律责任。近年来，有关生态环境修复行政命令制度的研究开始起步。将生态环境行政命令从"制止违法行为""消除环境污染后果"进一步扩展至"修复受损的生态环境"，主张构建或者重构生态环境修复行政命令制度，正在逐渐成为诸多学者的理论主张。关于生态环境修复行政命令制度的既有研究主要集中在以下几方面。

1. 生态环境修复行政命令的概念定义、法律属性和规范结构

首先，关于生态环境修复行政命令的概念定义。李挚萍借用传统行政法学关于规则性行政命令和补救性行政命令二元区分的观点，将生态环境修复行政命令归为补救性行政命令——针对违法相对人作出的要求其补救其违法行为的行政命令，其目的是通过行政命令强制违法者履行法定义务

以救济生态环境损害。① 徐以祥持相同观点,将生态环境修复行政命令归为"适用于行政相对人违法情形"的补救性行政命令,并且属于行政法学界定义的"广义的责令改正"。"广义的责令改正"是在"狭义的责令改正"要求违法行为人停止违法行为和履行其法定义务的基础上,进一步要求相对人消除环境违法所造成的不良后果、恢复环境违法行为实施之前的状态。② 谢玲在总结环境法学界针对生态损害行政救济、行政规制等概念误用的基础上,提出与生态损害司法救济概念相对应的"生态损害行政矫正"概念,同时涵盖行政命令和行政处罚。在其看来,生态损害行政矫正以相对人违反行政法义务为前提,包括了行政决定中的补救性行政命令和保障性行政行为,而行政命令等同于"责令停止"。③ 刘卫先将生态环境损害行政命令界定为"由行政主管机关直接命令生态环境损害的责任者修复受损的生态环境并向国家赔偿相应的损失","行政命令路径应适用于因果关系明晰、修复措施明确等简单的生态环境损害,无论该损害是由合法行为还是由违法行为所致"。④ 胡静认为,生态环境修复行政命令属于消除环境危害后果类环境行政命令,其适用情形包括违法排污造成污染情形和合法排污造成污染情形。⑤ 总之,不同学者关于生态环境修复行政命令的概念定义大致相同,均指向行政法中的补救性行政命令,但对于具体称谓(有行政规制、行政救济、行政命令之分)以及适用情形(是否仅适用于违法行为,可否涵盖"责令赔偿损失"等)等问题仍有争议。

其次,关于生态环境修复行政命令的法律属性。徐以祥认为:"生态环境修复行政命令属于基础性行政行为中的命令性行政行为,是一种主流的行政行为,是行政机关对相对人课以特定的义务,是落实行政法律规范所规定的法律义务的最重要的手段。"⑥ 李挚萍指出,"从相对人的角度来看,生态环境修复行政命令的法理特质是行政执法者针对行政违法行为作出的一种意思表示,它通过要求行政违法者履行法律规范中对社会主体设

---

① 参见李挚萍《行政命令型生态环境修复机制研究》,《法学评论》2020年第3期。
② 参见徐以祥《论生态环境损害的行政命令救济》,《政治与法律》2019年第9期。
③ 参见谢玲《生态损害行政矫正的概念厘定及功能界分》,《重庆大学学报》(社会科学版)2020年第5期。
④ 刘卫先:《我国生态环境损害补救路径的整合》,《暨南学报》(哲学社会科学版)2020年第10期。
⑤ 胡静:《我国环境行政命令体系探究》,《华中科技大学学报》(社会科学版)2017年第6期。
⑥ 徐以祥:《论生态环境损害的行政命令救济》,《政治与法律》2019年第9期。

定的一般性义务来恢复违法行为所破坏了的理想的社会秩序","从行政机关的角度来看,生态环境修复行政命令是政府履行环境行政监管的职责性行为。行政机关作出责令生态环境修复的命令并不意味着其职责的结束,它还有责任监督行政命令落实。相对人违反行政命令,行政机关应对他们进行制裁"①。既有观点已经认识到生态环境修复行政命令不仅是行政机关为相对人设定第一性义务的基础性行政行为(非保障性行政行为)。

最后,关于生态环境修复行政命令的规范形态。一般来看,生态环境修复行政命令的规范结构或者说规范形态是"责令相对人修复受损生态环境",但中国行政法规范就此并未作出明确规定。不同学者基于不同的研究视角,分析了生态环境修复行政命令的规范结构。桑华认为《森林法实施条例》中林业行政主管部门针对擅自改变林地用途发布的"责令限期恢复原状"属于生态环境修复行政命令,因为其立法初衷是修复生态,保护环境。② 胡静将生态环境修复行政命令定性为与纠正违法行为类行政命令并列的消除生态环境危害后果类行政命令。③ 徐以祥在全面系统梳理中国实定法的基础上提出:"广义的责令改正的内涵和外延与补救性行政命令的内涵和外延是一致的,广义的责令改正是补救性行政命令的另一种表达方式。在环境法领域,补救性的行政命令有很多具体的表现形式。"④ 李挚萍进一步将实定法中可能被用来实施生态环境修复的行政命令规则分为"责令恢复原状""责令限期采取治理措施""责令改正"三类责令形态,并且前两类可纳入广义的责令改正之中。⑤ 况文婷等认为责令改正(包括责令停止侵害、责令排除妨碍、责令消除危险、责令恢复原状)和责令赔偿这两类生态环境损害命令在本质上同属于以恢复环境、修复生态为目标的补救性行政责任承担方式,均可纳入广义生态环境修复行政命令的概念之中。⑥ 此观点亦得到了刘卫先的认可,其认为"生态环境损害行政命令

---

① 参见李挚萍《行政命令型生态环境修复机制研究》,《法学评论》2020年第3期。
② 参见桑华《"责令限期恢复原状"行政处罚的实施困境与解决对策》,《西南林业大学学报》(社会科学版)2018年第2期。
③ 参见胡静《我国环境行政命令体系探究》,《华中科技大学学报》(社会科学版)2017年第6期。
④ 常见的表述方式有责令停止违法行为、责令停止建设、责令停止试生产、责令停止生产或者使用、责令限期建设配套设施、责令重新安装使用、责令采取补救措施、责令限期拆除和恢复原状、责令消除污染或危险、责令公开信息等。参见徐以祥《论生态环境损害的行政命令救济》,《政治与法律》2019年第9期。
⑤ 参见李挚萍《行政命令型生态环境修复机制研究》,《法学评论》2020年第3期。
⑥ 参见况文婷、梅凤乔《生态环境损害行政责任方式探讨》,《人民论坛》2016年第14期。

应当同时包括'责令赔偿损失'和'责令采取补救措施'（即采取修复受损生态环境的措施）"①。谌杨提出，既有法律中规定的"责令消除污染""责令恢复原状""责令赔偿损失"仅具备救济生态环境损害的部分功能，应当创设"责令消除环境风险""责令修复生态环境""责令异地替代修复""责令赔偿生态损失"四种新型的生态环境行政命令。② 由此可见，目前有关生态环境修复行政命令规范形态的学理认识基本一致，即传统环境法律中的行政命令规则都能解释为生态环境修复行政命令，且部分学者认为广义生态环境修复行政命令的规范形态还应当包括责令赔偿生态环境损害。

2. 生态环境修复行政命令制度的具体实施机制

生态环境修复行政命令制度的实施机制是生态环境修复命令制度目标能否实现的关键所在，很多学者对此给予了关注。刘静认为，生态环境损害救济模式应回归公法，未来立法要不断完善"责令修复＋代履行"的公法机制。③ 康京涛从生态修复责任实为公法责任的逻辑起点出发，认为生态修复责任是环保行政机关依赖公法规范督促监管污染者实施生态环境损害修复的责任，其实现路径应是以"行政磋商修复＋行政责令修复＋代履行修复"为主导的公法机制。④ 张宝认为，生态环境修复行政命令的实施机制不仅包括"责令修复＋代履行"，还有"责令赔偿损害"。⑤ "责令赔偿生态环境损害"亦得到了其他学者的支持，刘卫先认为，"当生态环境遭受损害，有关行政主管机关完全可以直接通过行政命令的方式责令责任者修复受损生态环境并赔偿修复期间的生态服务功能损失"；⑥ 谌杨将"责令赔偿生态环境损害"的适用条件限定为"生态环境损害不具备修复条件时"，并且应当以生态环境修复行政命令替代生态环境磋商机制。⑦ 况文婷

---

① 刘卫先：《我国生态环境损害补救路径的整合》，《暨南学报》（哲学社会科学版）2020年第10期。
② 参见谌杨《生态环境损害的行政命令型救济研究》，知识产权出版社2022年版，第182—207页。
③ 参见刘静《论生态损害救济的模式选择》，《中国法学》2019年第5期。
④ 参见康京涛《生态修复责任的法律性质及实现机制》，《北京理工大学学报》（社会科学版）2019年第5期。
⑤ 参见张宝《生态环境损害政府索赔权与监管权的适用关系辨析》，《法学论坛》2017年第3期。
⑥ 刘卫先：《中国生态环境损害补救路径的整合》，《暨南学报》（哲学社会科学版）2020年第10期。
⑦ 参见谌杨《生态环境损害赔偿"应赔尽赔"悖论之突围》，《黑龙江省政法管理干部学院学报》2020年第5期。

等人甚至主张，责令赔偿生态环境损害命令应当优先适用。① 综前所述，学界目前基本达成共识——"生态环境修复行政命令的落实到位，必须有持续性的保障措施。除了对不执行命令人进行行政处罚外，还应当有强制履行机制"。然而，有关生态环境修复行政命令的既有成果虽然开始关注其实施机制，但既有分析相对宏观，欠缺制度微观层面的分析，也较少涉及行政命令的实施规则和程序控制问题。

3. 生态环境修复行政命令制度与其他修复制度的功能优劣比较

"责令生态环境修复"只是复杂的生态环境修复制度中的一种类型，与其他生态环境修复机制相比较，既有制度优势，也存在一些短板。我们在思考是否有必要重构或者优化生态环境修复行政命令制度的问题时，首先应探究生态环境修复行政命令制度是否具有相较于其他生态环境修复制度的功能优势。

对此，一些学者没有直接比较生态环境修复行政命令制度和司法修复制度的功能优劣，而是从公私法角度进行比较分析。例如，刘静将影响生态损害救济公私法模式选择的主要因素总结为三个方面：法律体系对公私法划分的影响、行政机关在救济生态损害方面的权能和保障，以及通过私法救济生态环境损害的困难程度。② 冯洁语在结合德日两国生态环境损害公私法协同发展制度经验的基础上，立足于中国已有较完备公法规范的制度背景，主张没有必要再创设环境权或者引入环境秩序之类的受保护的利益，导致生态环境损害救济规制上的重叠。③ 仔细观察可以发现，这些学者提到的公法机制基本指向生态环境行政命令制度。

更多学者选择直接比较生态环境修复行政命令制度和其他多元生态环境修复制度的功能优劣。例如，李挚萍认为，生态环境修复行政命令制度的优势体现为：及时性和应急性，高效性和低成本，直接救济性，以及专业性、执行有效性强。其短板体现为：适用范围的限定性决定了生态环境修复的范围和程度的有限性，内容的模糊性导致生态环境修复的目标和要求缺乏准确定位，以及简单的程序与复杂的生态环境修复活动并不完全匹配。④ 徐以祥系统分析了两类四种生态环境损害救济路径，指出"行政命

---

① 参见况文婷、梅凤乔《生态环境损害行政责任方式探讨》，《人民论坛》2016 年第 14 期。
② 参见刘静《论生态损害救济的模式选择》，《中国法学》2019 年第 5 期。
③ 参见冯洁语《公私法协动视野下生态环境损害赔偿的理论构成》，《法学研究》2020 年第 2 期。
④ 参见李挚萍《行政命令型生态环境修复机制研究》，《法学评论》2020 年第 3 期。

令救济具有及时性和有效性的制度优势，但同时其具有一些制度缺陷，包括：（1）受到行政机关自身人力、资源的限制；（2）受地方保护主义的影响，选择性执法的现象广泛存在；（3）行政机关单方强制性意思表示不一定能充分考量相对人的利益和诉求"①。谌杨着重比较了行政命令制度和行政磋商制度，"行政命令更具效率性，可以有效避免因'久磋不决'等情形而导致的生态环境修复迟延问题；可以改变政府在生态环境损害赔偿制度体系中所一贯表现出的妥协性思维；可以避免因磋商程序的司法属性而导致的环境公共利益受损"②。康京涛认为，责令修复与其他具体行政行为相同，具有法律意义上的确定力、公定力、拘束力和执行力，故具有反应快捷、程序简便、实施高效的优势，而生态环境损害责任的司法认定复杂且耗时费力。此外，通过行政命令实施生态环境修复，可以体现行政权对司法权的尊重，实现中国法律体系和逻辑上的周延和自洽。③ 刘卫先系统比较了行政命令、政府索赔和环境民事公益诉讼三条生态环境修复制度路径，并得出行政命令路径的优点和不足。在其看来，行政命令具有以下优点：迅速及时，效率高；覆盖行政相对人违法行为所致全部生态环境损害；与中国环境资源行政管理体制一致，充分发挥现有行政管理体制的作用，实现政府在生态环境保护中的主导作用。同时，行政命令亦有诸多不足，包括：行政主管机关懈怠执法；对政府部门的违法行为无能为力；行政相对人消极抵抗导致生态环境损害补救的实际效果不佳；确定损害赔偿数额的随意性风险较大；在目前的法制实践中需以致害行为违法为前提。④ 胡静基于行政程序与生态环境修复在实体和程序维度更为相容的背景下指出，行政命令制度具有自己的独特优势，不仅有利于维护修复秩序，还便于监管负责修复活动的第三方，同时有利于行政机关及时履行兜底责任，进而维持更高的公益保护效率。⑤

---

① 徐以祥：《论生态环境损害的行政命令救济》，《政治与法律》2019年第9期。
② 谌杨：《生态环境损害赔偿"应赔尽赔"悖论之突围》，《黑龙江省政法管理干部学院学报》2020年第5期。
③ 参见康京涛《生态修复责任的法律性质及实现机制》，《北京理工大学学报》（社会科学版）2019年第5期。
④ 参见刘卫先《我国生态环境损害补救路径的整合》，《暨南学报》（哲学社会科学版）2020年第10期。
⑤ 参见胡静《比较法视野下生态环境损害救济的行政主导实质及其启示》，《比较法研究》2023年第3期。

总体上看，既有研究也较少结合中国制度环境进行分析，本土化色彩不浓。对此，张宝借用管理学中的SWOT法作为分析工具，将政府索赔制度面临的内部优势、劣势和外部机会、威胁加以列举，构造矩阵模型，并逐一分析，在此基础上优选出更适合中国现状的制度方案——延伸和补充环境行政执法，通过完善"责令修复+代履行"机制来救济生态环境损害。[①] 与既有研究相比，张宝采用的比较分析方法考虑了中国当下的制度环境，其结论更具科学性。

4. 生态环境修复行政命令制度与其他修复制度的适用关系

只有准确把握生态环境修复行政命令在多元生态环境损害救济体系中的功能定位，才能最终确保生态环境修复法律责任目标的高效实现。一般而言，我们不仅要在行政修复制度和司法修复制度之间做选择，还要在行政修复制度体系内部不同制度工具之间进行选择。鉴于生态环境损害的公共利益属性、生态环境修复过程的特殊性，以及各种生态环境修复制度自身皆有优缺点的客观现实，对于不同主体所主导的生态环境修复制度的适用关系，目前学界基本上形成了"行政机关—环保组织—检察院"三位一体且逐层递进的制度设计思路。然而，对于行政机关所主导的不同生态环境修复责任追究机制之间的适用关系，目前尚未达成共识。依不同的区分标准，目前学界大体上形成了以下四种具体方案。

其一，行政命令优位说。持有该学说的学者主张发挥行政命令的效率优势，强调生态环境修复行政命令的优先适用。例如，根据救济生态环境损害所需修复活动的类型不同，徐以祥给出的路径整合方案是：在应急性救济和生态修复以及替代修复方面，发挥补救性行政命令的主导作用；在金钱性替代生态修复方面和生态功能的赔偿方面，适宜采用行政协商和民事诉讼相结合的生态环境损害赔偿制度主导的方式。[②] 换言之，徐以祥认为，针对无法修复的生态环境损害以及生态功能服务损失，政府机关不能适用行政命令。张宝亦持有该观点，他主张应采取一种混合责任体制，在适用程序上应首先由生态环境主管部门采取"责令修复+代履行"机制进行公法救济，无法修复时则由自然资源主管部门进行金钱索赔，赔偿金用于替代修复。同时，为防止政府索赔出现恣意现象，张宝指出，应在以环

---

① 参见张宝《生态环境损害政府索赔权与监管权的适用关系辨析》，《法学论坛》2017年第3期。
② 参见徐以祥《论生态环境损害的行政命令救济》，《政治与法律》2019年第9期。

境民事公益诉讼为兜底的同时，注重通过环保督察、检察建议进行监督。①

其二，适用范围平行说。适用范围平行说是指行政命令和政府索赔均有功能边界，因此不同的生态环境损害案件应适用不同的修复制度。赵鹏指出，针对大量相对简单、典型，且既有规则清晰、处置经验丰富的生态环境整治修复案件，可以适用行政命令；对于复杂的案件，则通过生态环境损害赔偿诉讼程序。②李挚萍认为，基于"责令生态环境修复"具有的指令性、应急性、直接性和个体性等特点，其应主要适用于违法行为导致的分散、小型污染场地和生态破坏场地的修复。不仅如此，生态环境修复行政命令的适用还应符合以下限定条件：有违法行为发生；违法行为造成明显的生态环境损害；损害的范围和程度相对清晰，容易界定；损害可以通过特定的修复行为得以救济，不包括需要以协商为前提的赔偿性修复。③而刘卫先认为，对于因果关系明晰、修复措施明确等简单的生态环境损害，应适用行政命令制度；对于那些因果关系模糊、修复工作难度较大等复杂的生态环境损害，应适用能够发挥协商合作优势的政府索赔制度；而环境民事公益诉讼存在耗时低效等缺点，应适用于那些因行政机关的原因而无法得到有效补救的生态环境损害。但刘卫先的观点有自相矛盾之处，其在主张平行适用同时提到"由于生态环境损害及其修复的复杂性这一标准毕竟并不具有泾渭分明的特征，故在实践中，行政主管机关很难判断，其应根据实际情况自主裁量，在行政命令和政府索赔之间进行选择"④。该说实际上已接近于"自由选择适用说"。

其三，自由选择适用说。该学说的核心观点是行政机关可以根据生态环境修复责任追究的实际需要自由选择适用政府索赔制度或者行政命令制度。例如，王小钢等人认为："行政机关既可选择开展生态环境损害赔偿磋商和诉讼，又可选择以履行行政职责方式来追究责任方的生态损害责任，如何选择属于行政机关的自由裁量。"⑤陈哲亦认为，"在生态环境损害发生后，行政机关选择何种机制救济受损的生态环境涉及成本效益分

---

① 参见张宝《生态环境损害政府索赔权与监管权的适用关系辨析》，《法学论坛》2017年第3期。
② 参见赵鹏《生态环境损害赔偿的行政法分析——兼论相关惩罚性赔偿》，《政治与法律》2023年第10期。
③ 参见李挚萍《行政命令型生态环境修复机制研究》，《法学评论》2020年第3期。
④ 刘卫先：《我国生态环境损害补救路径的整合》，《暨南学报》（哲学社会科学版）2020年第10期。
⑤ 王小钢、宋丽容：《生态环境损害赔偿磋商、诉讼与检察公益诉讼》，《中华环境》2018年第6期。

析,对行政机关的选择权应当尊重,不同制度的优势和缺陷已经很明确,而个案由其特殊性,如果直接采取僵化方案(如行政机制优先)将限制行政机关有针对性地处理个案的效率优势"[1]。

其四,磋商不必要说。有学者重点研究了政府索赔磋商机制和行政命令的关系。谌杨认为,政府磋商存在"应赔尽赔悖论","在'应赔尽赔'语境下,修复方案与赔偿金额二者其实并无'可商议'之余地,故生态环境损害赔偿磋商程序一定程度上可被视为一个冗余环节:不仅无法融入公法性质的生态环境损害赔偿制度体系,更因为存在诱发政府作出妥协与让步行为的极大风险,而对环境公共利益构成威胁。因此,有必要在生态环境损害赔偿实践中以行政命令替代磋商程序"[2]。但谌杨并未论及索赔诉讼应否保留及其与行政命令的关系如何。

综前所述,关于生态环境修复行政命令制度和多元生态环境修复制度之间的适用关系,学界基本达成如下共识:其一,多元生态环境修复制度并存是生态环境修复制度体系构建的最终目标,为了构建多路径并存的生态环境修复制度体系,应对分散的制度路径进行整合、衔接。其二,尽管不同学者关于行政命令制度具体发挥作用的领域的观点有别,但均认可中国应确立生态环境修复行政命令制度的主导作用。然而,既有成果亦有不足之处。首先,既有研究多侧重于理论层面的分析,对现实中行政命令制度的实践效果关注不多。其次,既有研究对中国特有的制度环境关注不多。一个最关键的问题是要弄清中国立法者在生态环境损害救济制度选择的思路上为何会出现从公法转向私法的结构性跳跃,以及在当前法制现实背景下,再从私法转向公法的意义为何。再次,当代各国在生态环境修复制度选择方面都会面临公法和私法两种机制的重叠、冲突适用问题,既有研究在分析行政命令制度和其他修复制度的适用关系时,较少关注域外法制经验。最后,既有研究提出的多元修复制度衔接方案彼此差异较大,体系性不强。

(二) 国外研究现状

尽管通过行政命令制度追究生态环境修复责任是域外各国的普遍选择,但其在各国的具体适用范围可能有所差异。有些国家将行政命令制度

---

[1] 陈哲:《完善生态环境损害行政执法与民事司法衔接机制之路径》,《环境保护》2021 年第 14 期。
[2] 谌杨:《生态环境损害赔偿"应赔尽赔"悖论之突围》,《黑龙江省政法管理干部学院学报》2020 年第 5 期。

限缩在很小范围的生态环境修复领域,而有些国家却将绝大部分的生态环境修复任务交由行政命令制度调整。2016 年欧盟委员会评估报告表明,已有 15 个欧盟成员国通过行政命令实施了 494 件生态环境修复案件。① 值得注意的是,各国实定法的规定也在不断发展中,域外学者也常常就多元修复制度的功能优劣展开比较分析。

1. 关于美国法上生态环境修复行政命令制度的研究

随着联邦成文法和环境联邦主义的蓬勃发展,美国国会开始将普通法中的公共信托原则、州的亲权原则等融入新近制定的联邦环境成文法中,包括《石油污染法》《超级基金法》《清洁水法》《国家海洋保护区法》《公园系统资源保护法》《国家林地恢复和改进法》。这些法律构成法定自然资源损害赔偿制度的联邦成文法基础。事实上,这些诞生于普通法规则的法定责任机制已经超越了纯粹民事责任规则的范畴,而体现为一种融合了侵权、信托和行政法元素的混合物。② 有学者主张,这是一种以普通侵权法概念(即公共妨害)为基础并由行政机关主导实施的严格责任制度。③ 根据自然资源损害赔偿制度,政府受托人有权在其所负责管理之自然资源遭受损害时,提起自然资源损害赔偿诉讼,要求可能责任人承担恢复自然资源损害的赔偿责任。一般而言,美国法学界倾向于将自然资源损害赔偿法律责任界定为一种"特殊的侵权责任"。④ 这是因为,第一,符合自然资源损害赔偿制度的理论基础,因为它的法理基础是普通法规则中的公共信托或州的亲权原则,这是典型的司法概念。第二,尽管自然资源损害赔偿制度中存在行政权运行的可能,但这种行政权的使用仅起到辅助作用。具言之,行政权在自然资源损害赔偿制度中发挥作用的环节仅是自然资源损害评估程序(即 NRDA 程序,具体是指由政府受托人主导负责监测、评估自然资源遭受了哪些损害以及如何对这些损害进行恢复的方案设计、实施)。同时,对于评估结论,政府受托人应制定行政记录,并且对于这些

---

① European Commission, *REFIT Evaluation of the Environmental Liability Directive*, Brussels, 2016, SWD (2016) 121 final, p. 34.

② See Gordon J. Johnson, "Paying the Piper: Comments on Liability for Natural Resource Injury: Beyond Tort", *Albany Law Journal of Science & Technology*, Vol. 6, 1996, p. 321.

③ See Marie-Louise Larsson, *The Law of Environmental Damage: Liability and Reparation*, Leiden: Brill, 1999, pp. 470–471.

④ See Sanne H. Knudsen, "The Long-Term Tort: In Search of a New Causation Framework for Natural Resource Damages", *Northwestern University Law Review*, Vol. 108, No. 2, 2014, p. 504.

决定，国会也应给予它们在后续自然资源损害赔偿诉讼中享有类似于行政决定的"可推翻的证据效力"。①

可以说，自然资源损害赔偿制度仍然是一种司法路径，只不过政府受托人的行政权在自然资源损害监测、评估以及恢复方案实施过程中发挥重要作用，但政府受托人的评估方案以及恢复措施是否合理，仍由司法机关作出决定，毕竟"可推翻的证据效力"并不直接意味着政府作出的行政决定结果必然正确。然而，自然资源损害赔偿制度本身适用范围有限（《超级基金法》等成文法针对油类及危险物质排放造成的重大自然资源损害采用了侵权诉讼形式的自然资源损害赔偿制度），且该制度实施所依赖的自然资源损害评估程序又被纳入行政决定程序之中，使该制度与大陆法系生态环境修复行政命令制度具有一定程度的相似性。

此外，一般生态环境损害适用的环境恢复措施（Remedial Actions）（联邦环保署启动的不同于应急措施的修复措施）仍是一种行政执行命令程序，如《超级基金法》中的反应行动机制。鉴于此，有关美国环境恢复措施和自然资源损害赔偿的研究成果和大量案例，②可为中国生态环境修复行政命令制度研究提供借鉴。

2. 关于英国法上生态环境修复行政命令制度的研究

在英国法学者看来，私法（即普通侵权法）的制度目标是保护私人权益而非具有不确定性概念的公共性生态权益，③加之通过普通侵权法规则可获得的损害赔偿在外延上无法涵盖生态环境损害的全部内容，故传统普通侵权法在生态损害救济方面起到的作用十分有限，仅能救济生态环境损害概念中的部分内容——自然资源的替换价值（比如，给受污染河流补充鱼类资源的成本，替换受损树木的价值等）。该观点亦在剑桥水务公司案中被英国最高司法机关（即彼时的英国上议院）重申，并且上议院认为生

---

① See Craig H. Allen, "Proving Natural Resource Damage Under OPA 90: Out with the Rebuttable Presumption, in with APA-Style Judicial Review?", *Tulane Law Review*, Vol. 85, 2011, pp. 1039 – 1074.

② See Richard A. Epstein, "From Common Law to Environmental Protection: How the Modern Environmental Movement Has Lost Its Way", *Supreme Court Economic Review*, Vol. 23, No. 1, 2016, pp. 141 – 167; Karen Bradshaw, "Settling for Natural Resource Damages", *Harvard Environmental Law Review*, Vol. 40, 2016, pp. 211 – 230.

③ See Stuart Bull, Donald McGillivray, Ole W. Pedersen, Emma Lees, Elen Stokes, *Environmental Law*, ninth edition, Oxford: Oxford University Press, 2017, pp. 378 – 379.

态环境损害救济问题属于立法者的任务。① 事实上，英国法体系中存在很多可用来救济生态环境损害的法定责任机制。② 仔细研究可知，这些污染清理或污染消除规则是典型的行政命令机制，彼此之间具有基本相似的内容，即由行政机关发布行政命令以要求适当责任人清理或消除污染，既包括将受损环境要素或生态系统恢复至损害发生前状况的规则（如《水资源法》《野生生物和乡村法》《栖息地和物种保护规则》），也包括仅移除污染物质的规则（如《环境保护法》第59条中的废弃物非法处置清理）。然而，即使是将受损生态环境恢复至先前状况的规则，对生态环境损害的救济也是有限的。具言之，其一，这些污染清理或消除规则仅强调对受损生态环境的"基础性修复"，并不涉及《欧盟环境责任指令》（ELD）中的"补充性修复""赔偿性修复"。其二，修复以"实际可行且成本合理"为条件，即不符合该条件的修复可以不进行，行政机关享有自由裁量权。其三，在这些规则中，并不存在利益相关方或环保组织请行政机关采取行动或对行政机关决定进行评论的权力。其四，损害发生后，责任人并不负有向行政机关报告损害发生的法定义务。③

为促进生态环境损害的充分救济，英国于2009年制定了旨在转化ELD的《环境损害预防和修复规则》（以下简称《环境损害规则》，2015年修订）。《环境损害规则》以ELD中的行政命令制度为模板，系统规定了针对生物多样性损害、土地损害和水损害的生态环境修复行政命令制度。除部分细节规定不同外，针对三种损害的制度实施结构基本相似。具言之，在确定了损害属于《环境损害规则》调整的"环境损害"以及相应责任人后，行政机关应启动生态环境修复行政命令制度。在《环境损害规则》中，该制度的实施程序被分解为：修复责任通知程序、修复措施通知程序、修复措施的实施、成本回收程序、异议程序，以及相应制裁程序。

3. 关于德国法上生态环境修复行政命令制度的研究

为了弥补德国传统侵权法在救济生态环境损害方面的局限性，德国议会在1990年制定的《环境责任法》中新设第16条。依《环境责任法》第16条第1款规定，"如果对财产的损害同时造成来对自然生态（nature）

---

① See Cambridge Water Company v. Eastern Counties Leather plc (1994) 2 AC 264.
② 参见程玉《生态损害法律责任实施机制的选择》，中国社会科学出版社2021年版，第134页。
③ See European Commission-DG Environment, Implementation Challenges and Obstacles of the Environmental Liability Directive: Final Report, 16 May 2013, pp. 357-361.

或特定风景（scenery）的损害，受害人将之恢复至未受到侵害前的状态，应适用德国《民法典》第251条第2款。因恢复原状产生的费用，并不因其超过财产本身的价值被视为是不合理的"。该条第2款规定，"赔偿义务人应对赔偿权利人主张的其他的必要费用予以赔偿"。故在"具有生态维度的财产损害"（property damage with ecological dimension）案例中，加害人应承担的恢复原状费用可以包括对加害人同时间接造成的生境损害的恢复成本，且这一成本总额可适用《德国民法典》第251条第2款而不会因为超出财产本身价值被认为不合理。可见，该法第16条的制度功能有限，仅能间接救济一些生态损害。2007年德国议会制定了旨在转化ELD的《环境损害法》，该法借鉴民法侵权损害赔偿请求权的构造方法，以ELD中的行政命令制度为蓝本，构建了行政机关对污染者的权力，确立了生态环境修复行政命令制度。与污染相关之人及环保协会可申请行政机关行政作为。自此，有关生态环境损害的救济被区分为两种类型，分别适用不同的规则。其一，在归属于个人的情况下，可以适用《德国民法典》第249条以下的损害赔偿规则，通过恢复原状或金钱赔偿加以填补，此时无须引入生态环境损害；其二，在受损利益不归属于个人时，德国法通说认为无法通过司法规则予以赔偿，应适用德国《环境损害法》以及与之相配套的《土壤保护法》《水资源法》《自然保护法》。①

日本吉村良一教授认为，德国之所以主要通过公法（即行政命令制度）来实施生态环境修复（即救济生态环境损害）的原因是德国自19世纪以来的公私法二分的理念太过强大。② 很多德国学者都认为，对于狭义的生态环境损害（不涉及既有权利的侵害），德国法传统上将其交由公法予以规制，因为这是国家的任务。③ 事实上，德国学界对于德国法固守公私法二分传统阻碍了以私法方式救济公益的问题也不乏质疑之声。舒尔特认为："自然利益由全体享有，在受侵害的情况下，受害个人、环境保护团体、国家均得依民法规则请求赔偿。"④ 但舒尔特同时提出，仅靠民法规范本身解决问题是不够的，还应通过公法规范解决。⑤

---

① Vgl. Kloepfer, Umweltrecht, 4. Aufl., C. H. Beck, 2016, S. 592. p.581.
② 参见［日］吉村良一《環境損害の賠償》，《立命館法学》2010年第333·334号。
③ Vgl. Kloepfer, Umweltrecht, 4. Aufl., C. H. Beck, 2016, S. 592. p.556.
④ Vgl. Seibt, Zivilrechtlicher Ausgleich kologischer Schaden, Mohr, 1994, S. 9–10.
⑤ Vgl. Schulte, Ausgleich kologischer Schden und Duldungspflicht gesch digter Grundeigentümer, Duncker & Humblot, 1990, S. 29.

4. 关于法国法上生态环境修复行政命令制度的研究

法国是通过民事责任实施生态环境损害救济的典型。① 2008 年，法国为满足转化 ELD 的要求，以 ELD 中的行政命令制度为模板，建构了一套生态环境损害救济公法机制，即 2008 年《环境责任法》（该法随后被编纂进法国《环境法典》第 L. 160 – 1 条及以下条款中）。2008 年《环境责任法》针对土地、水体和生物多样性损害创设了公法责任机制。但受限于该法的适用条件以及抗辩理由的存在，直到 2018 年 6 月，公法机制都没有启动过，成为真正的"橡皮图章"②。事实上，法国生态环境损害救济实践中主导适用的是自 2016 年民法典债法改革以来确立的生态环境侵权（即司法机制）。根据《法国民法典》第 1386 – 21 条的规定，任何具备资格或利益的人均可依《民法典》生态损害责任相关条款提起生态损害赔偿之诉。除了可以主张生态损害赔偿请求外，法官还可以依原告主体的诉讼请求，规定采取合理措施来防止或制止损害。此外，为防止即将发生损害而采取措施的成本属于《法国民法典》中的可赔偿损失。对于生态损害法律责任的具体承担方式，《法国民法典》确立了"恢复原状"优先主义，即当且仅当在依法或依事实或缺乏修复手段导致修复不能时，法官则可判决损害人赔偿损失及其利息，将其拨付给原告供生态环境修复使用，且如果原告不能采取有效措施实现该立法目的，则上缴国家。然而，纵观实践，可以发现，司法机制的实施并非畅通无阻。由于法律规则并不细致，《法国民法典》确立的生态损害民事责任实际上面临着不少挑战。③ 其一，由于《法国民法典》对生态损害和相应补救措施的界定不够清晰，影响了法律制度的可操作性；其二，《法国民法典》中的私法机制和《环境责任法》项下公法机制（即行政命令制度）之间的适用关系并不明确，进而有可能导致生态环境修复责任重叠的问题。尽管《法国民法典》第 1386 – 22 条第 3 款规定，民事诉讼法官必须"考虑"已根据 ELD 命令采取的补救措施，但立法并未明确规定，民事诉讼中的法院必须推迟其裁决，直到任何现有的行政程序得到解决。

---

① See Ungureanu Ciprian, "General Considerations on the Elements of Civil Liability in the Environmental Law", *European Journal of Law and Public Administration*, Vol. 6, No. 2, 2019, pp. 268 – 277.
② See Julie Foulon. "Recent Developments in French Environmental law: Recognition and Implementation of Ecological Damage in French Tort Law", *Environmental Law Review*, 2019, Vol. 21, No. 4, pp. 309 – 317.
③ See Taylor Simon, "Extending the Frontiers of Tort Law: Liability for Ecological Harm in the French Civil Code", *Journal of European Tort Law*, Vol. 9, No. 1, 2018, pp. 81 – 103.

5. 关于日本法上生态环境修复行政命令制度的研究

在日本实定法上，生态环境损害可以经由行政命令获得救济。在环境修复方面，日本也是世界上最早适用污染者负担原则的国家，其通过公法规范已经规定了污染者须承担环境修复的费用。根据实施修复的主体不同，在公法上形成了公共事业型与规制型两种模式。① 其中，公共事业型的典型例子是1970年制定的日本《公害防止事业费事业者负担法》，该法规定行政机关实施防止公害的行为，而污染者负担费用。该法第2条之2规定了事业者须负担其活动所造成的环境污染的修复费用，第4条规定了其负担的数额。而《土壤污染对策法》第7条亦规定土地所有者在发生土壤污染时承担净化责任。② 而规制型的典型例子是日本《自然环境保全法》第18条第1项，其规定环境大臣和地区的行政首长须命令指定地区内未取得行政许可或违反许可条件的污染者中止污染行为和恢复原状。此外，根据《废物处理法》第19.5条和第19.6条，违反委托标准或者以不适当的对价将废弃物委托给废弃物处理者的产业废弃物排放事业者，有可能收到恢复原状命令。③ 但日本学界始终致力于通过发展私法（即司法修复）来救济生态环境损害。起初学者主张采用环境权理论来救济生态环境损害，但环境权自身面临的各种困境使得该方案很难成为现实。日本随后的学说进一步发展了环境权理论，主要形成了环境权是共同体所有权、环境权共同利用权以及环境公共秩序这三种观点。④ 但日本法院对环境权多持保守态度。日本通说对于纯粹生态环境损害的救济基本形成了两种思路：其一，尽可能将环境利益归属于个人，通过创设新的权利或利益加以保护。其二，主张通过立法，建立集体公益诉讼，即共同享有环境利益的团体可请求污染者承担损害赔偿责任。目前日本法院对环境权采审慎态度，实际上仅承认属于特定主体的环境权和环境利益，比如，眺望权、景观利益。

总之，对于纯粹的生态环境损害，日本依赖公法中确立的生态环境修

---

① 参见［日］大塚直《環境修復の責任・費用負担について》，《法学教室》2008年第329号。
② 参见［日］交告尚史、［日］臼杵知史、［日］前田阳一、［日］黑川哲志《日本环境法概论》，田林、丁倩美译，中国法制出版社2014年版，第205页。
③ 参见［日］交告尚史、［日］臼杵知史、［日］前田阳一、［日］黑川哲志《日本环境法概论》，田林、丁倩美译，中国法制出版社2014年版，第205页。
④ 参见［日］大塚直《環境訴訟における保護法益の主観性と公共性・序説》，《法律时报》2010年第11号，第121页以下；［日］中山充《環境共同利用権》，成文堂2006年版，第138页以下；［日］吉村良一《環境損害の賠償》，《立命馆法学》2010年第333・334号，第1779页。

复行政命令制度。日本学界一直寄希望于通过私法的方式来救济生态环境损害，但进展有限。甚至有学者认为对纯粹的生态环境损害的救济必然会由私法向公法转变。①

6. 关于荷兰法上生态环境修复行政命令制度的研究

《荷兰民法典》第三编第305a条和司法实践经验分别确立了环保组织和公共机构（即行政机关）具备提起旨在维护生态环境公共利益之集体性侵权诉讼的资格，但赔偿范围仅限于实际支出的生态环境损害预防或救济措施成本。②除此以外，公共机构还可以向法院寻求禁令救济，但其寻求禁令救济不可以对公法体系构成妨碍，即仅在公法尚未对某种行为进行规范时才能寻求禁令。③在土壤污染防治领域，荷兰1985年《土壤保护法》建立了一套完整的公法机制（其制度实施载体是行政命令制度），该法改变了立法前"主要依赖政府修复再根据《荷兰民法典》向污染者求偿"的做法。④根据《土壤保护法》的规定，主管机关可以命令污染者，或污染场地的所有者或长期承租者进行场址评估和采取修复措施。在义务人不履行义务的情况下，行政机关可以采取行政强制措施，包括行政实施命令和附罚款的命令。前者应说明如果相对人不履行命令，行政机关将采取行政代履行措施并就履行费用求偿。后者是在相对人不履行命令的情况下课以罚款。而在政府机关采取措施的情况下，其可以向污染者或受益者求偿支出的成本。2007年，荷兰为转化ELD对《环境管理法》进行了修改，继受并强化了《欧盟环境责任指令》和荷兰土壤污染立法中公法主导的传统。换言之，政府机关可根据《环境管理法》的有关规定，命令相对人采取相应措施，也可自行采取措施，再向责任人求偿。由于《欧盟环境责任指令》并未明确政府求偿的具体方式是民事诉讼还是行政手段，

---

① 参见［日］小野寺倫子《人に帰属しない利益の侵害と民事責任（3・完）：純粋環境損害と損害の属人的性格をめぐるフランス法の議論からの示唆》，《北大法学論集》2012年第4号。

② See Michiel Heldeweg & René Seerden, *Environmental Law in the Netherland*, Kluwer Law International, 2012, p. 498.

③ See Gerrit Betlem, *Civil Liability for Transfrontier Pollution: Dutch Environmental Tort Law in International Cases in the Light of Community Law*, at 487 (Springer, 1994).

④ See Rik Mellenbergh, "Soil Protection Law and Reclaiming Soil Decontamination Costs in the Netherlands", *Journal for European Environmental and Planning Law*, Vol. 3, 2006, pp. 240–241.

《荷兰环境管理法》规定通过行政法下的强制支付命令来实现追偿。这与《土壤保护法》授权政府机关通过民事诉讼向污染者和受益人求偿修复成本支出的做法不同。

(三) 研究现状评述

与域外相比，中国立法中规定的生态环境修复行政命令制度尚不健全，有关生态环境修复行政命令的国内研究尚处于起步阶段，既有成果数量较少。总体而言，存在以下不足：第一，既有研究成果就生态环境修复行政命令相关法律问题的研究相对零散，缺乏系统性；第二，对于行政命令制度和生态环境修复的兼容性以及对传统行政命令一般原理与生态环境修复活动特殊性之间是否以及应当如何匹配的问题，既有研究的关注较少；第三，既有成果侧重考察现行法律中有关生态环境修复行政命令的法律规范，但对这些法律规范在执法和司法实践中是否发挥实证效果的考察相对欠缺。本书尤其关注中国法上既有生态环境修复行政命令规范的实践运行情况。第四，既有研究侧重于在中国法中完善生态环境修复行政命令制度的宏观必要性分析，缺乏对法律制度建构的细致分析。而纵观域外研究成果可以发现，域外法更为重视生态环境修复行政命令制度的微观制度内容，对生态环境修复行政命令的发布、实施、监管、救济进行了细致的规范建构。由此，本书预期通过详细分析域外法制经验，为完善中国生态环境修复行政命令制度提供一种具有可操作性的方案。第五，对于生态环境修复行政命令制度和多元修复制度的适用关系问题，国内研究缺乏科学的比较分析工具，且在比较分析时普遍缺乏对本国特殊制度环境的关注，使得研究的本土化色彩不浓。本书试图通过成本效益分析方法，选取一些影响各种生态环境修复法律制度的关键成本和效益指标，并结合中国特殊国情（如法制传统、公民社会基础、司法权独立、生态文明体制改革等）选择一套相对更符合中国国情的多元修复制度整合方案。

四　研究内容和方法

(一) 研究内容

本书分为绪论、正文和结论，其中正文部分又包括五章。

第一章的研究任务是：通过对生态学和法学中的生态环境修复概念进

行"广谱性"考察,确定本书的研究范围。本章包括以下主要内容,(1)在恢复生态学语境中探讨生态环境修复概念的缘起和发展历史;(2)结合恢复生态学理论分析生态环境修复的自然科学基础,归纳生态环境修复应当遵循的关键生态环境科学原理;(3)将生态环境修复定位一种法律目标,探究能够实现生态环境修复目标的制度工具类型;(4)在梳理中国生态环境修复法律制度构建历史的基础上,阐释并反思当前生态环境司法修复制度面临的规范困境。

第二章的研究任务是:在认可行政命令是一种独立行政行为的背景下,研究生态环境修复行政命令制度的规范构造、作用机理与功能局限。一方面,论证行政命令的独立行政行为属性及其与相关行政行为的实质区别,并在类型化生态环境行政命令概念体系的基础上,界定生态环境修复行政命令的概念定义和形式构造。另一方面,基于补救性行政命令的作用机理和功能优势,评估其与生态环境修复责任追究目标的兼容性,并探讨生态环境修复行政命令制度的功能局限性。

第三章的研究任务是:对生态环境修复行政命令制度进行规范考察和实践分析。首先,运用规范分析方法研究中国法上的各类生态环境行政命令是否属于生态环境修复行政命令,然后通过实证分析方法梳理总结这些生态环境修复行政命令规范在实践中的运行情况。其次,选取域外典型国家的法律实践作为研究样本,总结分析各国生态环境修复行政命令制度的具体规则,以及各国处理生态环境修复行政命令制度和司法修复制度之间适用关系的法律方法。最后,在比较分析域内外法制经验的基础上,总结中国生态环境修复行政命令制度的不足之处。

第四章的研究任务是:从必要性和可行性两个方面入手,研究优化中国生态环境修复行政命令制度的法理基础和现实依据。一方面,论证优化生态环境修复行政命令制度的必要性。无论是从规范目标还是功能主义维度考虑,生态环境修复责任的公法责任属性决定了行政机关应当成为生态环境修复责任实施的主导者,其他主体(包括检察机关、环保组织乃至公民个人)只能起到补充实施的作用,司法机关无法完全替代行政机关的角色地位。若以程序公正、决策效率、接受效率为指标进行成本效益分析,可以发现,磋商和解与索赔诉讼以及行政命令三种制度工具均具有功能优劣。另一方面,从中国国家权力分立的结构、处于转型期的社会背景、中国当前生态文明体制改革的客观现实,以及域外法制经验四个维度出发,深入探究中国重构生态环境修复行政命令制度的可行性。

第五章的研究任务是：立足于法制化和体系化的制度设计思路，在法律规范层面提出具有中国特色的生态环境修复行政命令制度的优化方案。一方面，由于中国目前生态环境修复责任追究制度工具纷繁复杂，优化生态环境修复行政命令制度的前提是明确其适用边界，妥当处理其与多元生态环境修复责任追究制度之间的适用关系。另一方面，鉴于生态环境修复行政命令制度的实质是以行政权作为生态环境修复责任追究的主导权力，有必要从法制化角度对其运行过程施加规范控制，具体包括，明确实体法依据、设定程序法规范，以及健全保障机制。

（二）研究方法

本书主要运用以下基本方法，对生态环境修复行政命令制度进行研究。

第一，规范分析法：结合行政法理，研究中国"责令恢复原状""责令改正""责令（限期）治理"等行政行为的行政命令属性，并依据功能目标对这些命令规范进行系统化分析，以确定生态环境修复行政命令的体系定位；在研究生态环境修复行政命令制度的法理基础时，深入探究行政权和司法权在生态环境修复领域的分工与合作原理，并着重分析传统行政命令原理和生态环境修复的匹配问题。

第二，比较分析法：对域外生态环境修复行政命令制度的规范结构和多元修复制度的衔接问题进行系统的比较法考察，为中国相应制度的完善提供借鉴。

第三，实证分析法：利用中国裁判文书网、部分政府部门的行政执法案件公示网站等网络信息平台，对国内各类生态环境行政命令规范形态在生态环境修复领域的适用情形，以及部分地方行政机关和检察机关已经实施的生态环境修复行政命令制度的法律实践案例，进行调研、总结。

第四，成本效益分析法：以公平、决策效率和接受效率为指标，搭建分析框架对多元生态环境修复制度功能优劣进行比较分析。

五 创新与不足

本书的创新之处在于两个方面，一是研究观点的创新；二是研究方法的创新。

第一，研究观点的创新。其一，本书系统梳理中国现行环境立法中各类生态环境行政命令的规范形态及其实施效果，通过法解释学和理论分析提出"责令恢复原状""责令改正""责令（限期）治理"等行政命令不能被视为严格意义上的生态环境修复行政命令。或者，至少可以说，既有生态环境行政命令仅具有救济生态环境损害的部分功能，无法满足充分修复受损生态环境的功能要求。其二，本书深入分析了中国生态环境修复行政命令制度在实践中存在缺陷的制度成因和现实成因，具体包括：立法者在生态环境修复制度工具选择问题上的结构性思维跳跃；受到依法行政原则的禁锢，行政机关不愿对已有生态环境行政命令规范做扩张解释或者推理；即便扩张解释，既有行政命令制度的程序法规则缺陷也难以保障生态环境修复目标的充分实现。其三，本书提出了中国生态环境修复行政命令制度的优化方案。已有研究侧重于探究行政命令与生态环境修复之间的"目标—手段"契合性，论证中国引入生态环境修复行政命令的妥当性，仅略有提及将"责令修复或者责令赔偿+行政代履行"作为实施机制，缺乏对生态环境修复行政命令制度的微观程序设计。本书从功能定位、立法进路、核心程序、多元修复制度衔接、保障机制等方面入手，提出中国生态环境修复行政命令制度的优化方案。

第二，研究方法的创新。一是采用了成本效益分析法，系统比较分析了生态环境修复行政命令制度和其他修复制度的功能优劣。以程序公正、决策效率和接受效率为比较指标，分析了行政命令、磋商和解与索赔诉讼之间的功能优劣。二是广泛采用了实证研究方法：（1）梳理、总结了中国17部环境资源单行法律法规中的生态环境修复行政命令法律规范形态，以及这些法律法规中有关生态环境修复行政命令和生态环境行政处罚的条款在法律规范结构中的衔接关系；（2）通过信息公开、新闻检索和裁判文书检索总结了中国行政执法实践中出现的17个生态环境修复行政命令案例，以及12个有关生态环境修复行政命令的行政环境公益诉讼实践案例；（3）通过法律文书和案例等实证研究方法，梳理总结了英国、美国、德国、法国、荷兰等国家的生态环境修复行政命令制度实践经验。

受客观条件与研究者能力所限，本书所展开的生态环境修复行政命令制度的研究可能存在一些不足之处：其一，实际调研方面。由于受客观条件所限,未能就该议题进行深入与广泛的调研,由此可能造成本书研究更偏于理论研究,有关实证资料尚不充足。其二,文献收集方面。受语言能力的限制,笔者无法直接查阅第一手的德文资料、法文资料,只能通过阅读英文译文或者其他二手资料来了解德国、法国学者的研究成果。因此,无法保证文献收集的全面性、权威性。

第一章 生态环境修复目标实现的科学原理与法律制度

尽管生态系统具有强大的自我修复能力，但人类无止境的破坏已经超出了自然界的复原力。为了突破环境污染和生态破坏的"重重围困"，生态环境修复理念应运而生，成为各国乃至国际社会生态环境政策和法律议程的核心议题。经过数十年的拓展，围绕生态环境修复的概念、定义、原理以及实施而开展的学术研究日益增多，使得生态环境修复逐渐成为一门发展迅速的综合性学科——以探寻修复受损生态环境的方法和战略为目标的学科。其综合性主要体现为自然科学和法律科学的融合。一方面，生态环境修复作为一项科学技术活动，其修复目标的确定、修复方法的选择、修复方案的实施、修复效果的评估等都依赖实施主体对相关生态科学知识的准确掌握和熟练运用；另一方面，生态环境修复的实施过程涉及纷繁复杂的利益关系和利益冲突，尤其是实施生态环境修复的责任具体应该如何分配，此时作为利益关系协调器的法律应发挥重要的规范功能。在此意义上，法律科学"王国"中的生态环境修复法律制度可被理解为是对自然科学中生态环境修复技术活动的法律化表达。本章旨在通过对生态学和法学中的生态环境修复概念进行"广谱性"考察，以确定本书的研究范围。本章将依次分析恢复生态学语境中生态环境修复概念的缘起和发展历史、生态环境修复应当遵循的生态科学原理、生态环境修复目标实现的法律制度。此外，本章最后一节对中国目前环境法体系中已经确立的生态环境司法修复制度进行了简要归纳和理论反思。

第一节　生态学与法学语境中的
生态环境修复概念

生态环境修复是典型的跨学科概念。在不同的学科视野下，从不同的角度出发，生态环境修复的概念定义具有多种表达方式。在生态学视野下，生态环境修复是指对环境要素或者生态系统基本功能的恢复。在经济学家看来，生态环境修复侧重于通过生产性活动恢复生态环境的各种价值。从伦理学的维度考察，生态环境修复是对人类中心主义的批判和对生态中心主义伦理观的超越。在法学的语境中，生态环境修复更侧重于对与修复受损生态环境有关之权利义务的分配。结合本书的研究目的，本章重点关注生态学和法学语境中的生态环境修复概念。

一　生态学语境中的生态环境修复概念

生态环境修复（以下简称生态修复，即 Ecological Restoration）首先是一项自然科学技术活动，故追本溯源地探究生态环境修复的生态学概念是本书研究的逻辑起点。人类对自然或者生态环境进行修复的观念或者做法最早可以追溯至 19 世纪中后期，一个经典的例子是全世界的人类都会选择以某种方式对土壤进行修复以确保土壤的肥力，并维持农业生态系统服务。20 世纪 30 年代北美大平原的"黑色风暴"使美国和加拿大认识到利用自然资源、保护生态环境的重要性，同时开展了数十年的"大平原"生态修复工程。20 世纪 50—60 年代，为应对资源过度开发引发的严重生态危机，欧洲、北美开展了一些工程与生物措施相结合的矿山复垦、水土流失治理、森林恢复等生态系统修复工程，并取得了一定成效。

尽管修复生态环境的实践早已有之，但将生态环境修复置于恢复生态学的框架中展开讨论却始于 20 世纪 80 年代。1980 年，《受损生态系统的修复过程》一书的出版标志着学术界开始将生态环境修复（Ecological Restoration）作为生态学的一个重要分支。早期域外学者在理解"Ecological Restoration"概念的内涵时存在争议，国际生态修复协会（Society for Ecological Restoration）也数次变更其定义。国际生态修复协会曾先后提出四种概念：（1）生态环境修复是修复被人类损害的原生生态系统的多样性及动态的过程；（2）生态环境修复是维持生态系统健康及更新的过程；（3）生态环境修复是帮助研究生态整合性的恢复和管理过程的科学，生态系统整合性包括生物多样性、生态过程和结构、区域及历史情况、可持续的社会时间等广泛的范围；（4）生态环境修复是指业已退化的、受损的或者已经毁坏的生态系统在人为帮助下的修复过程。[1] 第四种概念由国际生态修复协会在 2004 年提出，目前已为域外多数生态环境修复学家普遍接受。

由于国际生态修复协会的定义过于原则，并未明确何为修复过程，故国内学者在生态环境修复的研究和实践中基于对修复过程和结果的不同理解提出了很多相关概念，包括生态环境的恢复、重建、改建以及改良等。章异平等曾根据国内学者对"Ecological Restoration"一词内涵的解释以及中文翻译表述，将之归纳为三类：生态恢复、生态重整与生态重建。[2] 综观学界既有研究成果来看，分歧主要体现在生态环境修复的过程和目标两个层面。其一，生态环境修复的实施过程是单纯指向生态系统的"自然恢复"，还是基于人为辅助活动的"主动修复"，抑或同时涵盖两者。例如，米文宝等将生态恢复（Ecological Restoration）与生态重建（Ecological Reconstruction）并举，并将生态重建定义为有人为参与的辅助恢复过程和行动。[3] 而刘冬梅认为，生态修复是指利用生态工程学或生态平衡、物质循环额定原理和技术方法或手段，对受污染或受破坏、受胁迫环境下的生物（包括生物群体）生存和发展状态的改善、改良，或修复、重现。[4] 亦有学者主张生态环境修复应当同时涵盖自然恢复和人工修复。谢作明等认为，生态环境修复同时包括自然修复和人为修复，前者是指对受损生态系统停止人为干扰，以减轻负荷压力，依靠生态系统的自我组织和自我调节能力使其朝有序的方向进行演化；后者是指利用生态系统的自我恢复能力，并辅之以人工措施，使受损生态系统逐步恢复或朝良性循环方向发展，最终

---

[1] See SER, *The SER International Primer on Ecological Restoration*, 2004, http://floridalivingshorelines.com/wp-content/uploads/2015/05/Clewell.Aronson.Winterhalder.2004-SER-Primer.pdf.
[2] 参见章异平、王国义、王宇航《浅议 Ecological Restoration 一词的中文翻译》，《生态学杂志》2015 年第 2 期。
[3] 参见米文宝、谢应忠《生态恢复与重建研究综述》，《水土保持研究》2006 年第 2 期。
[4] 参见刘冬梅《生态修复理论与技术》，哈尔滨工业大学出版社 2017 年版，第 1 页。

恢复生态系统的服务功能。① 其二，生态环境修复的目标是"遏制"生态系统的进一步退化，还是"恢复"至生态系统的原有状态，还是"重建"一个全新的生态系统，抑或对受损生态系统做一定程度的"改善"或"改良"，以使其朝良性循环或有利于人类可持续利用的方向发展。彭少麟等认为，恢复生态学同时包括"恢复"和"重建"，"恢复"是指生态系统原貌或其原先功能的再现，"重建"则指在不可能或不需要再现生态系统原貌的情况下，营造一个不完全雷同于过去的甚至是全新的生态系统。② 焦士兴认为，从一般意义上理解，"生态修复"的目标是遏制生态系统的进一步退化。③ 刘冬梅认为，"生态修复"是对受污染或受破坏、受胁迫环境下的生物（包括生物群体）生存和发展状态的改善、改良，或者修复、重现。④

可见，国内学者对生态环境修复概念的理解和定义并未统一，经常与生态恢复、生态重建、生态恢复重建、生态改建等概念相互交织。但"要是有个固定的术语肯定是有益的，但是目前似乎还没有一个统一的术语。我们认为，针对如何命名我们在生态修复领域的工作所展开的无休止的争论，是偏离现实且浪费时间的事情"⑤。尽管前述概念的侧重点可能有所不同（即实施过程和直接目标），但从目的角度观察，它们的终极目的都是使退化或者受损的生态系统回归到一种稳定、健康、可持续的发展状态。因此，有学者在界定生态环境修复概念时采取了广义的定义方法，将生态环境修复定义为"以受到人类活动或外部干扰负面影响的生态系统为对象，旨在'使生态系统回归其正常发展与演化轨迹'，并同时以提升生态系统稳定性和可持续性为目标的有益活动的总称"⑥。在此意义上，生态恢复、生态重建、生态恢复重建、生态改建等均可纳入生态环境修复概念的语义射程范围内。由于本书关注生态环境修复法律制度（不包括生态环境的自我恢复），笔者认为，生态环境修复可以定义为，"在生态学原理的指

---

① 参见谢作明《环境生态学》，中国地质大学出版社2015年版，第120页。
② 参见彭少麟、陆宏芳《恢复生态学焦点问题》，《生态学报》2003年第7期。
③ 参见焦士兴《关于生态修复几个相关问题的探讨》，《水土保持研究》2006年第4期。
④ 参见刘冬梅《生态修复理论与技术》，哈尔滨工业大学出版社2017年版，第1页。
⑤ R. J. Hobbs, D. A. Norton, "Towards a Conceptual Framework for Restoration Ecology", *Restoration Ecology*, Vol. 4, No. 2, 1996, pp. 93 – 110.
⑥ 曹宇、王嘉怡、李国煜：《国土空间生态修复：概念思辨与理论认知》，《中国土地科学》2019年第7期。

导下，综合运用生物修复、物理修复、化学修复、工程技术等各种修复工程措施，对生态系统的结构、功能以及文化、人文特色进行的整体上的改善、改良，或修复、重现"。为准确理解本书所主张生态环境修复概念的定义，须做以下几点说明。

其一，生态环境修复的概念内涵虽然不包括生态系统的自我恢复，但生态环境修复的实施无法完全与自然恢复隔离，这是因为在决定采取何种修复措施以及修复到何种目标时均须统筹考虑生态系统的自我恢复能力。

其二，生态环境修复的出发点和立足点是生态系统，是针对特定生态系统的完整性结构和健康的功能以及传统的文化、人文特色所做的整体性修复和改善。在此意义上，生态环境修复与单纯的污染治理不同。污染治理是指采用一些措施使受污染的环境不再对系统中生物或其周围环境产生负面影响。生态环境修复的概念内涵更为广泛，从退化、受损生态环境系统的结构、功能和生态学潜力的恢复与提高扩展至人们依据生态学原理使退化、受损生态环境系统的物质、能量、信息流发生改变，形成更优化的自然—经济—社会复合生态系统。[①]

其三，生态环境修复应是"环境修复"的上位概念，不仅包括对纯粹无机环境造成污染的修复（环境修复），还包括对生态系统退化、资源枯竭的修复（自然资源修复）。[②]

其四，生态环境修复目标和拟采取修复措施的最终确定须个案分析，统筹实施某些强化或者条件优化后的修复措施，甚至是多种修复措施的优化组合。以修复目标为例，本书所主张生态环境修复概念中的"整体上的改善、改良，或修复、重现"是对可能修复目标的列举，确定最终修复目标需要我们依据恢复生态学原理进行具体分析。在此意义上，"整体上的改善、改良，或修复、重现"都只是生态环境修复的某种手段，并非将原有生态环境系统作为修复的终极目标。[③] 事实上，将受损生态环境完全修复至原有状态仅是一种理论设想，在实践中很难实现，原因在于：人类始终缺乏对受损生态环境系统历史的理解、现有修复科学技术的有限性、修复周期太长、生态环境系统中关键物种的消失、费用太高等。

[①] 参见王江《生态环境修复法治研究》，中国社会科学出版社2019年版，第43页。
[②] 参见魏旭《生态修复制度基本范畴初探》，《甘肃政法学院学报》2016年第1期。
[③] 参见董世魁、刘世梁、尚占环、邵新庆、黄晓霞主编《恢复生态学》，高等教育出版社2020年版，第5页。

生态环境修复对于生态系统的健康和人类社会的可持续发展都至关重要。根据生态环境修复的适用范围不同，我们可以将生态环境修复区分为两种类型：一是侧重于小型的、分散地点的生态环境修复，此时修复活动指向的生态环境只是一些小型的生态系统；二是针对一定范围内的区域、流域甚至整个国土空间的整体生态系统和景观实施的生态环境修复。当代环境法不仅强调对小型生态系统的修复，还开始将对整个生态系统和景观的宏观生态环境修复列为优先事项，例如，中国正在推进的国土空间修复规划工程和长江保护修复工程。其中，宏观生态环境修复指向的生态环境损害一般是历史问题，主要由国家承担修复的主体责任。本书重点关注因环境污染或者生态破坏导致的小型生态系统的生态环境修复，仅在论证需要时才会兼及在区域、流域等相对宏观层面开展的生态环境修复。

二 法学语境中的生态环境修复概念

"概念乃是解决法律问题所必需的和必不可少的工具，没有限定严格的专门概念我们便不能清楚地和理性地思考法律问题，如果我们完全否弃概念，那么整个法律大厦就将化为灰烬。"[①] 生态环境修复法律制度的核心概念范畴就是生态环境修复。由此，明确生态环境修复的法律概念是构建生态环境修复法律制度的基础，很难想象一种构建在模糊生态环境修复法律概念基础上的生态环境修复制度会符合法律正义。那么，作为生态环境修复法律制度基础性范畴的生态环境修复概念是否可以直接套用生态学中的生态环境修复概念呢？这就需要我们认真把握自然科学中的科学技术术语与社会科学研究中的法律概念的区别。

一方面，来自自然科学中的科学技术术语，在转化为社会科学概念时，不能完全脱离原有自然科学术语的基本内涵。这是因为，只有建立在准确且确证无疑之科学认知基础上的社会科学概念，才具有科学性，才能实现包容性。本书认为，生态环境修复应当定义为：在生态学原理的指导下，综合运用生物修复、物理修复、化学修复、工程技术等各种修复工程措施，对生态系统的结构、功能以及文化、人文特色进行的整体上的改

---

① [美] E. 博登海默：《法理学、法律哲学与法律方法》，邓正来译，中国政法大学出版社1998年版，第114—115页。

善、改良，或修复、重现。由此，生态环境修复法律概念不能脱离前述基本含义，包括"生态学原理的遵循""生态系统结构和功能""各种修复工程措施"以及"改善、改良，或修复、重现"等要素。

另一方面，尽管法律概念需要遵循基本的科学认知和判断，不能脱离科学术语的通常含义，但其一旦转化为社会科学概念，亦须服从于社会科学概念所应承担的任务。诚如有学者所言，"描述某类客体的法律概念，与其他学科乃至日常生活用语中的相应概念所指涉者，未必相同"①。社会科学的任务是解释社会现象并解决社会问题。社会科学的概念也应当服务于这个目的。法律是社会科学的重要分支，其核心目标是通过规范来调整人的行为、协调利益冲突，故法律概念应当具有实现法律规范目标的功能。换言之，构造生态环境修复法律概念，需要考虑其所追求的目的。② 仔细研究前文提出的生态环境修复概念可以发现，目前自然科学中的生态环境修复概念尚无法实现规范人类行为和协调利益冲突的功能。由此，我们必须对其进行改造，以使其成为有效的生态环境修复法律概念。

目前中国环境法律实践中关于生态修复法律概念的争议不断，环境修复、生态修复、生态恢复、恢复生态、环境治理、修复生态等概念多次出现在最高人民检察院和最高人民法院的工作报告中。为明晰生态环境修复法律概念的内涵，笔者建议，我们可以尝试将生态环境修复法律概念定义为："依法对生态环境损害负有责任的人应当按照法定生态环境修复标准制定修复方案，将受损生态环境修复至原有状况或者法律要求的状态。"此定义的特殊之处在于，对自然科学术语的表述方式进行了法律化表达。其中，以"法定生态环境修复标准"替代"生态学原理"，以"制定修复方案"替代"综合运用各种修复工程措施"，以"原有状况或者法律要求的状态"替代"改善、改良，或修复、重现"。这种定义方式不仅符合法律概念的表述习惯，也有利于指导法律实践，实现法律目标。

---

① ［德］卡尔·拉伦茨：《法学方法论》，陈爱娥译，商务印书馆2003年版，第318页。
② 在利益法学看来，目的是法律的创造者，解释法律不能偏离法律的目的。换言之，解释法律必须了解法律究竟欲实现何种目的，以此作为法律的出发点，才能得其要领。同理，对于法律概念的解释，也离不开法律的目的。参见梁上上《利益衡量论》，法律出版社2016年版，第23页。

第二节 生态环境修复应当遵循的基本科学原理

生态环境修复的勃兴催生了生态学的一个新的分支学科和应用学科——修复生态学，亦称恢复生态学（Restoration Ecology）。修复生态学是一门关于生态修复（Ecological Restoration）的学科，主要研究生态修复过程中的生态学原理和恢复过程中的科学问题。[1] 作为一门新兴的生态学分支学科，修复生态学根植于生态学的理论体系，并在生态修复实践中对该理论进行验证（Acid Test）和新的发展。修复生态学和生态修复之间是一体两面的关系，前者为后者提供科学基础，而后者可为前者提供实验证明。[2] 可以说，没有大量的生态环境修复实践也就没有今天的修复生态学。在修复生态学的框架中，生态修复不仅包括退化生态系统结构、功能和生态学潜力的恢复与提高，而且包括人们依据生态学原理，使退化生态系统的物质、能量和信息流发生改变，形成更为优化的自然—经济—社会复合生态系统。[3] 因此，尽管生态环境修复在实际操作层面往往会受到工程或者财力的诸多限制，但其所遵从和依循的基础逻辑应当是基于生态学的原理。

一 生态环境修复应当遵循的生态科学原理

生态学研究成果表明，生态环境的本质其实是生态环境系统，其包括若干子生态环境系统，构成若干子生态环境系统的基本要素是生态因素（或者说生态因子）。按照生态环境系统的组成成分来划分，生态因素包括各类生物因素（包括物种、种群、群落）和各类非生物因素（包括土壤、大气和水体）。各类生态因素彼此之间相互联系、相互影响，共同构成生

---

[1] 参见胡荣桂、刘康主编《环境生态学》，华中科技大学出版社2018年版，第281页。
[2] See Clewell A. F., "Ecology, Restoration Ecology, and Ecological Restoration", *Restoration Ecology*, Vol. 1, No. 3, 1993, p.141.
[3] 参见米文宝、谢应忠《生态恢复与重建研究综述》，《水土保持研究》2006年第2期。

态环境系统的结构和功能。由此，生态环境修复的生态科学内涵实际上可以被理解为对生态环境系统的修复。

生态环境系统的结构功能复杂多样，决定了高度依赖"人为干预"的生态环境修复活动有必要以生态环境系统作为出发点和落脚点，遵循自然客观的生态学规律。生态环境系统之所以会退化或者受损，归根结底是因为人类以零星的方式转变且不加节制地将主体内在目的外化，忽视外在生态环境系统发展科学规律，最终导致人与生态环境的危局。修复退化或者受损的生态环境，人类必须最大限度地减少主观随意性和盲目性，在一定程度上回归"客观理性"，尊重生态环境自身的科学发展规律，以建立人与生态环境和谐共处的"关系理性"。这种"关系理性"的形塑不仅要求我们在开发利用自然资源或者生态环境时要尊重生态环境的科学规律（如不得超出生态环境系统的负载定额规律），还要求我们对退化者受损生态环境系统的修复，也应当以生态环境系统的生态科学规律为准据。比如，根据生态环境修复系统循环和再生产的需要，在各种修复植物与微生物物种种群之间、各种修复植物与动物种群之间、各种修复植物之间、各种微生物之间和生物与处理系统环境之间建立合理的、符合生态环境发展规律的内容组成、结构和格局。[①] 可以说，生态环境科学规律是生态环境修复应当遵循的根本原则，如果生态环境修复的实施缺乏科学的生态学理论的正确指导，那么修复一般是盲目的，也很难成功，甚至可能引发新的生态环境系统损害。诚如有学者所言，"只有遵循自然规律的生态修复才是真正意义上的生态修复，否则只能背道而驰"[②]。

（一）制宜性修复原则

生态环境修复应当遵循的第一项生态科学原理是制宜性修复原则。生态环境系统"因地而异"，不同区域具有不同的生态环境背景（例如，气候条件、水文和地貌条件等），以及不同的自然和社会经济条件。这些区域的特殊性和差异性要求我们在进行生态环境修复时，必须因地制宜，充分考虑拟修复生态环境系统的特殊性，具体问题具体分析，修复措施的选择不能照搬照抄。具言之，特定生态环境修复案例的目标、实施方案、后续监测管理措施等都会存在很大差异。

---

① 参见王江《生态环境修复法治研究》，中国社会科学出版社2019年版，第60—61页。
② 参见董世魁、刘世梁、尚占环、邵新庆、黄晓霞主编《恢复生态学》，高等教育出版社2020年版，第74页。

(二) 系统性修复原则

第二项生态科学原理是系统性修复原则。生态学研究表明，生态环境系统通常与一定的地区和空间范围相联系，以生物体为主，形成网络式的多维空间结构。然而，生态环境系统并不仅仅是简单的生物分类，其还是一个功能单元，不断进行连续的能量流动、周而复始的物质循环、多样的生物生产以及信息传递等。对受损或者退化的生态环境系统的修复必须关注生态环境系统的各种生物因素、非生物因素以及系统的结构功能。修复生态学在吸收种群生态学、群落生态学和生态系统生态学等基础生态学的基础上，总结了生态环境修复应遵循的理论基础，主要包括：主导生态因子原理、最小限制因子原理、干扰—稳定性理论、中度干扰理论、抵抗力—恢复力框架理论、阈值理论、生态位理论、密度制约理论、竞争关系理论、生态演替理论、自我设计理论和人为设计理论、边缘效应理论，以及物质循环和能量流动理论等。[①] 这些理论表明，我们既要关注生态环境系统各层次（包括种群、群落和生态系统）的原理，参照演替规律分步骤、分阶段实施修复，还要求我们实施的生态环境修复必须具有整体系统性思维，根据生物间及其与环境间的共生、互惠、竞争和拮抗关系，以及生态位、生物多样性原理，构建生态环境系统结构和生物群落，使修复后生态环境系统的物质循环、能量转化和信息传递处于最大利用和最优循环状态，力求达到土壤、植被和生物同步和谐演进。只有如此，修复后的生态环境系统才能实现稳步、可持续发展。

(三) 适应性修复原则

生态环境修复必须遵循的第三项生态科学原理是适应性修复原则。适应性修复原则来源于旨在贯彻综合生态系统管理理念的适应性管理（Adaptive Management），亦称适应性资源管理（Adaptive Resource Management），其本质是一种面对不确定性时的结构性的、反复的最佳决策过程。一般而言，适应性管理基于两个前提："一是人类对于生态环境系统的理解是不完全的，二是管理行为的生物物理响应具有很高的不确定性。"[②] 由于生态环境系统本身的复杂性、影响生态环境系统变化的因素的多样性以

---

① 参见董世魁、刘世梁、尚占环、邵新庆、黄晓霞主编《恢复生态学》，高等教育出版社 2020 年版，第 52—57 页。
② 参见杨荣金、傅伯杰、刘国华、马克明《生态系统可持续管理的原理和方法》，《生态学杂志》2004 年第 3 期。

及受到科技发展水平的限制，人们很难预先对生态环境系统的结构功能以及修复活动实施所依据的科学依据有一个精确的了解，这种认知不确定性使得生态环境修复的进程面临诸多不确定性。

其一，修复目标具有不确定性。生态环境修复取得成功的关键是设定明确、可行的修复目标，但随着时空的变化，针对特定生态环境系统的生态环境修复的目标可能也会随之变化。例如，生态环境修复中同时存在过程导向和目标导向的两种修复目标，"后者强调一个系统向接近未受干扰的自然状态的回归，前者强调采取必须行动以保证自然生态状态的回归"①。

其二，修复行为的不确定性。由于生态环境系统的复杂性以及某些生态要素的突变性，加之人们对生态过程及其内在运行机制以及修复所遵循之科学依据的认识存在局限性，我们很难对生态环境修复的后果以及生态环境系统的最终演替方向做出准确的预估。因此，生态环境修复在一定程度上具有风险不确定性。可以说，对受损生态环境进行修复的任何技术措施尽管会起到修复生态环境的功能，但对于生态环境系统本身而言也是一种新的干扰措施，会引发生态环境结构功能的变化，甚至是不利变化。由此可见，生态环境修复措施的效果实际上具有不确定性，修复实施主体必须认真研究拟修复的生态环境系统，经过综合分析评价和论证，将其风险降低至最低限度。同时，修复活动的实施主体还必须持续监测和观察，并及时采取应对措施。前述这些特征决定了，生态环境修复应当采取更为灵活、更有弹性的方案，修复实施主体必须具有能力可以及时调整修复策略。此外，适应性修复原则也要求加强各利益相关者之间的信息交流和合作，构建一个不同机构、组织和人员之间共同参与决策的平台。②

总而言之，生态环境修复必须确立适应性修复的基本原则，生态环境修复应当随着情势变化而不断调整。

（四）持续性修复原则

生态环境修复是实现环境立法可持续发展目标的重要手段，其自身也必须具有一定程度的可持续性，这是确保修复效果得到巩固的必然要求。生态环境修复的可持续性要求修复主体对修复后的生态环境系统进行持续的监测、评估，并采取适当的管护措施确保生态环境系统可以趋向良好平衡状态的方向发展。由此，生态环境修复应当确立持续性修复原则，就生

---

① 参见孙书存、包维楷主编《恢复生态学》，化学工业出版社2005年版，第2—3页。
② 参见张百灵《正外部性视野下的环境法律激励问题研究》，知识产权出版社2017年版，第138页。

态环境修复完成后的管护与维持建立长期规范机制，使修复好转的生态环境系统不会因缺乏后续管理而反复。①

（五）混合性修复原则

修复生态学的阈值理论认为，如果生态环境系统的受损或者退化程度未超过其生态阈值，消除干扰因素或者退化诱因之后，生态系统就能够恢复到原来的状态；一旦生态环境系统的退化或者受损程度超过其生态阈值，消除干扰因素或者退化诱因不能使生态系统恢复到原来的稳定状态，必须通过增加外来投入或者其他管理措施，才能使生态环境系统恢复到原来的稳定状态。②换言之，对于损害或者破坏已经超过生态阈值的生态环境系统必须进行人为干预。但此时不能只依赖人为干预，生态环境修复实施主体无法独立于生态环境系统的自然恢复。因此，最佳方案是在充分利用生态环境系统自我修复能力的基础上，同时混合使用人为修复措施和自然修复措施。诚如有学者所言，"就如卫生保健者，生态修复主义者必须尊重自然恢复过程的能力，并与其配合，实现完整的修复"③。

然而，生态环境系统的自我恢复是有限的。若相信生态恢复仅靠生态系统的内因就能办到，就等于相信人类无须医疗干预就能保持健康。在此意义上，只有实施混合性修复，才可能会最大效益地实现生态环境修复目标。换言之，对特定生态环境系统进行修复时应当同时考虑到受损生态环境系统的自然恢复能力。有人可能会提出疑问，如果生态环境系统的退化或者受到的损害并未超过生态阈值，是否意味着无须修复？遑论混合性修复。笔者认为该观点部分正确。从生态学角度来看，如果某一生态环境系统完全可以在短期内通过自然恢复实现修复效果，的确无须对其施加人工干预，这不仅可以减少人类社会成本，还可以避免人工干预导致的风险结果。但是，从社会层面来看，人的行为导致生态环境系统退化或者受到损害，是需要承担成本的。因此，在中国环境民事公益诉讼实践中，法院并不支持被告主张减免责任的观点，即生态环境系统具有自我恢复、自我净化的能力，因此应当减免被告的责任。对此，法院基于社会成本承担要求责任人履行"异地修复责

---

① 参见赵绘宇《探研我国生态系统恢复制度与法律规制》，《山西财经大学学报》2007年第1期。
② 参见董世魁、刘世梁、尚占环、邵新庆、黄晓霞主编《恢复生态学》，高等教育出版社2020年版，第54页。
③ 参见［加］埃里克·西格思《设计自然：人、自然过程和生态修复》，赵宇、刘曦译，重庆大学出版社2018年版，第10页。

任"。此时，一种新的混合性修复理念或者说模式诞生了，即对受损生态环境系统的"原地自然修复＋对其他生态环境系统的异地人为修复"。总之，对受损生态环境的修复确实要考虑到自然恢复能力，如此可以避免修复资金的浪费，但这并不代表行为人不再需要就特定生态环境损害承担修复责任，此时承担的不是原地而是异地生态环境修复责任。

综前所述，生态学原理决定了生态环境修复作为一项科学技术活动必须遵循的基本科学法则，否则，生态环境修复目标就很有可能会落空，甚至引发新的生态难题。但是，强调生态环境修复的生态性，并非意在否定其社会性。事实上，与生态环境修复实施相关的很多问题（何时修复？谁决定修复？修复到何种程度？）具有价值判断的属性，应当纳入公共政策法律议程中由公众讨论、决定。

二　生态环境修复应当遵循的社会技术原理

生态科学原理是生态环境修复实施过程中必须遵循的根本原则，但这并不意味着生态环境修复只是一种纯粹的自然生态调整过程，其本身还会涉及社会、人文和经济等各个方面，[1] 是一项将经济、社会、生态等纳入整体予以一并考虑的复杂性社会工程。无论是修复目标的选择，还是修复方案的设计和实施等，都会涉及经济效益、社会效益和生态效益的综合比较，有关利益主体更为复杂，包括开发商的利益、侵害者的利益、产权人的利益、公众的利益以及监管部门的利益等。[2] 申言之，生态环境修复并非仅是科学技术活动——技术专家根据国家标准、技术规范以及其他生态因素确定生态环境修复目标、实施生态修复措施，其还会涉及多元利益的平衡，是一项全局性工作。这种复杂性特征决定了，生态环境修复除了有必要遵循基本的生态科学原理之外，还应当遵循特定的社会经济技术原理。具言之，在决定是否启动以及具体实施生态环境修复措施时，责任主体应当进行经济效益、社会效益和生态效益的综合评估，有关生态环境修复目标的设定、修复方案的设计和实施，以及评估指标体系的设计都应当考虑到是否符合基本的社会经济技术原理，主要包括技术可行性、经济可承受性和社会的可接受性。

---

[1] 参见彭少麟《恢复生态学》，气象出版社2007年版，第87页。
[2] 参见李挚萍《环境修复目标的法律分析》，《法学杂志》2016年第3期。

生态环境修复应当遵循社会技术原理的另一项原因是"风险控制"。任何科学技术均具有正反两面性，生态环境修复措施亦具有风险与收益并存的特征，这种特征决定了生态环境修复的选择具有超出纯粹技术判断的价值判断属性。具言之，任何生态环境修复方案的设计和实施都必须考虑到风险与收益，并在经过综合评估的基础上，以风险最小原则和收益最大原则为行动准据。①

因此，生态环境修复并非纯粹的自然科学工程和科学技术活动，其在本质上无法隔离社会属性，因此生态环境修复亦具有明显的社会工程属性。这种双重属性不仅使得作为基础性社会工程的法律应当在生态环境修复领域发挥重要作用，还使得科学与法律在生态环境修复领域呈现出相辅相成的互动关系。

一方面，生态环境修复依赖的生态科学原理是生态环境修复相关法律制度得以建构起来的根本性基础。由此，在制定生态环境修复法律制度的过程中，要注意将生态环境修复的科学研究成果运用到具体法律实践中，不能盲目、混乱、不科学地进行生态环境修复。围绕生态环境修复科学技术活动的实施流程，一项健全的生态环境修复法律制度在法律规范内容方面至少应当包括：生态环境修复的启动条件、生态环境修复目标的设定、生态环境修复方案的选择及调整、生态环境修复标准的设计，生态环境修复方案的实施及监管、生态环境修复效果的评估以及生态环境修复的后期持续管护等。但修复生态学家并非万能，生态环境科学技术的阶段局限性以及风险不确定性，②使得修复生态学家的生态环境科学知识可能无法为生态环境修复决策者提供准确答案（这种情况可能非常普遍），这也决定了生态环境修复法律制度内容必须具备随科学理论更新而调整的能力。

另一方面，生态环境修复法律制度在实施生态环境修复并通过法律义务将生态科学原理运用于生态环境修复实践过程中发挥着重要作用。③ 这种作用具体表现为两个方面：其一，最终修复计划的选择并非仅是一个科

---

① 参见董世魁、刘世梁、尚占环、邵新庆、黄晓霞主编《恢复生态学》，高等教育出版社2020年版，第75页。
② See Eric Biber, "Which Science? Whose Science? How Scientific Disciplines Can Shape Environmental Law", *The University Chicago Law Review*, Vol. 79, No. 2, 2012, p. 471.
③ See Afshin Akhtar-Khavari & Benjamin J. Richardson, *Ecological Restoration Law: Concepts and Case Studies*, Routledge, 2019, p. 119.

学问题，其还具有价值判断属性。具言之，在生态学专家就拟修复生态环境出具了几种备选修复计划后，理论上应再由法律授权的决策者依法律规定（考虑社会经济技术原理，甚至是美学原理）对不同修复计划进行权衡选择。在此意义上，生态科学原理是生态环境修复应当遵循的基本原理，社会经济技术原理是生态环境修复的后盾和支柱，在一定尺度上制约着修复的可能性、水平和深度。① 其二，生态环境修复法律制度通过法律义务机制在不同社会主体之间分配生态环境修复责任，为就特定受损生态环境系统实施生态环境修复计划"筹集""安排"各种人力、物力资源等。

三 法律制度介入生态环境修复的基本逻辑

生态环境修复如果是纯粹的科学技术活动，那么法律在生态环境修复领域可能无法发挥作用，过多的法律规则甚至有可能会制约生态环境修复。或许正是在此意义上，有学者主张："生态环境修复法律制度不一定能够促进生态环境修复的成功率，也不会加快生态环境修复的进程，这是因为法律可能会限制科学家与生态环境修复人员的创造力。"② 然而，这种观点并未获得理论学界的普遍认可，相反，更多的学者认为，生态环境修复离不开法律，"二十一世纪是生态修复和再生的世纪，环境立法应当响应生态环境修复的时代要求"③。国际修复生态学界也逐渐认识到光靠技术的革新无法真正实现生态环境修复，需要同时发展政策、文化、社会传统和法律。本书认为，生态环境修复离不开技术和法制的双重保障。

之所以法律制度需要介入生态环境修复，为其提供制度保障，其根本原因在于生态环境修复责任旨在恢复的是受损的生态环境系统，其本质属于公共利益。如果缺乏一套强制性的规则来确保生态环境修复的及时、正确启动，那么可以预见，除了一些自觉的环保主义者零星发动一些修复实践（相较于规模巨大的生态环境修复资源需求，其资源捉襟见肘），几乎

---

① 参见章家恩《地球人迟到的忏悔》，上海科学技术出版社 2002 年版，第 63—67 页。
② Giselda Durigan et al., "Legal Rules for Ecological Restoration: an Additional Barrier to Hinder the Success of Initiatives", *Revista Árvore*, Vol. 34, No. 3, 2010, pp. 471–485.
③ 王灿发：《环境恢复与再生时代需要新型的环境立法》，《郑州大学学报》（哲学社会科学版）2002 年第 2 期。

没有人会自愿选择去修复那些并不属于其所有的生态环境，即使这些生态环境损害是由其行为造成的。换言之，对于受损生态环境系统需要人为干预予以修复，而旨在调整人之行为的法律制度恰恰可以起到约束、调整人的修复行为的作用，进而确保理性自利的人主动、适当地干预生态系统，促进生态环境系统修复。因此，生态环境修复的外在表现形式虽然是对生态环境系统的修复技术，但其离不开对生态环境修复过程中复杂多元利益主体之间利益冲突关系的平衡与协调。在此意义上，作为利益平衡器的法律自然可以也应当发挥作用。事实上，从各国实在法规定来看，为实现生态正义、督促责任人履行修复义务，普遍选择将生态环境修复责任确立为法定责任。

综前所述，在法律上为特定责任主体设定强制性的生态环境修复法律义务，并通过细致的责任规则在不同主体之间就生态环境修复法律责任的分担做出明确的安排，不仅有助于实现生态修复权利与义务的平等、正当分配，并在此基础上促进各类修复力量或者说资源的合理配置，确保生态环境修复法律制度得以公平和有效运行，进而保障生态环境修复措施的顺利实施，还能够促进实现生态修复法制的分配正义价值，达到社会修复目的，并最终推动生态文明社会建设目标的实现。

第三节　中国环境法体系中的生态环境修复制度

伴随着生态环境修复逐渐成为现代社会的核心主题，构建生态环境修复法律制度已经或者正在成为各国环境法体系发展的新方向，并且立法重点开始从微观修复（分散式、个案性的小型受损生态环境系统的修复）转向更具宏观意义也更富雄心的宏观修复（即国土空间或者景观层面的生态环境修复，有时被称为生物多样性修复）。中国早在20世纪80年代的环境立法中已经陆续确立了针对矿区、草原、森林和湿地的生态环境修复，在生态文明建设理念的推动下，目前又开始启动长江流域、全国土空间尺度范围内的生态环境保护和修复计划。一般而言，宏观生态环境修复是对特定广泛区域内整体生态环境系统的重建、恢复或者改进，一般以宏观国土空间管制规划为基本单位，依托重大修复工程，① 与针对分散式、个案性的小型受损生态环境系统的修复存在明显差异：前者的义务承担主体主要是国家，后者可能是国家，也可能是各种社会主体；前者的修复资金优先来源于国库或者市场化机制，而后者主要由损害生态环境系统的行为主体负担修复资金，国家仅承担兜底责任等。受研究目标所限，本节内容主要总结的是与微观个案式生态环境修复有关的法制经验，不涉及对宏观生态环境修复法制的具象研究。

迄今为止，中国尚未出台专门以"生态环境修复"命名的立法，但现行环境保护法律法规中分散着一些有关生态环境修复的法律规定。比如，2014年修订后的《环境保护法》在第30条和第32条直接规定了"生态环境修复"概念。仔细考察单行环境法律可以发现，"生态环境修复"理念已经在污染防治法体系和自然生态（自然资源和生态保护）法体系中有所体现，但两类法律体系中的相关表述存在差异。

一 污染防治法律体系中生态环境修复的法律表达

在污染防治法律体系中，明确提及"修复"的立法是2018年生效的《土壤污染防治法》。该法分别针对政府和造成土壤污染的相对人（也包括符合特定条件的土地使用权人）设定了土壤修复责任。具言之，行政机关承担的修复责任主要包括，第9条规定（"支持土壤污染风险管控和修复、监测等污染防治科学技术"），第58条第1款（"制定土壤污染风险管控和修复名录"），以及第68条（"地方人民政府在土地使用权收回后组织实施修复"）等；相对人承担采取预防措施、风险管控措施以及修复措施等，则集中规定于第四章。同时，《土壤污染防治法》第94条针对相对人未实施相应风险管控措施、未实施修复或者风险管控、修复完成后未进行效果评估的行为，设定了行政机关代履行制度。

其他污染防治单行法虽并未明确使用修复概念，但在为行政机关设定法律责任时使用了内涵相似的"生态恢复""生态整治"概念，比如《海洋环境保护法》（2017年修订）第20条要求"各级人民政府对具有重要

---

① 有学者将宏观生态环境修复定性为"工程性修复"。比如，《长江保护法》第52条。参见高利红、苏达《"双碳"目标下流域生态修复的法律规制转型》，《湖北大学学报》（哲学社会科学版）2024年第1期。

经济、社会价值的已遭到破坏的海洋生态进行整治和恢复",第 27 条第 1款规定,"沿海地方各级人民政府应当结合当地自然环境的特点,建设海岸防护设施、沿海防护林、沿海城镇园林和绿地,对海岸侵蚀和海水入侵地区进行综合治理";《水污染防治法》(2017 年修订)第 29 条第 2 款规定,"县级以上地方人民政府应当根据流域生态环境功能需要,组织开展江河、湖泊、湿地保护与修复,因地制宜建设人工湿地、水源涵养林、沿河沿湖植被缓冲带和隔离带等生态环境治理与保护工程,整治黑臭水体,提高流域环境资源承载能力"。此外,这些污染防治法针对相对人设定的法律责任并未提及生态环境修复,但均提到了"限期采取治理措施,消除污染""代为治理""强制采取避免或者减少污染损害的措施"等。尽管对受损生态环境中的污染物质进行(应急性的)清除、治理不同于对生态环境系统的功能性修复,但二者不易区分且应急性清除、治理的确为后者奠定了基础,故从广义的角度来看,应急性清除、治理可归于生态环境修复概念。由此,中国污染防治法体系中规定的"限期采取治理措施,消除污染""代为治理""强制采取避免或者减少污染损害的措施"等均可以被理解为广义的生态环境修复。

值得注意的是,《土壤污染防治法》第 97 条和《固体废物污染环境防治法》第 121 条分别规定了环境民事公益诉讼制度,而《海洋环境保护法》第 89 条和《固体废物污染环境防治法》第 122 条第 1 款还对时下正在火热推进的生态环境损害赔偿制度进行了重申。这些污染防治法中规定的有关环境民事公益诉讼制度和生态环境损害赔偿制度的引致条款,实际上也可以归属于与生态环境修复法律制度相关的法律规范,只不过其具体实施还要有赖于其他民事法律的配合适用。

二 自然生态法律体系中生态环境修复的法律表达

在自然生态法律体系中,有关生态环境修复的法律规定同样可以按照适用对象区分为与政府责任有关的生态环境修复规定以及与相对人法律责任有关的生态环境修复规定。与政府责任有关的生态环境修复规定,主要分为以下三种类型。

其一,明确规定"治理""整治""综合治理"但未提及"修复"。比如,《草原法》(2013 年修正)第 31 条规定,"地方各级人民政府应当按照草原保护、建设、利用规划，划定治理区，组织专项治理。大规模的草原综合治理，列入国家国土整治计划"。《土地管理法》（2020年修正）第32条第1款规定，"耕地质量降低的，由国务院责令在规定期限内组织整治"；第43条规定，"县、乡（镇）人民政府应当组织农村集体经济组织，按照土地利用总体规划，对田、水、路、林、村综合整治；地方各级人民政府应当采取措施，改造中、低产田，整治闲散地和废弃地"。《农业法》（2012年修正）第59条规定，"各级人民政府应当采取措施，加强小流域综合治理，预防和治理水土流失；各级人民政府应当采取措施，治理沙化土地"。《水法》（2016年修正）第32条规定，"县级以上地方人民政府水行政主管部门和流域管理机构应当对水功能区的水质状况进行监测，发现重点污染物排放总量超过控制指标的，或者水功能区的水质未达到水域使用功能对水质的要求的，应当及时报告有关人民政府采取治理措施，并向环境保护行政主管部门通报"。

其二，明确规定"恢复"但未提及"修复"。《防沙治沙法》（2018年修正）第3条规定，"防沙治沙原则应当遵循保护和恢复植被与合理利用自然资源相结合"；第23条规定，"沙化土地所在地区的地方各级人民政府应当恢复和增加植被，治理已经沙化的土地"。《自然保护区条例》（2017年修订）第10条规定，"将已经遭受破坏但经保护能够恢复的同类自然生态系统区域列为自然保护区"。《野生动物保护法》（2018年修正）第12条第2款规定，"省级以上人民政府依法划定相关自然保护区域，保护野生动物及其重要栖息地，保护、恢复和改善野生动物生存环境"。

其三，明确规定了"生态修复"。比如，《水土保持法》（2010年修订）第16条规定，"地方各级人民政府应当按照水土保持规划，采取封育保护、自然修复等措施"；第29条规定，"国家加大生态修复力度"；第36条规定，"在饮用水水源保护区，地方各级人民政府及其有关部门应当组织单位和个人，采取预防保护、自然修复和综合治理措施"。2020年修正的《森林法》尤其重视生态修复，文本多次提及"修复"，但其一般与保护并列。① 此外，该法就政府生态修复责任方面还采用了其他的类似概念，如第37条第3款中的"植树造林，恢复森林植被"和第46条中的"退耕还林还草""恢复植被"等。

---

① 参见《森林法》（2020年修正），第5条、第30条、第31条第2款、第32条、第46条和第66条。

与相对人法律责任有关的规定均未直接采取生态修复的表述方式，相关的规范表达方式大体可以区分为以下三种。

其一，"治理"。比如，《防沙治沙法》（2018年修正）第6条、第28条和第29条中的"治理义务"，第39条中的"责令限期治理"；《水土保持法》（2010年修订）第56条中的"责令限期治理和代为治理"；《自然保护区条例》（2017年修订）第32条中的"限期治理"；《草原法》（2013年修正）第46条中的"应当限期治理"；《农业法》（2012年修正）第66条中的"应当采取措施，督促有关单位进行治理"；《土地管理法》（2020年修正）第75条中的"责令限期改正或者治理"。

其二，"补救措施"。比如，《水土保持法》（2010年修订）第37条规定的"水土保持措施"，以及第49条、第51条和第52条中的"采取（退耕、恢复植被等）补救措施"；《自然保护区条例》（2017年修订）第32条、第33条和第35条中的"采取补救措施"；《渔业法》（2013年修正）第32条中的"应当建造过鱼设施或者采取其他补救措施"；《矿产资源法》（2009年修正）第30条规定的"因地制宜地采取复垦利用、植树种草或者其他利用措施"。

其三，"恢复"。比如，《水土保持法》（2010年修订）第38条中的"恢复植被"；《自然保护区条例》（2017年修订）第35条将"限期恢复原状"列为"补救措施"的一种；《煤炭法》（2016年修正）第25条中的"由采矿者负责进行复垦，恢复到可供利用的状态"；《土地管理法》（2020年修正）第74条和第77条中的"限期拆除在非法转让的土地上新建的建筑物和其他设施，恢复土地原状"；《森林法》（2020年修正）第38条第2款、第73条和第74条规定的"责令限期恢复植被和林业生产条件"，第74条还有更细致的规范表述，即"限期在原地或者异地补种毁坏株数一倍以上三倍以下的树木"；《草原法》（2013年修正）第40条、第65条、第66条、第68条、第69条和第71条规定的"责令停止违法行为，限期恢复植被"；《水法》（2016年修正）第31条、第65条和第67条中的"责令限期拆除、恢复原状"；《海域使用管理法》（2002年生效）第42条中的"责令退还非法占用的海域，恢复海域原状"。

三 既有生态环境修复法律制度的规范表达缺陷

尽管生态环境修复法律制度在这些单行法律法规中都有所体现，但既有环境法体系中的生态环境修复法律表达尚有诸多规范缺陷。

　　首先，有关生态环境修复的概念用语并不统一，且部分表达方式与生态环境修复概念的内涵存在明显差异。一般而言，除少数立法（比如《土壤污染防治法》《森林法》）直接采用了"修复"的表述方式以外，其他法律采用的表达方式十分多样。其中，污染防治类法律采用的表达包括两类，一是专门针对政府行政机关的"生态环境治理""整治""综合治理""生态恢复"，二是专门针对相对人的"限期采取治理措施，消除污染""代为治理""强制采取避免或者减少污染损害的措施"。在自然生态类法律中，针对政府行政机关的规范表达是"治理""整治""综合治理""自然修复""恢复"，而针对相对人的是"治理""限期治理""恢复原状""补救措施"，以及更具体的"恢复植被""补种树木""土地复垦"等。其中，"限期采取治理措施，消除污染""代为治理""强制采取避免或者减少污染损害的措施"等表达方式的内涵主要限于应急性污染消除，并非旨在对受损生态环境系统进行全面修复。而"治理""整治"和"土地复垦"等表达方式与生态环境修复之间存在明显差别。具言之：

　　一方面，对于"治理""整治"，二者更加凸显人类中心主义的色彩，主要从治理主体的利益而非生态环境系统内部其他生态要素乃至生态系统自身利益的角度出发。此外，治理的目标一般是改善环境质量、符合人类主体生态环境需要即可，与生态环境修复侧重于生态环境系统结构和功能的恢复存在一定的差异。此外，生态环境修复必须考虑自然修复，而"治理""整治"侧重于人为的治理行动。另一方面，"土地复垦""补种树木"等表达方式仅限于单一的环境要素，与生态环境修复侧重于整体生态环境系统明显不同。此外，"土地复垦""补种树木"等表达方式更强调自然资源的经济价值，与生态环境修复侧重生态环境系统的生态功能价值不同。总之，既有环境法体系中生态环境修复的规范表达虽然在一定程度上有利于实现修复生态环境的目标，均可视为生态环境修复的手段，但它们和真正可持续发展意义上的生态环境修复理念还具有很大的差异。

　　其次，既有生态环境修复的规范表达相对原则，缺乏可操作性。比如，绝大多数立法针对生态环境修复的标准如何确立问题均缺乏规定。一个例外是《森林法》第81条规定"恢复植被和林业生产条件、树木补种的标准，由省级以上人民政府林业主管部门制定"①。此外，大多数立法并未涉及生态环境修复的验收规定，自然会限制修复的实施效果。但有个例外，即《防沙治沙法》（2018年修正）第29条规定，"治理者完成治理任务后，应当向县级以上地方人民政府受理治理申请的行政主管部门提出验收申请。经验收合格的，受理治理申请的行政主管部门应当发给治理合格证明文件；经验收不合格的，治理者应当继续治理"。

最后，除少数立法外，大多数环境立法均未规定损害发生后的通报义务。一是《自然保护区条例》（2017年修订）第33条规定，"因发生事故或者其他突然性事件，造成或者可能造成自然保护区污染或者破坏的单位和个人，必须立即采取措施处理，及时通报可能受到危害的单位和居民，并向自然保护区管理机构、当地环境保护行政主管部门和自然保护区行政主管部门报告，接受调查处理"。二是《水法》（2016年修正）第32条规定，"县级以上地方人民政府水行政主管部门和流域管理机构应当对水功能区的水质状况进行监测，发现重点污染物排放总量超过控制指标的，或者水功能区的水质未达到水域使用功能对水质的要求的，应当及时报告有关人民政府采取治理措施，并向环境保护行政主管部门通报"。

四 中国双轨制生态环境修复法律制度面临的困境

构建生态环境修复法律制度已经或者正在成为各国新时代生态环境责任法体系发展的新方向。随着党和国家高度重视生态环境的民生价值，通过严格的责任追究制度实现生态环境修复责任目标已经成为中国近年来生态环境法治建设的重要任务。为因应生态环境治理体系结构日益显著的复杂性，各国生态环境修复责任追究制度整体上趋向于复杂化。当下中国生态环境修复责任追究制度呈现出双轨式、多元化特征（见图1-1所示）。其中，第一条轨道是生态环境行政修复制度，其基本要义是行政机关利用行政命令或者行政磋商等行政执法机制追究生态环境修复责任。该制度强调以行政权主导责任追究过程，行政机关就生态环境修复责任追究问题享有首次判断权，而司法权仅在行政机关怠于或者恣意决定时发挥司法审查作用。目前这两类行政修复制度在中国生态环境损害救济体系中都有所体

---

① 参见《国家林业和草原局关于制定恢复植被和林业生产条件、树木补种标准的指导意见（林办发〔2020〕94号）》。目前，不少省市制定了《恢复植被和林业生产条件、树木补种标准》。

现。对于行政命令，尽管既有行政命令规范［"责令恢复原状""责令消除污染""责令（限期）治理""责令（限期）改正"等］难以实现对生态环境损害的全面、充分救济，但的确具备生态环境损害救济的部分功能。① 而生态环境损害赔偿制度中的磋商制度则授权行政机关通过协商和解的方式追究生态环境修复责任。②

```
                          ┌─→ 行政命令+行政代履行 ─→ 检察行政公益诉讼
            ┌─ 行政修复制度 ┤
生态环境                    └─→ 行政磋商+司法确认、仲裁等
修复法律 ─┤
制度体系                    ┌─→ 刑事司法修复 ─┬─→ 刑事判决：补植复绿、增殖放流
            └─ 司法修复制度 ┤                 └─→ 刑事附带民事公益诉讼
                            └─→ 民事司法修复 ─┬─→ 环境民事公益诉讼
                                              └─→ 生态环境损害赔偿诉讼
```

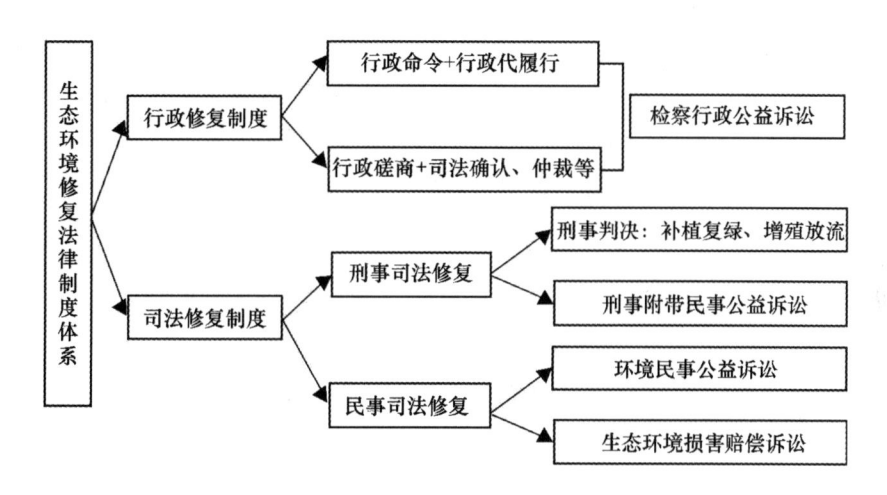

图 1-1 中国生态环境修复法律制度体系

同时，中国确立了司法权占主导地位的第二条轨道——生态环境司法修复制度，具体包括两类。一是生态环境民事司法修复制度，即法院应法定代表人请求在私法框架内判决被告人实施生态环境修复，其在法律上主要体现为环境民事公益诉讼制度和生态环境损害赔偿制度。《民法典》第1234条和第1235条为二者奠定了实体法基础。二是生态环境刑事司法修复制度，即法院在刑事判决（包括附带民事公益诉讼判决）中追究生态环境修复责任，实践中有三种模式：将生态环境修复履行情况作为量刑情节，在惩处犯罪时于刑事附带民事公益诉讼民事判决中判决被告人履行生态环境修复，以及直接在判决判项中将生态环境修复作为非刑罚措施适

---

① 参见张宝《生态环境损害政府索赔权与监管权的适用关系辨析》，《法学论坛》2017年第3期。
② 目前关于生态环境损害赔偿磋商的制度属性还有争议，学界有行政事实行为、行政协议和民事协议等多种学说。本书认为生态环境损害赔偿磋商协议是行政协议。

用，包括犯罪人修复生态环境、缴纳生态修复金或者公益劳动。①

通过实证考察可以发现，各类生态环境修复制度的适用频率有别。从整体上看，生态环境行政修复制度的适用频率远低于各类司法修复制度。笔者通过新闻检索、裁判文书网检索和政府信息公开申请等多种渠道总结得出，自2014年以来全国不同地方行政机关适用行政命令追究生态环境修复责任的案例大约17起（见第三章表3-3）。而根据数据显示，2021年全国法院共计审理生态环境损害赔偿案件137件，如果按照课题组得出的磋商案件占比94.37%计算，全国通过磋商程序追究生态环境修复责任的案件数量约129件。同年全国法院审理的环境民事公益诉讼案件数量高达4943件。而在各类生态环境司法修复制度内部，生态环境损害赔偿诉讼适用频率远低于环境民事公益诉讼，且环境刑事附带民事公益诉讼在各类环境公益诉讼案件中占比最高（高达89%）。② 这些数据基本上印证了中国当前生态环境修复制度运行呈现出"司法制度勃兴、行政制度隐退"显著特征的结论。③ 但司法修复实践的勃兴并不能就此掩盖其面临的困境。从"程序启动"和"判决执行"两个角度观察，可以发现当下中国生态环境司法修复制度的实践困境。

一方面，当下二诉并行模式（生态环境损害赔偿诉讼和环境民事公益诉讼）缺乏妥当衔接，并且部分细节问题存在规范空白。2018年《关于检察公益诉讼案件适用法律若干问题的解释》（2020年修正）第13条和2019年《关于审理生态环境损害赔偿案件的若干规定（试行）》第16—18条针对两诉衔接作出了规定，但仍有不足。第一，环保组织诉权被不当限缩。法院在审理两诉时，先中止审理民事公益诉讼，缺乏理论上的正当性，也于法无据，在当前环保组织并未被赋予行政公益诉讼资格的背景下，如此也有损于环境程序正义。第二，生态环境损害赔偿制度的适用范围以"严重生态环境损害"作为限制条件过于模糊，致使环保组织有资格起诉的案件范围存在不确定性。第三，赔偿磋商如何与环境民事公益诉讼进行衔接，也缺乏具体规定。

---

① 参见王树义、赵小姣《环境刑事案件中适用恢复性司法的探索与反思——基于184份刑事判决文书样本的分析》，《安徽大学学报》（哲学社会科学版）2018年第3期。
② 最高人民法院：《2021年度中国环境司法发展报告》，https://www.baogaoting.com/info/157603。
③ 参见程玉《生态损害法律责任实施机制的选择》，中国社会科学出版社2021年版，第102页。

另一方面，以诉讼程序为核心的司法修复制度使法院的职权发生错位（承担过重的调查取证义务），①各方的权责配置和法院能力有限促生了判决执行的重重困境。首先，司法过程是一个关注程序正义的过程，效率必然受到制约，导致司法认定过程往往复杂且耗时费力。实践中，诉讼时间长和诉讼紧迫性之间始终有矛盾，从一审、二审到再审，短则一两年，长则十几年。比如，泰州市环保联合会诉常隆化工等6公司环境污染侵权赔偿案长达3年，自然之友等诉陆良化工实业有限公司固体废物污染责任纠纷公益诉讼案耗时9年，美国埃克森瓦尔迪兹号邮轮案也长达20年。冗长的诉讼程序无法满足生态环境修复的紧迫性和时效性要求。其次，法院欠缺修复专业能力的客观现实，不仅使法院判决容易被专家意见或者鉴定意见俘获，②其在判决结果选择上也容易发生由"原地修复"遁向"异地修复"（后者的技术操作一般会更简单），甚至发生"一赔了之"的问题，造成生态环境修复目标异化、虚置。在实践中，法院做出金钱赔偿判决远超修复判决，仅判决实施生态环境修复（包括判决被告不履行修复义务之后再进行损害赔偿）的案件数量就占样本的29.6%。③即使是修复判决，法院也倾向于"空判"。在47.5%的案件中，法院仅做出不具有可执行性的"修复生态环境"的抽象判决。有时，即使判决了具体的修复方案，法院也可能未同时判决监管和验收。实践中仅有9%的案件判决了环境修复实效的验收程序，主要是判决行政机关、检察机关或者原告、第三方负责监管和验收，其中判决行政机关负责验收的最多。④但这些做法或者于法无据（法院委托行政机关监管修复方案实施实质上是以行政机关替代法院的民事判决执行主导权），或者超越了诉讼主体的义务范围和能力限度，或者容易诱发新的问题，比如，法院对侵犯责任人选择具体修复方案之权利的侵犯，双重委托代理可能会引发修复失灵。最后，司法修复制度无法

---

① 目前，环保组织在提起民事公益诉讼时以新闻截图等作为初步证明材料提交给法院，其余所有证据均要求法院自行收集或依职权调取，此种规定极大加重了法院的负担。参见吴惟予《生态环境损害赔偿中的利益代表机制研究：以社会公共利益与国家利益为分析工具》，《河北法学》2019年第3期。

② 参见吕忠梅、窦海阳《修复生态环境责任的实证解析》，《法学研究》2017年第3期。

③ 参见胡静、崔梦钰《二元诉讼模式下生态环境修复责任履行的可行性研究》，《中国地质大学学报》（社会科学版）2019年第6期。

④ 参见王亚萌《实践与规范：环境修复责任的绿色价值与实现进路》，《上海审判实践》2020年第1期。

契合生态环境修复过程的适应性特征（修复方案须根据情形变化适时调整）。原因在于，修复方案的调整并非事实和法律错误，无法构成重新判决的理由。

尽管生态环境司法修复制度具有正当性（与"行政民主化"和"公法私法化"契合），但基于现实中生态环境司法修复制度面临的实践困境，理论界已经认识到，有必要对司法修复制度可能诱发的"法治隐忧"进行理论反思，并且这种反思必须置于有关行政权和司法权关系的基本理论和一般法治实践的背景中。① 对此，不少学者开始总结西方国家行政权与司法权关系发展变迁规律（"尊重专长""行政权优先"），并在系统比较行政权和司法权的特征与区别的基础上，② 主张优先发挥行政机关职权、突出行政机关的主体责任，并构建起"政府主导、司法补充、行政处理优先、公益诉讼兜底的多层次立体式格局"③。这些理论反思促使学界不再将行政执法权"疲软""失灵"作为证成生态环境修复司法制度的"借口"，转而强调"拨回公法调整""强化行政修复""提倡行政主导"。近年来，主张从司法修复主导转向行政修复主导的观点不计其数。不少学者进一步主张将环境民事公益诉讼和生态环境损害赔偿诉讼定性为"公法性诉讼"，并对其规则进行公法化调适。④ 行政修复制度的支持者先后提出行政命令说、行政处罚说以及行政强制说。其中，支持行政命令的学者，已经开始关注生态环境修复行政命令制度的体系定位、与其他生态环境修复责任追究制度的区分和衔接问题，以及完善生态环境修复行政命令制度的对策建议。但总体上看，既有成果相对薄弱，不仅体系性不强，也缺乏对实践的关照，很多问题仍然聚讼纷纭，尤其是生态环境修复行政命令制度的正当性尚未得到充分证成，中国传统生态环境修复行政命令制度尚未获得全面的规范检视，以及生态环境修复行政命令在多元生态环境修复法律制度体系中的功能定位和未来的法制化发展方向仍不明朗。

---

① 参见王明远《论我国环境公益诉讼的发展方向：基于行政权与司法权关系理论的分析》，《中国法学》2016年第1期。
② 参见彭中遥《论政府提起生态环境损害赔偿诉讼的制度空间》，《华中科技大学学报》（社会科学版）2021年第4期。
③ 参见王曦《论环境公益诉讼制度的立法顺序》，《清华法学》2016年第6期。
④ 参见巩固《环境民事公益诉讼性质定位省思》，《法学研究》2019年第3期。

第一章　生态环境修复目标实现的科学原理与法律制度

本章小结

　　本章通过对生态学和法学中的生态环境修复概念进行"广谱性"考察，确定了生态环境修复法律概念的定义。法学语境中的生态环境修复概念，是指对生态环境损害负有责任的人应当遵循法定生态环境修复标准制定修复方案，将受损生态环境修复至原有状况或者法律要求的状态。根据修复对象不同，需要纳入法律调整范围的生态环境修复包括两类：一是针对因环境污染或者生态破坏所致小型生态环境系统损害实施的个案责任追究型修复，二是针对宏观层面区域、流域或者国土空间（即景观）的政府主导工程性修复。本书重点研究针对因环境污染或者生态破坏所致小型生态环境系统损害而实施的生态环境修复。本章依次分析了恢复生态学语境中生态环境修复概念的缘起、发展和内涵，生态环境修复应当遵循的生态科学原理和社会技术原理，法律制度介入生态环境修复的基本逻辑，以及中国既有环境法体系中的（广义的）生态环境修复法律制度。目前中国环境法体系已经纳入了两类生态环境修复法律制度，其一，依托于传统行政执法机制的行政修复制度；其二，司法修复制度，包括刑事司法修复机制和民事司法修复机制。生态环境的公共物品属性，决定了多元修复制度并存在理论上具有可行性。但法制资源的稀缺性、安定性要求多元生态环境修复机制的适用关系应当清晰明了，否则会影响到法律安定性，甚至侵蚀法律的权威性。在生态文明体制改革日益往纵深化方向发展的今天，多元生态环境修复制度已基本确立的制度背景决定了生态环境修复法制研究的重心必须从制度创设转向制度完善。既有多元生态环境修复法律制度工具之间的适用关系理应成为研究重点。后续章节将重点探讨：既有生态环境行政命令制度是否在生态环境修复领域发挥了重要作用？如果没有，制度成因和现实成因有哪些？在多元生态环境修复法律制度工具并存的背景下是否有必要对生态环境修复行政命令制度进行优化？若为肯定答案，立法者应如何处理其和其他多元生态环境修复法律制度之间的适用关系？

第二章　生态环境修复行政命令的规范构造与功能局限

行政命令是行政法上"熟悉的陌生人",不仅相关学术研究薄弱,而且相关立法供给较为欠缺,导致实践中法律对其规制亦严重缺位。这与行政法学界长期以来就行政命令角色定位形成的认识偏误不无关联。长期以来,行政命令并未被作为一种主流的、独立的行政行为类型。这种偏见延续至生态环境保护行政执法领域,环境行政机关长期关注行政处罚、不信任行政命令,造成行政命令长期被行政处罚压制,实践中形成了"重处罚、轻命令"的扭曲现象。① 然而,面对此种"功能性缺失"——行政机关虽侧重于规制、惩戒危害行为但忽视填补、救济生态环境损害,② 近年来立法者的应对思路并未遵循"制度修补"的逻辑(重回行政命令)而是发生了"结构性跳跃"——在传统行政执法机制无法救济生态环境损害的背景下,直接转由司法修复制度进行解决。由此,于中国而言,司法修复制度作为新生事物,对生态环境保护行政执法传统构成了挑战。对于法律传统的保留或者舍弃,讨论者应当遵守的论辩规则是"诉诸既存之实务者,无须证成,只有改变者才需要证成"③。换言之,改变传统者需要持有充分且正当的理由。④ 因此,从逻辑上看,生态环境司法修复制度选择的正当性论证,除了要从规范和功能主义层面探究司法机制的合理性外,还应对传统行政执法机制的可欲性和可行性展开研究。其中,本应作为行政行为主流、基础种类的行政命令首先值得讨论。由此,我们至少须考虑:

---

① 参见胡静《我国环境行政命令体系探究》,《华中科技大学学报》(社会科学版)2017年第6期。
② 参见刘静《论生态损害救济的模式选择》,《中国法学》2019年第5期。
③ 参见[德]罗伯特·阿列克西《法律论证理论:作为法律证立理论的理性论辩理论》,舒国滢译,中国法制出版社2002年版,"译者序"。
④ 参见王轶、关淑芳《民法商法关系论——以民法典编纂为背景》,《社会科学战线》2016年第4期。

第二章　生态环境修复行政命令的规范构造与功能局限

行政命令与生态环境修复责任追究是否兼容？行政命令的制度功效能否被司法机制完全替代？换言之，在司法修复制度以外，我们应否再另行构建生态环境修复行政命令制度？为便于下文分析，本章预先处理一些基础性问题，即生态环境修复行政命令的规范构造原理和功能局限。

第一节　生态环境修复行政命令的规范构造

一　作为基础行政决定行为的行政命令

对于行政命令的界定主要有两种视角，一是从普遍性行为规范的角度进行界定，二是从具体行政决定的角度展开。[①] 目前，中国行政法学界基本达成共识，行政命令应置于行政决定语境下进行研究，而行政机关制定普遍性、一般性规则的行为是行政立法或者行政规定。而所谓行政决定，是指行政机关在国家行政管理活动中基于法律规定的行政职权或者职责，就特定人、具体事项所作的对当事人的权利义务产生实际影响的行政行为。[②] 因此，行政决定与学界普遍接受的具体行政行为概念的内涵相通，二者基本上可以互换使用。申言之，行政决定实际上是一个行为束概念，根据具体行为内容不同，行政决定可做进一步的类型化区分，具体包括行政许可、行政处罚、行政处分、行政命令、行政强制等，这些具体行政决定的适用情形不同。由此，行政命令是一种独立的行政决定，其与行政处罚、行政强制均属于同一位阶的概念，而行政决定是它们统一的上位概念。

根据决定所发挥的功能作用不同，大陆法系国家一般将行政决定区分为基础性行政决定和保障性行政决定。其中，基础性行政决定直接落实法律规定的应有的权利义务，是对行政法规范的具体化。尽管各国使用的具体称谓或有差异，但基础性行政决定中的命令性行政行为——以命令或禁令形式要求相对人履行特定行为义务的行为（包括作为、容忍、不作为义

---

① 参见胡晓军《行政命令研究：从行政行为形态的视角》，法律出版社2017年版，第36页。
② 参见应松年《当代中国行政法》（上卷），中国方正出版社2005年版，第642页。

务），与行政命令大体上对应。①而保障性行政决定的特点是以相对人应该履行的义务为必要前提，其目的是以责难、惩戒、威慑等直接或间接地付诸人身、财产或精神的强制力量保障法律明定的义务或是行政决定所设定义务的实现。②正是在此意义上，大陆法系国家和地区的行政法学说或者实务将行政处罚和行政强制排除在行政决定或者说行政行为范畴之外，将它们作为"行政执行"或者"行政处理的执行"。

结合行政决定的定义以及行政命令的功能定位，可以尝试将行政命令界定为，行政机关依照宪法或者组织法赋予的职权作出的要求相对人为或者不为一定行为的意思表示，前者为令，后者为禁令。③其具有如下特征：其一，行政命令由行政机关作出，司法机关只能作出司法命令；其二，行政命令不是抽象行政行为，而是适用对象特定的具体行政行为；其三，行政命令的内容是要求相对人为或者不为一定行为，具有义务属性；其四，行政命令本身不是行政处罚或行政强制，但其以后者为保障。行政命令一旦作出，就需要相对人有效实施，如果相对人违反行政命令，则行政机关可对其进行制裁，有时也可直接行政强制执行；其五，行政命令是行政机关依职权而非相对人申请作出。④

在中国行政法体系中，作为行政决定的行政命令并非明确的实定法概念。目前并无法律法规直接在条文中提及"行政命令"，仅最高司法机关

---

① 德国行政行为分为命令性行政行为、形成性行政行为和确认性行政行为。其中，命令性行政行为是以命令或者禁止令的形式要求特定行为义务（作为、容忍和不作为）。参见［德］哈特穆特·毛雷尔《行政法学总论》，高家伟译，法律出版社2000年版，第207页。在法国，王名扬先生指出，变更当事人法律地位的行政决定（即行政处理）可以分为创设法律地位、废除法律地位、变更法律地位和确认法律地位四类决定。其中，创设法律地位的行政决定可以进一步分为设定权利、设定义务与同时设定权利和义务三种。设定义务的行政决定主要是指命令当事人为一定的行为，或者不为一定的行为。参见王名扬《王名扬全集② 法国行政法》，北京大学出版社2016年版，第119—120页。近年来，日本学界反思传统行政法律行为和准法律行为二分的观点，开始回归德国法的分类思想，将行政行为分为命令行为、形成行为和确定行为。其中，命令行为是命令私人作为、不作为的行为。参见［日］盐野宏《行政法总论》，杨建顺译，北京大学出版社2008年版，第74—79页。中国台湾地区对行政决定的分类与德国一脉相承，有下命处分、形成处分与确认处分之分。其中，下命处分即以命令或禁止设定相对人作出特定作为、不作为或容忍义务之行政处分。参见翁岳生编《行政法》（上），中国法制出版社2009年版，第633—637页。
② 参见曹实《行政命令地位和功能的分析与重构》，《学习与探索》2016年第1期。
③ 参见李牧主编《中国行政法学总论》，中国方正出版社2006年版，第260页。
④ 参见李孝猛《责令改正的法律属性及其适用》，《法学》2005年第2期。

的司法规范性文件提及过"行政命令"。2004 年,最高人民法院在其发布的《关于规范行政案件案由的通知》(法发〔2004〕2 号)中,从具体行政行为角度规定了 27 种行政行为案由通知,包括"行政命令"。叶必丰认为,该通知中的行政命令是指,"要求相对人履行某种义务的具体行政行为,例如,《行政诉讼法》第 11 条第 1 款第 7 项规定的'认为行政机关违法要求履行义务的'行为,可以作为具体行政行为的一级模式"①。最高人民法院在一起行政再审案件中也明确论述了行政命令和行政处罚之间的联系和区别。② 然而,最高人民法院在其新颁布的《关于行政案件案由的暂行规定》(法发〔2020〕44 号)在设置二级案由时,以"行政处理"代替了"行政命令",并与行政处罚、行政强制措施和行政强制执行等并列。③ 由此,一个值得深思的问题是,最高人民法院缘何以"行政处理"替代"行政命令"?笔者以为,以"行政处理"替代"行政命令"的做法并不妥当。原因在于,行政处理一般被理解为——行政机关对具体事件所作的决定,④ 是行政机关依职权或应当事人申请就特定事项作出的处理,故其基本上可以和内涵广泛的"行政决定"或者"具体行政行为"等概念互换。因此,除非对"行政处理"的内涵进行限定,否则其不仅可以涵盖目前《关于行政案由的暂行规定》确定的多种责令型三级案由,还能包括行政许可、行政登记、行政确认、行政给付、行政裁决等其他诸多二级案由。退而言之,即使我们限缩"行政处理"的内涵,但此种方案并不利于把握行政命令的实质内涵,也容易造成法律适用的困顿。

尽管目前中国行政法律法规并未直接规定"行政命令",但作为基础性行政决定行为的行政命令在法律法规中的确存在独特的规范形式。事实上,在 2004 年和 2020 年两版行政案件案由规定中,行政命令或者行政处理仅是二级案由,其具体的规范载体形式其实是各种责令型三级案由。有

---

① 叶必丰:《行政行为原理》,商务印书馆 2019 年版,第 68 页。
② 参见最高人民法院行政再审决定书,〔2018〕最高法行申 4718 号。
③ 作为二级案由"行政处理"共包括 13 项具体的三级案由,具体包括:100. 责令退还非法占用土地;101. 责令交还土地;102. 责令改正;103. 责令采取补救措施;104. 责令停止建设;105. 责令恢复原状;106. 责令公开;107. 责令召回;108. 责令暂停生产;109. 责令暂停销售;110. 责令暂停使用;111. 有偿收回国有土地使用权;112. 退学决定。同时,值得注意的是,2020 版《关于行政案由的暂行规定》将"责令关闭""责令停产停业""责令限制开展生产经营活动""责令限期拆除"均明确纳入"行政处罚"二级案由中。
④ 参见王名扬《王名扬全集② 法国行政法》,北京大学出版社 2016 年版,第 118 页。

学者进行实证考察后得出结论,如果去除司法责令性条款、内部责令行为条款以及外部责令行为中的行政处罚性责令行为,①在中国包含"责令"规定的161部法律中,行政命令性责令条款共742个,其表现形式至少有95种。其中,采用"责令改正"的有285个条款,占38.41%;采用"责令限期改正"的有124个条款,占16.71%;采用"责令停止违法行为"的有82个条款,占11.05%;其他类型条款为251个,占33.83%。②"责令改正"或者"责令限期改正"属于概括性表述,其他各类行政命令性责令条款均可以理解为二者随着法制化进程在特定行政法律法规领域中的具体化。③

或许正是因为规范载体不明,加之行政命令在学理上仍不是一种型式化的行政行为,导致其是否是一种独立的行政行为以及其与相关行政行为(尤其是行政处罚、行政强制)的联系、区别等问题尚未得到明确,导致学界和实务界对各类责令规范的法律属性的认知存在分歧。具言之,无论是作为概括性表述的"责令改正"或者"责令限期改正",还是各部门行政法领域中的各类具体类型的"责令性(行政)行为条款",均在法律属性上面临"是或不是"行政命令的争论。目前,学界提出了行政处罚、行政强制、行政命令、特别的行政管理措施说、行政处理说、二元说甚至是多重属性说(责令改正行为分别具有行政处罚的附带结果、行政强制措施、行政处罚三种属性)等多种观点。笔者认为,要想明确这些责令行为的规范表达是否是行政命令,逻辑起点便是了解行政命令在整个行政决定体系中的性质和功能定位,尤其是行政命令作为一种独立行政决定与其他行政决定(如行政处罚、行政强制)的异同之处。

二 行政命令的型式化方案:中心价值

明确行政命令在整体行政决定体系中的定位是理解各类责令行为法律属性的前提。如果行政命令本身仍然深陷于不确定性的泥淖之中,与行政

---

① 实践中,有法院根据企业相对人是否存在违法行为来判断行政机关的"责令拆除或者关闭"决定的法律属性,即行政处罚或者行政许可的撤回。参见广东省高级人民法院行政判决书,〔2016〕粤行终1351号。
② 参见胡晓军《行政命令研究:从行政行为形态的视角》,法律出版社2017年版,第70—71页。
③ 参见胡建淼《行政机关责令相对人纠正违法是否属于可诉行政行为?》,http://www.360doc.com/content/19/0103/13/4927026_806239100.shtml。

处罚、行政强制等传统行政决定行为的关系难舍难分，则很难明确各类责令行政行为的法律属性。笔者认为，之所以对行政命令的认知存在分歧，主要是因为其尚未型式化。所谓行政行为的型式化，是指通过对特定行政行为典型特征的理论化和固定化，使其在内容和程序上形成固定的、具备共同价值或者共同特征的行政行为类别。① 一般而言，行政命令的型式化具有双重制度价值。一是有助于明确行政命令与既有型式化行政行为的联系与区别。"已经广受实务、学说所讨论而已固定化之行政行为，其概念、体系、其体系与其他体系相互间之关系将大体完备。"② 二是具有制度构建价值。凡行政行为被型式化之后，便具有了一种稳定性的要素，是建立制度的前提条件。③ 原因在于，型式化的行政行为会使该类行为的特定行为特征以及法律效果固定化、规范化，这样不仅有利于法律规范的统一性、协调性，还有利于提高行政、司法实务中具体适用该类法律规范的能力。④

在明确了特定行政行为型式化的必要性之后，具体的型式化路径该如何展开呢？换言之，我们该如何确定行政命令型式化的基本思路和具体方案？

行政行为的型式或者说模式在整体行政决定体系中承担着承上启下的"网上纽结"作用。⑤ 一方面，行政行为的型式意味着某类行政行为作为具有共同属性的型式化行政行为，是更广泛意义上整体行政决定体系的重要组成部分。另一方面，它是某一类行政行为的组合，这些行政行为可以经由某种涵摄关系归属于该型式的具体行政行为。相较于概念定义模式的弊端，行政行为的型式化应当采取类型归属模式。所谓类型归属模式，是指在梳理行政命令相关事实形态的基础上，确定行政命令类型的事实范围，发掘类型所包含事实中的共同价值，抽象概括出行政命令类型的"中心价值"，最终形成以"中心价值"为核心内涵，基本要素为补充的行政命令类型体系。⑥ 由此，"中心价值"即类型构建的维系脉络，也是行政行为型式化过程中的核心因素。一个行政行为类型包含一个"中心价值"，另一

---

① 参见胡晓军《行政命令研究：从行政行为形态的视角》，法律出版社2017年版，第88页。
② 林明锵：《论型式化之行政行为与未型式化行政行为》，载《当代公法理论》，台湾月旦出版公司1993年版，第341页。
③ 参见叶必丰《行政行为原理》，商务印书馆2019年版，第347页。
④ 参见胡晓军《行政命令研究：从行政行为形态的视角》，法律出版社2017年版，第100页。
⑤ 参见叶必丰《行政行为原理》，商务印书馆2019年版，第347页。
⑥ 参见胡晓军《行政命令研究：从行政行为形态的视角》，法律出版社2017年版，第106页。

个"中心价值"决定了一个行政行为类型。行政行为型式化的过程可以理解为是在既有"中心价值"谱系中注入新型中心价值的过程。换言之,行政命令行为型式化的关键在于找到其有别于既有型式化行政行为的中心价值。

行政命令作为行政决定行为的一种重要类型,其本质是行政权的行使方式,目标是通过"命令"这种特殊的行政权方式实现特定的行政任务。因此,考察行政命令行为的"中心价值",须从"目标"切入。根据大陆法系国家和地区习惯于区分基础性行政决定和保障性行政决定的做法,①行政命令不同于其他行政权力运行方式的核心区别在于其权力作用目标不同,行政命令的目标是通过"命令"迫使相对人自觉履行公法义务(行政法律法规所确定义务的具体化)来实现行政秩序,是一种基础性行政决定行为。由此,行政命令不同于行政奖励、行政许可等赋权行为,其主要内容是为相对人设定作为或不作为的义务,本质是一种负担行为;但行政命令也不同于行政处罚和行政强制等既有负担行为。这是因为,行政处罚和行政强制是整个行政权运行链条中相对靠后的环节,它们的目标是以责难、惩戒、威慑等直接或间接地付诸人身、财产或是精神的强制力量以保障法律明定的义务或者行政决定所设义务的实现。在此意义上,行政处罚和行政强制一般以违反基础性行为内容为前提。如此,行政命令的"中心价值"可以界定为"通过强制性命令迫使相对人履行义务来维护社会秩序"。根据适用情形不同,"中心价值"包括两类,一是通过强制性命令迫

---

① 此二分方法是曹实博士观察大陆法系国家和地区经验后的结论。参见曹实《行政命令地位和功能的分析与重构》,《学习与探索》2016年第1期。事实上的确如此。在德国,学者一般认为,一般行政措施所形成的法律关系可能同时具有预防性和补救性;与此不同,行政违法的罚款是行政高价位机关对不遵守行政法义务的反应,其主要功能和目的是抑制违法。参见[德]汉斯·J. 沃尔夫、[德]奥托·巴霍夫、[德]罗尔夫·施托贝尔《行政法》(第二卷),高家伟译,商务印书馆2002年版,第320页。在法国,王名扬先生认为,行政处罚作为执行行政处理决定的手段,并将行政处罚这种行政性质的处罚界定为"指望当事人由于对于制裁的恐惧而自动地履行行政法上的义务"。可见,法国行政处罚的目的在于保障行政义务的履行。参见[法]古斯塔夫·佩泽尔《法国行政法》(第十九版),廖坤明、周洁译,国家行政学院出版社2002年版,第67页。在英美法系国家,虽未形成行政行为的研究惯例。但观察其实在法可发现类似结论。在英国,当一个违法行为发生时,行政机关仅对此发布一个警告性的通告(notice,类似于行政命令),通告的核心内容主要是纠正制定法所规定的违法行为,而不包含任何实质性的处罚。只有当通告的内容没有被遵循时,原违法行为与不遵循通告的行为复合的结果才构成一项犯罪,并因此受到实质性处罚,并且这种处罚不是行政机关直接实施,而是按照刑事诉讼方式进行。参见张越《英国行政法》,中国政法大学出版社2004年版,第62页。

使相对人履行义务来预防行政秩序的破坏;二是通过强制性命令迫使相对人履行义务来补救行政秩序的破坏。

诚然,行政命令"中心价值"的独立性仍须在法理上进行补强论证,即缘何需要行政命令制度的独立存在?行政处罚、行政强制可否完全替代行政命令?总体上看,行政命令、行政处罚、行政强制等负担行为均是维护行政秩序的手段,但它们发挥作用的机理并不相同,导致二者在行政秩序目标的维护方面存在差异。这种区别导致行政命令无法被行政处罚、行政强制取代,具有独立性。

首先,关于行政命令和行政处罚。既然行政命令、行政处罚均是行政权的运行方式,那么违法行为发生后公权力为何会分别采取二者进行回应?一个违法行为一般同时具有违法性和可制裁性,前者是指行为对社会秩序构成破坏,并且这种破坏随着违法行为的继续可能会持续存在;而后者是指行为人如果得不到适当威慑,将无法阻断违法行为人本人和其他一般社会公众继续以身试法,碰触法律底线。因此,根据错误应当予以纠正的自然法理,行政权需要回应违法行为的两方面特征。一方面,行政权需要修复被破坏的社会秩序,方式是通过责令改正等行政命令来要求相对人停止侵害、消除危险,甚至是修复已经破坏的社会秩序,恢复到合法的状态;另一方面,行政权需要通过制裁手段对相对人进行惩戒,以阻断违法行为人继续违法、警戒违法行为人不再以身试法、警示潜在违法者不再触碰法律底线。由此,行政命令具有"纠错性",行政处罚具有"制裁性""惩罚性",两者性质不同。行政处罚的制裁性已经在 2020 年《行政处罚法》中得到印证。该法第 2 条直接援引"惩戒性"这一实体性标准对行政处罚做出定义。① 事实上,在中国行政法理论中,"行政处罚的本质属性是制裁性"的观点一直占据主流,并且制裁性也常被学者用来界分行政命令和行政处罚。但不同学者对制裁性内涵的理解并不一致。② 目前"新的不利负担"说逐渐成为学界的主流学说。③ 由此,行政处罚的制裁是行政机关为了对已经实施违法行为的违法者进行惩罚而课予其本来义务之外的额

---

① 《行政处罚法》(2021 年修订)第 2 条,"行政机关依法对违反行政管理秩序的公民、法人或者其他组织,以减损权益或者增加义务的方式予以惩戒的行为"。
② 制裁性是行政处罚定义的实质性标准。对于制裁性的理解,有不利负担说,以及新的或者额外增加的不利负担说。参见黄海华《行政处罚的重新定义与分类配置》,《华东政法大学学报》2020 年第 4 期。
③ 参见王贵松《论行政处罚的制裁性》,《法商研究》2020 年第 6 期。

外负担,这种"新的不利负担"说区分"本来义务"和"新的义务",有利于我们更好地区分行政处罚与行政命令等其他行政管理措施。该观点为国务院原环境保护主管部门所认可,"环境行政命令具有补救性,其目的是命令违法者履行本就应承担的义务,以结束消极影响,并不增加新义务;而环境行政处罚则具有惩罚性,其目的是对违法者科处新义务"①。

从适用关系来看,笔者认为,行政命令相较于行政处罚具有道德上的优先性和独立性地位。理由如下:其一,法律追求的首要目标应是恢复违法行为已破坏的社会秩序,其次才是考虑惩戒和违法者警示的问题。② 而行政处罚无法将被破坏的法律关系恢复至违法行为发生前的状态,这也是责令改正等行政命令应运而生的理由。可以说,行政命令弥补了行政处罚的局限性。③ 那种"以处罚代替纠错"的立法思路,并不可取,甚至可能诱发中国20世纪80—90年代的"以罚代治""以罚代管"等法制乱象。④ 其二,行政命令虽然主要适用于违法行为所致损害的修复,但其适用情形也可以包括合法行为造成的社会秩序的破坏。而行政处罚强调的是行为的可制裁性,因此应以违法行为为前提。换言之,行政命令可以独立于行政处罚得到适用。即使是轻微违法不需要处罚的情形,也可适用行政命令。其三,《行政处罚法》第23条规定的是行政处罚不能脱离责令改正而存在,但并不是指责令改正不能脱离行政处罚而适用。实践中,《自然资源行政处罚办法》(2014年制定,2024年修订)第30条和《生态环境行政处罚办法》(2023年制定)第9条均能为行政命令的独立性提供证明。由此,行政命令以恢复当下受破坏行政法秩序为目标,使其能够独立于旨在惩戒相对人违法行为以寻求威慑效果的行政处罚。但为了提高效率,二者

---

① 环境保护部环境监察局:《环境行政处罚》,中国环境科学出版社2012年版,第27—28页。
② 当前的法律秩序的恢复由于具有紧迫性、现实性和当前因而具有优先性,而行政处罚面向未来发生作用,对将来法律秩序和利益格局产生影响,不具有紧迫性和现实性,在当前法律秩序和利益格局面前,将来法律秩序和利益格局应退居其次。
③ 参见藤祥志《"责令改正"的独立性原理探讨》,《公法研究》2010年第八辑。
④ 混淆行政处罚和行政命令,会带来很多不利结果。其一,行政处罚的逃逸,本应归属于行政处罚的行为被界定为非行政处罚性行政监管措施。二是不应界定为行政处罚的行为被定性为行政处罚,例如《土地管理法》第83条中的"责令限期拆除",办公室已经两次通过发布复函指出,"责令限期拆除"不是行政处罚。参见国法秘函〔2000〕13号,国法秘研函〔2012〕665号。三是为了控制和救济而将不同的不利措施均认定为行政处罚,不仅可能导致某些行政措施的功能得不到有效发挥,也会使得行政行为的型式化发展受到抑制,还可能打破学术的体系性、严整性与规范、救济的便宜性之间的平衡关系。

置于可被同一份行政决定书中。

其次,关于行政命令和行政强制,后者包括行政强制措施和行政强制执行。其中,行政强制措施是指行政机关在行政管理过程中,为制止违法行为、防止证据损毁、避免危害发生、控制危险扩大等情形,依法对公民的人身自由实施暂时性限制,或者对公民、法人或者其他组织的财物实施暂时性控制的行为。由此,行政强制措施可以与行政命令同时适用,并且二者的目标可能发生重叠,均是制止违法行为、防止危害发生或者扩大,但二者的适用对象存在差别,行政强制措施作用于公民的人身或者财物,而行政命令是要求相对人为或者不为一定行为。行政强制执行是指公民、法人或其他组织拒不履行行政法上的义务时,由行政机关自身或者申请人民法院依法采取强制执行措施,迫使其履行义务的具体行政行为。尽管行政强制执行有时会设定一些新的"二次性"义务,但其根本目的是强制相对人履行基础性行政决定已经设定的非制裁性义务,旨在保障行政决定内容的实现,故其适用前提是存在基础性行政决定(作为执行依据)。由此,行政命令可以构成行政强制执行的前提性行政决定,其所确定的义务内容是行政强制执行的前提和依据。因此,从功能上看,行政强制执行应作为行政命令的保障而存在。

三 行政命令决定行为的三重制度功能

综观前述,行政命令是一类可以型式化的行政决定行为类型,因为其具有可以识别的且能够独立于既有各类负担行为的"中心价值",即通过强制性的"命令"迫使相对人履行一定的作为或者不作为的义务。申言之,行政命令所调整的社会关系是以命令服从为特征的行政管理关系,既非对行政违法行为进行惩戒的行政处罚关系,也不是以授权为特征的行政许可法律关系。由此,行政命令是行政决定体系中的一类独立的行政决定行为,并且是基础性行政决定行为。事实上,行政命令制度作为行政权运行的重要方式,其具备的三重功能对于行政机关及时、有效地处理不断增加的行政管理事务,适应瞬息万变的社会发展,具有极其重要的意义。

(一) 义务具体化功能

行政法律的适用是法治行政的基本要求,行政命令作成本身即是法律适用的体现。"规则之治""依法行政"的关键是要把行政法律法规中的权利义务规范从纸面落到实处。行政决定（或者说行政行为）起到了法律关系形塑的"桥梁"或"中介"作用，它通过行政权力的作用将抽象的、一般的行政法规范确定为特定个案中的权利义务关系。① 尽管一切行政行为都具有连接法律规范和现实生活的桥梁作用，但"没有一个行为像行政命令这样将'法定义务的具体化和明确化'作为其根本动机、主要内容及最终目的。"② 行政命令是指行政机关通过强制性命令为相对人设定特定义务的行为，其作出过程可简单区分为三个环节：法律规范—发布—履行义务。"依法行政"对行政权的控制并非机械、僵化的，变动不居、复杂多样的行政关系使得"法定主义"方式无法对所有法律关系中的权利义务内容都做出明确界定。因此，法律须留有余地，允许行政权裁量。哈特将这种现象区分为"第一性规则"（设定义务的规则）和第二性规则（授权的规则）。前者是指法律直接以"命令性语句"规定人们必须干什么、不得干什么；后者是指法律并不直接规定，而是授权人们通过自己的意愿创设规则。③ 一般而言，当第一性规则无法适用时，第二性规则便被启动，授权人们通过自己的意思表示实现法律关系具体内容的确定化。此处法律授予的权力可能是私人性质的，也可能是公共或者官方性质的，比如行政权。根据授权的内容不同，行政命令因此可以二分为法定行政命令和职权行政命令。

法定行政命令和职权行政命令的作出过程应当有所区别。具体来看，法定行政命令应当包括三个阶段。（1）法律直接作出规定，包括何种情况下由哪一享有管辖权的行政机关要求哪些潜在责任人履行何种内容、形式、期限的义务。换言之，法律对行政机关应当在何种情形下为相对人设定义务进行了明示规定。（2）一旦案件事实可以涵摄进入法律规范设定的适用前提，则有权行政机关应严格依法向相对人发布行政命令。（3）相对人必须按照行政命令的方式、期限等要求及时且妥当地履行义务。而对于职权行政命令，第三阶段相同，均是相对人履行行政命令设定的义务，而区别在于第一阶段和第二阶段。其一，法律并未直接规定行政命令的规范

---

① 参见余军《"行政处分"与"民事法律行为"之关系：作为规定功能的法概念》，《法学》2007年第7期。
② 曹实：《行政命令地位和功能的分析与重构》，《学习与探索》2016年第1期。
③ 参见[英]哈特《法律的概念》，张文显、郑成良、杜景义、宋金娜译，中国大百科全书出版社1996年版，第31页。

结构，仅对相对人的义务或者行政机关的权力进行概括性规定，这是对行政机关根据需要发布相应行政命令的默示。其二，在发布行政命令时，行政机关不再执着于案件事实与法律规范间的涵摄，而应考虑案件的需要以及相对人是否负有履行行政命令所设定义务之义务。

总之，将法律明示或者默示的义务内容予以具体化是行政命令的首要制度功能。可以说，行政命令是行政机关依照法律的明确规定或者默示的职权要求，将一般行政法律规范与具体行政事务进行制度勾连的方法，是行政机关和相对人在实现公法权力（利）义务关系内容的第一道"沟通桥梁"。当相对人接到了行政机关的行政命令决定通知，便预示着其需要在特定期限内履行特定的义务内容。行政命令具备的此种将公法义务具体化的制度功能，不仅在实体维度形塑了行政机关与相对人之间的法律关系，还会与行政程序法发生连接——行政命令的制度运行应当遵循正当法律程序原则。从行政命令运行的全过程来看，其还可能构成行政执行的基础，并与救济关联成为行政诉讼的构造元素。[1]

（二）法秩序恢复功能

传统行政法中的"危险防止义务"可以为行政机关动用行政权恢复当下受损生态环境法秩序奠定理论基础。当存在造成失序与混乱可能性的因素，且这种威胁已经达到"危险"的程度时，行政权就应当发动。[2] 一般而言，为履行防止、排除危险的职责，行政机关可以自行或者委托第三人排除，也可以在法律授权范围内对特定主体课以"排除危险的义务"。然而，如果立足于损害担责的原则，对于责任人明确的情形，应当优先选择对其课以危险排除义务。[3] 在行政法体系中，行政机关要求行为责任人（也可能是特定条件下的状态责任人）排除危险的制度工具应是行政命令，并非行政处罚。这是因为，行政处罚仅具有一般威慑和特别威慑功能，[4] 此种威慑虽然具有恢复法秩序的价值，但其通过惩戒相对人以激励其本人和其他社会公众遵守法律规定的作用机理，使得法秩序的恢复具有面向未来的性质，并不指向具有紧迫性、现实性的受破坏的当下行政法秩序。

---

[1] 参见黄丞仪《2017行政管制与行政争讼》，"中研院"法律学研究所专书2023年版，第19页。
[2] 参见王贵松《行政裁量收缩论的形成与展开：以危险防止型行为为中心》，《法学家》2008年第4期。
[3] 参见赵鹏《生态环境损害赔偿的行政法分析——兼论相关惩罚性赔偿》，《政治与法律》2023年第10期。
[4] 参见陈清秀《行政罚法》，法律出版社2016年版，第7—8页。

不同于私法秩序旨在保障私人利益，行政法秩序的主要构成内容是公共利益。在生态环境保护领域，随着环境公共利益从公共秩序中分离并转化为可计量的独立客体时，①依托行政命令"恢复当下受损害的行政法秩序"可以转化"对生态环境公共利益风险或者损害的救济"。根据情形不同，生态环境公共利益的救济可区分为预防和补救。具体到生态环境损害领域，若损害尚未发生，为消除风险（防止其转化为损害结果），或者损害发生但有必要防止损失扩大，行政机关亦可基于危险防止义务动用行政命令要求相对人消除危险。比如，行政机关基于防洪需要可以要求相对人修复因采砂破坏的河道，或者在生态环境损害发生以后，要求相对人采取"消除污染""（限期）治理"等应急性修复措施。而一旦生态环境损害发生，行政机关可以启用行政命令进行补救。此时，行政机关可以启用行政命令要求相对人采取防止损失扩大的措施，并追究相对人修复受损生态环境的法律责任，其直接目标是将受损的生态环境系统修复到"原有状态"或者"法律要求的状态"，而间接目标则是"救济生态环境公共利益法律受到的损失""恢复生态环境公共利益主体的环境权益""恢复受损的（生态环境）行政法秩序"。

（三）教育与引导功能

在行政相对人实施违法行为或者导致损害后果时，行政机关依法享有两种干预模式。一是直接运用行政权力进行制裁的干预模式，直至采用强制执行手段，迫使其从违法恢复至合法状态；二是遵循"先命令，后制裁"的阶梯式干预模式，即先由行政机关采用行政命令方式，向相对人发布行政责令行为的决定，让相对人自行停止、矫正违法行为。从理论上看，两种干预模式均可达到行政管理的目的，但它们的核心区别在于前者依靠外力（并且在相对人看来极有可能是行政机关的"强制""强迫"），后者则通过内因起作用。②暴力之下的秩序永远只是"权宜之计"，第一位的强制实施不利于教化民众自觉守法、信法。暴力强制虽可短期在个案中迅速实现行政目标，但从长远来看，并不利于民众对法律的自觉接受。"行政命令教育在先、强制在后，示明在先、责难在后，以先礼后兵的方

---

① 参见刘长兴《生态环境损害中的私益辨识与责任界分》，《吉首大学学报》（社会科学版）2022年第1期。
② 参见马生安《行政行为研究：宪政下的行政行为基本理论》，山东人民出版社2008年版，第115页。

式促进法律的良好服从，控制违法可能。"① 事实上，基于行政效率考虑，相较于行政处罚，"责令改正违法行为"等行政命令可能更易于达到行政威慑的法效果。原因在于，行政处罚主要是借助行为惩戒使行政相对人不再"敢"违法，而行政命令的规范要求可能更加柔和一些，其通过说理使相对人明白自己的违法行为并及时停止、限期改正，有助于提升相对人的可接受性。②"一个法律制度的首要功效保证必须是它能为社会所接受，强制性的制裁只能作为次要的辅助性保证。"③ 申言之，在使用行政命令时，相对人被给予了改正违法行为的机会。而行政处罚具有后位性，应当是"立法者进行管制时所运用之最后手段"④。

此外，行政命令还能发挥很好的引导功能。一般而言，行政命令应当具备可执行性（具备明确的执行内容）。具言之，行政命令会在法律规则的基础上，以政府行政行为的方式进一步为当事人"应当做什么""禁止做什么"做出细致明确的依据和安排。在此意义上，行政命令继承了法律的行为指引功能，并且相较于法律，其更加直观、具体，更具针对性和适应性，更易于被相对人理解和自觉履行。原因在于，行政命令的实施程序具有一定程度上的灵活性和开放性，使得相对人有进行利益判断和行为选择的机会，为现代协商行政理念融入行政机关和相对人之间的合作提供了可能。⑤ 具言之，行政命令的具体内容可以通过在不违反强制性规定的前提下进行协商而确定，在此过程中，行政机关享有更大的裁量空间，程序上也更加灵活。此种做法有助于将相对人实际情况和意见融入行政机关的决策过程，增强行政命令的正当性，增加相对人的可接受性，进而有利于在执行层面引导相对人积极配合，从而减少行政成本，提高行政绩效。

然而，行政命令实施程序的灵活性亦应被限制在法律的范围之内。这是因为，行政命令偏向于效率的价值取向并不意味着其仅侧重于效率，而忽略了公正、程序价值。行政命令的作成须合于法律规定，为促使行政受

---

① 曹实：《行政命令地位和功能的分析与重构》，《学习与探索》2016年第1期。
② 参见徐肖东《基础行政决定上的升级行政处罚制度构建——以〈行政处罚法的修改为契机〉》，《浙江学刊》2020年第4期。
③ ［美］伯尔曼：《法律与宗教》，梁治平译，生活·读书·新知三联书店1991年版，第28页。
④ 陈清秀：《行政罚法》，法律出版社2016年版，第8页。
⑤ 参见胡静《我国环境行政命令实施的困境及出路》，《华中科技大学学报》（社会科学版）2021年第1期。

法律拘束的重要媒介之一。法治国家之行政命令，有别于专制高权时代的行政命令，在于受到法治行政原则的约束。原《环境行政处罚办法》第12条虽然规定了行政命令，但并未要求其遵行行政处罚的法定程序。2023年新制定的《生态环境行政处罚办法》第9条第3款明确规定："责令改正或者限期改正不适用行政处罚程序的规定。"由此可知，行政命令适用的程序虽然应当不同于行政处罚的程序——不受《行政处罚法》《行政强制法》的直接规范，但基于法治行政原则，行政机关在运用行政命令时仍然应当受到法律保留原则、法律优位原则、比例原则、公平对待原则以及正当法律程序原则等法律原则的约束。① 目前，已经有不少学者指出，行政命令应当遵循最低的程序要求。② 在实践中，不少地方法院也认为，无论具体的责令行为属性如何，均应坚持正当程序原则，切实保障行政命令相对人的知情权，尊重相对人的陈述、申辩权利。③ 可以预期，随着行政命令型式化进程的进一步发展，行政命令制度会越来越规范化，形成完备的程序控制和司法审查机制。

四 生态环境修复行政命令的概念定义

生态环境行政命令（亦称"环境行政命令"）是行政命令的下位概念，是行政命令在生态环境保护领域的具体适用。目前中国尚无明确法律法规对生态环境行政命令进行界定。由此，生态环境行政命令在环境法学界仍是一个学理概念。根据行政法学界对行政命令概念的一般界定——"行政命令是指行政机关依照宪法或者组织法赋予的职权作出的要求相对人为或者不为一定行为的意思表示"④，生态环境行政命令是指行政机关依照宪法或者组织法赋予的职权作出的要求相对人为或者不为一定生态环境保护行为的意思表示，其价值在于"通过强制性命令的方式迫使相对人履行一定的生态环境保护义务"。并且，这里的生态环境保护义务不同于由行政处

---

① 参见王贵松《论行政处罚的制裁性》，《法商研究》2020年第6期。
② 参见胡晓军《行政命令研究：从行政行为形态的视角》，法律出版社2017年版，第172—176页；胡静《我国环境行政命令实施的困境及出路》，《华中科技大学学报》（社会科学版）2021年第1期。
③ 参见广东省佛山市中级人民法院行政判决书，〔2020〕粤06行终777号；四川省乐山市中级人民法院行政判决书，〔2017〕川11行终173号。
④ 李牧：《中国行政法学总论》，中国方正出版社2006年版，第260页。

罚等确定的第二性义务，是法律直接规定的第一性义务。① 换言之，生态环境行政命令并非行政处罚，其本身不具有惩戒制裁性。

生态环境行政命令在理论上应是行政命令这一型式化行政决定类型的一种子类型，其本身并非特定单一行政行为的范畴。同时，生态环境行政命令本身也是一类型式化的行政命令类型，其也是一种包含多元亚类型（不同亚类型又包含不同具体责令行为形式）的集合体。胡静指出："既有（生态环境行政命令）研究侧重某具体形式适用的研究，对环境行政命令体系的研究尚待展开。"② 笔者认为，这种对行政命令进行体系化展开的分析思路具有重要意义。一方面，体系化思路实际上就是类型化的思路，其实质是根据"中心价值""功能目标""内容形式"等要素对多元且纷繁复杂的生态环境行政命令规范形式进行梳理和总结。这种方法无疑有利于实现生态环境行政命令的模式化，进而在更广泛意义上促进行政命令行为的型式化。另一方面，体系化思路也的确有助于我们准确定位那些适用于生态环境领域的某项具体责令行为，厘清其在整个生态环境行政命令体系中的位置，进而明确其具有的"功能目标""内容形式"等关键要素。

为唤醒学界对生态环境行政命令的重视，胡静从生态环境行政命令的法秩序恢复价值出发，经过逐级推演得出主要的生态环境行政命令形式（种类），最终梳理得出生态环境行政命令的体系（参见表2-1）。

行政命令不以违法行为为必然前提。因此，生态环境行政命令可以二分为针对违法行为的生态环境行政命令和针对合法行为的生态环境行政命令。日常生态环境执法实践中，因相对人违法行为产生的生态环境行政命令占绝大多数，而对于相对人无违法行为但已造成危害后果（比如，合法排污造成土壤污染），亦有法律规定授权行政机关命令相对人修复受污染场地，此类情形是少数。对于因相对人违法行为产生的生态环境行政命令，根据违法行为是否仍然存在，可以细分为两种情形。其一，违法行为仍然持续，有必要对其进行纠正。违法行为既可能是违反作为义务的行为也可能是违反不作为义务的行为，针对前者适用"责令停止违法行为"，如停止建设、停止生产、停止使用、停止作业等。对于违反不作为义务的行为，行政机关应责令其改善或者改正违法行为，如限制生产、限量排

---

① 有学者认为责令改正"是行政执法者要求行政违法者履行法律规范所设定的第一性法律义务"。参见黄锫《行政执法中责令改正的法理特质与行为结构》，《浙江学刊》2019年第2期。
② 胡静：《我国环境行政命令体系探究》，《华中科技大学学报》（社会科学版）2017年第6期。

污、限产限排、限期治理、限期整改、停产整顿、停产整治、停业整治、停工整治，责令固体废物经营者依《固体废物污染环境防治法》规定在固体废物堆场履行防扬散、防流失、防渗漏措施行为的义务。其二，违法行为已经结束，因此行政机关并无纠正相对人违法行为的必要，但此时如果存在生态环境危害后果，则行政机关仍应向相对人发布行政命令，责令相对人消除生态环境危害后果。基于以上分析，生态环境行政命令主要包括两种基本类型，即"纠正违法行为"和"消除危害后果"，这里的生态环境危害后果实际上不仅指向现实的生态环境损害，还包括发生生态环境危害现实结果的风险。其中，纠正违法行为主要适用于存在违法行为的情形，消除危害后果既适用于违法行为，也适用于合法行为。

表 2-1　　　　　　　　　生态环境行政命令的体系①

类型	产生原因	亚类型（功能不同）		适用条件	典型的具体形式例证（构成要素）
一般行政命令	因相对人行为产生	纠正违法行为	停止违法行为	违反不作为义务，如未取得许可从事违法排污	停止建设、停止生产、停止使用、停止作业等
			改善违法行为	违反作为义务，如虽然获得许可，但有违法排污	限制生产、限量排污、限产限排、限期治理、限期整改、停产整顿、停产整治、停业整治、停工整治
		消除危害风险		违反作为行为，如不作为可能造成环境危害风险	责令消除安全隐患
		消除危害后果		违法行为造成危害后果	恢复原状、限期拆除、限期清理、消除污染、修复土壤污染
				合法行为造成危害后果	修复污染场地（土壤污染）
准行政命令	因保护公共利益产生			因公共利益需要对个人施加义务	重污染天气下企业应当停产或者限产

---

① 本表借鉴自胡静教授的思路，略有改动。参见胡静《我国环境行政命令体系探究》，《华中科技大学学报》（社会科学版）2017年第6期。

对于纠正违法行为，胡静认为其具体责任形式——纠正违法行为的形式多种多样，包括最为常见也最为概括性的"责令停止违法行为"和"责令改正"（或者"责令限期改正"），以及在部分环境单行法律法规中规定的由这些概括性表述衍生而出的具体性表述。比如，由"责令停止违法行为"衍生而出的停止建设、停止生产、停止使用等多种具体形式，由"责令改正"衍生而出的限制生产、限量排污、限产限排、限期治理、限期整改、停产整顿、停产整治、停业整治、停工整治。值得注意的是，"责令改正"的内涵相较于"责令停止违法行为"而言更为广泛，其不仅与"责令停止违法行为"之间很难有清晰的区别，甚至可以在更广泛意义上（广义上）涵盖"消除危害后果"。事实上，"责令改正"是否可以涵盖"消除危害后果"实际上与学界关于"责令改正"内涵的界定有关。关于责令改正的内容，学界有狭义和广义两种界定，前者是指行政机关要求违法行为人改正其违法行为并履行其法定义务，后者则在狭义的基础上进一步要求消除违法行为所造成的不良后果、恢复违法行为实施之前的状态。① 由此，如果采纳广义的"责令改正"，则其自然可以涵盖"消除危害后果"的内容。

与纠正违法行为类行政命令不同，消除生态环境危害后果的责任形式不是针对行为而是针对行为所造成的生态环境危害后果，并且其不以违法行为的存在为前提，合法行为导致的危害后果亦可能适用。例如，《土壤污染防治法》第45条授权行政机关要求并未实施污染行为的土地使用权人修复污染场地。这种要求应当理解为典型的消除环境危害后果的具体形式。一般而言，旨在消除生态环境危害后果的行政命令，其通常责任形式主要包括"恢复原状""限期拆除""限期清理""消除污染""修复土壤污染"等。还有学者主张采纳责令改正的广义界定方式，认为责令改正亦可以发挥消除危害后果的作用。② 这需要对具体的法律规范进行语境解释。实践中，部分条款可以解释为涵盖消除危害后果，例如《固体废物污染环境防治法》第71条。该条并未明确改正的对象究竟是"从事畜禽规模养殖未按照国家有关规定收集、贮存、处置畜禽粪便"的行为，还是"造成环境污染"的后果。笔者认为，采纳广义的"责令改正"的确有助于发挥法律漏洞补充的作用——行政机关在面临无具体责令行为规范依据时，可

---

① 参见徐以祥《论生态环境损害的行政命令救济》，《政治与法律》2019年第9期。
② 参见李挚萍《行政命令型生态环境修复机制研究》，《法学评论》2020年第3期。

以动用《行政处罚法》第23条的"责令改正",根据个案实际需要对其进行灵活解释,并要求相对人履行义务。然而,若无限制地扩展"责令改正"的适用范围,导致其可以和行政命令这一行政决定类型替换,则其弊端也相对明显。行政机关一方面可能过度解释责令改正的范畴,导致本应归于行政处罚的内容"逃逸",也可能导致"反向激励",造成行政机关在个案中怠于解释"责令改正"。由此,"责令改正"应限缩解释为"纠正违法行为",不宜扩展至"消除危害后果"。事实上,根据实体法优先于程序法的理论,在实体法未做相应规定时,行政机关直接援用程序法中的"责令改正"以消除危害后果,其合法性也存疑。

生态环境修复行政命令是行政命令制度原理在生态环境修复领域的具体化拓展,是用来实现生态环境修复法律目标的行政命令。本书尝试将生态环境修复行政命令定义为,"行政机关通过强制性命令的方式要求相对人履行修复受损生态环境义务的行政决定"。对该定义的深化理解须从以下几方面展开,其一,生态环境修复行政命令的发布主体是行政机关,因此司法机关发布的责令修复并非生态环境修复行政命令,例如检察机关在侦查、审查起诉阶段向相对人发布的责令修复只能定性为"告知性刑事诉讼措施",而法院在裁判文书中作出的责令修复是"司法责令修复"[①]。其二,生态环境修复行政命令是一种具体行政行为,是直接影响相对人权利义务关系的具体行政行为,这与行政机关就修复特定污染场地发布的行政命令不同。原因在于,后者有可能并未直接影响相对人的权利义务,此时其只能被定性为行政事实行为。比如,陈慈阳将环境整治行动定性为行政事实行为。[②] 其三,生态环境修复行政命令属于负担性行政行为,其设定的义务内容对相对人而言是一种不利处分,相对人必须遵守行政命令为其设定的修复受损生态环境的行为义务或者支付法定生态环境修复成本支出的结果义务。其四,生态环境修复行政命令既然对相对人的权利义务构成影响,其自然是一种可救济的行政行为,相对人若不服从生态环境修复行政命令,可以依法启动相应的救济程序,包括行政复议和行政诉讼。其五,在生态环境行政决定行为体系中,生态环境修复行政命令是一种基础性行政决定,若相对人不履行生态环境修复行政命令,则行政机关可依法

[①] 参见《邢台法院发出全省首份环境禁止令、修复令》,https://www.thepaper.cn/newsDetail_forward_10125695。

[②] 参见陈慈阳《环境法总论》,中国政法大学出版社2003年版,第848页。

启动保障性措施，比如，行政处罚和行政强制。

生态环境修复行政命令是消除危害后果类行政命令在生态环境修复领域的具体适用。参照美国法经验，① 生态环境修复行政命令可以细分为两种，即"应急性修复行政命令"和"修复性修复行政命令"。"应急性修复行政命令"是指对污染物质的即时清理、生态破坏的应急处置或者对受损生态环境的暂时性短期修复，其目标是防控可能发生的生态环境风险，虽然在一定程度上有利于受损生态环境的恢复，但并非将受损生态环境恢复至原来样态。一般而言，中国当前生态环境单行法律法规中规定的"限期清理""消除污染""采取补救措施"等具体责任形式都属于"应急性修复行政命令"，因为它们均强调"对单一环境要素的修复"，并且修复标准仅以污染的清除为目标，显然不符合对受损生态环境的系统性修复要求。而"修复性修复行政命令"的目标是要将受损的生态环境恢复至原来样态或者法律要求的特定修复标准，一般是对受损生态环境的中长期修复。由此，修复性行政命令的实施必然是一种复杂的、动态的过程。

五 生态环境修复行政命令的法律属性

生态环境修复行政命令的法律属性是一种行政决定，并且是一种基础性行政决定，是行政机关依照法律规定要求特定相对人将受损生态环境修复至原来状态或者法律要求之状态的具体行政行为。基于行政法律关系视角，我们对生态环境修复行政命令的法律属性的理解，可分别从行政机关和行政相对人两个维度展开。

一方面，从相对人角度看，生态环境修复行政命令的性质属于补救性行政命令行为，并非行政处罚。长期以来，环境法学界普遍认为责令生态环境修复属于行政处罚。早期环境法学者普遍持此观点。比如，韩德培认为："责令恢复被破坏的生态环境和自然资源是指对违反环境保护法而破坏生态环境和自然资源者，由自然资源保护监督管理部门依法强令其在一定期限内恢复被破坏植被的生态功能、资源数量或者使生物繁衍、生殖或者持续发展的行政处罚方式，包括责令补种、责令恢复植

---

① 参见程玉《生态损害法律责任实施机制的选择》，中国社会科学出版社2021年版，第179—180页。

被、责令恢复原状、责令停业治理、责令限期改正等。"① 曹明德亦认为："在自然资源法中，尤其是在与自然资源生态服务功能密切相关的领域，规定了大量的补救性行政处罚措施，在惩罚违法行为人的同时，注意对受到破坏的自然资源采取补救措施或者对其生态服务功能进行恢复。"② 近些年来，这种观点亦得到部分年轻学者的支持，如谭冰霖认为，"生态恢复责任属于行政处罚，并且主张对生态环境修复责任体系进行重构，包括直接性恢复、替代性恢复和恢复性罚款"③；程雨燕认为，"为保障环境处罚弥补公益损害，修复社会关系的功能得以有效发挥，相关环境立法应充分体现违法成本（如罚款金额）与实际损害后果之间的正相关性"④；刘长兴认为，"生态环境公共利益的损失应当被纳入行政罚款制度中考虑"⑤。此观点亦得到了实践认可，部分地方法院将行政机关责令相对人停止违法行为、修复生态环境或者承担修复费用界定为行政处罚中的行为罚，并认为行政机关在移送司法机关管辖时撤销修复处罚决定或在法院刑事判决做出后拒绝做出责令修复的处罚决定，都属于行政违法。⑥

事实上，在行政法学界，学者们一直致力于定义行政处罚的制裁性，责令生态环境恢复经常被作为例证来区分行政处罚和非行政处罚措施。比如，黄海华认为："恢复原状并非行政处罚，以减损合法权益或者增加新的义务作为判别标准，可将责令限期改正、责令赔偿、生态恢复责任以及责令类行政管理措施，收回土地使用权、责令停止建设中的大部分，排除在行政处罚之外。"⑦ 王贵松亦认为："行政处罚的制裁是行政机关为了对已经实施违法行为的违法者进行惩罚而课予其本来义务之外的额外负担，制裁性可使行政处罚与剥夺不当得利、恢复原状、预防性不利决定、公益性撤回受益行为等行政管理措施相区别。"⑧ 笔者认为，环境法学界目前这种将责令生态环境

---

① 韩德培主编：《环境保护法教程》，法律出版社2018年版，第294页。
② 曹明德：《生态法新探》，人民出版社2007年版，第329页。
③ 谭冰霖：《环境行政处罚规制功能之补强》，《法学研究》2018年第4期。
④ 程雨燕：《环境罚款数额设定的立法研究》，《法商研究》2008年第1期。
⑤ 刘长兴：《论行政罚款的补偿性：基于环境违法事件的视角》，《行政法学研究》2020年第2期。
⑥ 参见最高人民法院环境资源司法研究中心《中国法院环境资源裁判规则与案例精析》，中国法制出版社2019年版，第219—222页。
⑦ 黄海华：《行政处罚的重新定义与分类配置》，《华东政法大学学报》2020年第4期。
⑧ 王贵松：《论行政处罚的制裁性》，《法商研究》2020年第6期。

修复的行为界定为行政处罚的观点，并不足取。理由如下：其一，责令生态环境修复符合行政命令的中心价值。在破坏生态环境的案件中，遭受破坏的行政法秩序的实质内涵是生态环境公共利益的损失，因此责令生态环境修复旨在通过修复受损生态环境来恢复行政法秩序，其价值目标并非惩戒相对人的违法行为。其二，区分行政命令和行政处罚的观点已经获得最高人民法院的认可，[①] 根据最高人民法院所作的区分，责令生态环境修复符合行政命令而非行政处罚的定义。其三，如果以行政处罚定性责令生态环境修复会面临体系解释困境。行政处罚是典型的行政法律责任，如果将责令生态环境修复理解为行政处罚，则其性质上属于行政法律责任。如此，根据《生态环境损害赔偿改革方案》的表述——"赔偿义务人因同一生态环境损害需要承担行政责任、刑事责任的，不影响其依法承担生态环境损害赔偿责任"，义务人可能要面临重复承担修复责任的可能性。如果我们将责令生态环境修复理解为行政命令，其并非行政法律责任，只是设定公法义务的行政行为，能避免解释困境。其四，以行政处罚（行政罚款）制度来追究生态环境修复责任，可能存在制度困境。

诚然，在现代法律体系中，惩罚性和补偿性不是区分公私法的标准，惩罚不应为公法所垄断，补偿也不应由私法垄断，公法亦具有补偿功能。[②] 但笔者以为，在公法体系中，行政处罚并不能承担损害补偿功能，自然无法被用来追究生态环境修复责任。首先，虽然《生态环境行政处罚办法》第1条明确规定，"维护公共利益和社会秩序，保护公民、法人或者其他组织的合法权益"是行政处罚的目的，但这种维护可能只是通过惩戒手段的维护。一些学者开始提倡从补偿性和惩戒性相结合的角度来理解行政罚款，但否认罚款之补救性的观点仍占多数。到目前为止，行政罚款的规则设计仍基于秩序罚的传统定位，立足于以惩戒性来维护公共秩序，不能填补已产生的损害。公共利益的损失并未纳入考量范围，在环境污染等已造成严重公共利益损失时，以行政罚款来惩戒违法者对公共秩序的破坏虽在一定程度上有助于恢复公共秩序，但并不能

---

① 最高人民法院在再审王某某诉山东省淄博市人民政府行政复议一案的判决中，总结比较了责令改正行为与行政处罚行为的不同。参见最高人民法院行政再审判决书，〔2018〕最高法行申4718号。
② 参见陈太清《行政罚款与环境损害救济——基于环境法律保障乏力的反思》，《行政法学研究》2012年第3期。

补救相对独立的公共利益损失。事实上，这正是《生态环境行政处罚办法》第9条规定"责令改正"的目的所在。① 其次，行政罚款虽然被用于环境保护和生态再造，但存在不公平的嫌疑。《生态环境行政处罚办法》第76条规定，罚款直接上缴国库，因此无法保证其能够专款专用于修复受损生态环境。再次，尽管《大气污染防治法》第122条取消了上限，但大部分环境行政法律法规仍规定了罚款限额，上限虽然不低，但与环境修复成本相比，往往微不足道。此外，还有很多行政罚款规范采用的罚款计算方式是倍率式，其采纳的基数一般不包括生态环境价值的减损，"直接经济损失"主要是指作为私益的人身与财产损失，以此计算出来的罚款与环境损害无涉。由此，目前的罚款制度并未考虑生态环境损害问题。从制度设计成本的角度来看，如果意图借助行政罚款救济生态环境损害，还需要大幅修正当前的处罚规则。最后，行政处罚作为"立法者进行管制时所运用之最后手段"，不宜直接替代行政命令，否则容易导致"以罚代治""以罚代令"的不良现象。申言之，将责令生态环境修复界定为行政处罚，也易压缩其作为行政命令本应发挥的教育与引导功能。"采取阶段式方式，缓和行政机关强制手段之强制性质，除体现了对人民基本权利的尊重外，还符合国家权力节制的原则。"② 事实上，如果适用行政处罚，则行政命令制度具有的程序开放灵活性也无法得到保证，公私合作将受到限制。

另一方面，立足于行政法律关系中的行政机关一端观察，生态环境修复行政命令其实是行政机关主动履行自身生态环境监管职责的行为。③ "行政命令的作成是行政机关在其法定权责的范围内，形成意志的外部展现；与此同时对外释放讯息，让受规制对象（相对人或利害关系人）预期到或期待行政机关将在其权责范围内有所作为以及如何作为。"④ 因此，要求行政相对人承担生态环境修复责任可以理解为行政机关生态环境保护职责的

---

① 事实上，即使罚款具有补偿损害的功能，这种补偿也只是对被侵害管理秩序的间接回复，并非直接补偿性的恢复——无法被用来直接修复实际受损的生态环境。申言之，行政罚款的本质是一种异质补偿，不及同质补偿充分，因此罚款经常需要和其他具备同质补偿功能的行政手段合并使用，如责令改正、限期拆除等行政命令。参见陈太清《罚款的补偿性研究》，博士学位论文，南京大学，2011年，第30—31页。
② 蔡震荣：《行政执行法》，台湾元照出版有限公司2002年版，第13页。
③ 参见李挚萍《行政命令型生态环境修复机制研究》，《法学评论》2020年第3期。
④ 黄丞仪：《2017 行政管制与行政争讼》，"中研院"法律学研究所专书2023年版，第19页。

具体化，① 是重要的履责手段。

既然是行政机关的职责，行政机关不仅负有按照法定条件及时启动生态环境修复行政命令的义务，也有保障行政命令得以有效落实的义务。由于生态环境修复呈现出明显的过程性和变动性，需要一定的动态过程监管，这就意味着行政机关作出责令生态环境修复的命令只是其职责履行的开始，它还负有责任监督行政命令的落实。对此，如果行政相对人违反行政命令的要求或不积极履行义务，行政机关还负有进一步采取行政处罚、行政强制等保障性决定的法定职责。从职责监督的角度来看，行政机关作出和保障生态环境修复行政命令得以履行的行为也应受到法律的拘束。"污染责任人公法上的治理责任其实从另一方面来说是行政机关的职责，要求其对相应事实及时作出恰当的行政处置。"② 一旦行政机关违法不积极或不正确实施生态环境修复行政命令，可能会面临行政公益诉讼或行政相对人异议的风险。由于生态环境损害事关公共利益，公众亦可能处于监督者的地位。在实践中，目前已有检察机关针对行政机关不履行生态环境修复行政命令法定职责的行为提起生态环境行政公益诉讼的案例，③ 而生态环境修复命令是否作出以及是否履行到位成为法院在判断行政机关是否完全履行法定职责时采用的主要依据之一。值得注意的是，从理论上看，生态环境修复的复杂性、科技性特征使得政府责令生态环境修复应具有裁量权的属性。因此，司法机关未来应考虑采纳借鉴规范自由裁量权的方法来判断行政机关是否履行了生态环境修复职责提供具体的指引。

综上所述，责令生态环境修复应理解为行政机关依据法定职责为行政相对人设定公法修复义务的负担性行政行为，不同于行政机关和相对人自愿组织实施的生态环境修复行动。对于行政机关不积极履行或者不依法履行生态环境修复行政命令职权的行为，相对人和法定的公共利益代表者有权提出异议。

---

① 《环境保护法》和单行环境法律法规均将宪法确立的国家环境保护义务转化为各级地方人民政府对所辖区环境质量负责，责令相对人履行生态环境修复义务实际上可以作为政府履行环境质量责任的重要手段。
② 沈百鑫：《环境损害的修复责任制度初探：以水体损害修复责任的中德比较为视角》，《清华法治论衡》2014年第2期。
③ 参见十堰市郧阳区人民法院行政判决书，〔2016〕鄂0321行初6号；淄博市淄川区人民法院行政判决书，〔2018〕鲁0302行初50号。

第二节　生态环境修复行政命令的运行原理

生态环境修复行政命令是行政命令制度工具在生态环境修复领域的具体适用，因此其运行过程不仅需要满足行政命令制度作为基础性行政决定行为应当遵循的一般运行原理，还应当兼顾生态环境修复本身作为一项环境科学技术活动应当满足的生态学原理。

一　遵循行政命令的一般运行原理

生态环境修复行政命令的运行须遵循行政命令的一般运行原理。行政命令的实质是行政机关基于行政职权通过单方行政决定的方式为相对人设定法定义务，因此生态环境修复行政命令的运行原理可以理解为——行政机关基于行政职权通过行政权的运行方式（单方行政决定）将生态环境修复责任法律规范具体化为相对人的法定义务。从规范构建的角度考虑，生态环境修复行政命令制度存在的意义即确保行政机关作出和实施行政命令能够符合法律正义的要求，并且这种正义追求应当具有双重维度特征，不仅包括程序正义，还包括实体正义。

对于实体正义，我们有必要确立一种符合公平正义理念的公法性生态环境修复法律责任实体规范。原因在于，生态环境修复行政命令虽主要体现为程序规范，但其有效实施有赖于实体的法律责任规范。若欠缺公法性生态环境修复法律责任规范或其不符合基本的公平正义理念，生态环境修复行政命令的运行可能会偏离原初的制度初衷。因此，立足于污染者负担原则，从责任主体认定、责任份额分配等角度对生态环境修复责任进行公平的规范建构，具有重要的规范意义。

对于程序正义，生态环境修复行政命令作为行政权的运行方式，有可能会对相对人的权益构成侵害，故有必要进行程序控制。尽管行政命令目前尚未成为一项型式化的行政决定，导致其事前、事中程序控制缺乏，事后司法审查不足，但其作为行政决定的性质使得其必然也要受到法律保留、法律优位、比例原则、正当法律程序、依法行政等法治原则的规范和拘束，必须遵循"最低限度的程序规则"。否则，生态环境修复行政命令会面临各种质疑，进而制约其责任追究目标的实现。笔者以为，为了确保生态环境修复行政命令的有效运行，立法者应当为其配备一套实施机制，至少应当包括以下几项子程序，即修复命令的作出程序、修复命令的实施程序、修复命令的异议程序、修复成本的回收程序，以及相应的制裁程序。其中，首要且最为关键的步骤是生态环境修复行政命令的作出程序。在该程序中，行政机关应当按照"发现损害—明确法律规定/默示职权要求—确定损害是否符合启动修复条件—明确责任人—损害调查、取证（含因果关系认定）—告知—听取意见—作出修复决定（含确定修复目标和修复方案）—发送决定"的程序实施。而修复命令的实施程序（含修复方案的动态调整程序）、异议程序（包括复议和诉讼程序）和成本回收程序（可能是申请强制执行或者索赔诉讼），以及相应的制裁程序（包括行政处罚和行政强制程序）在功能上均应定性为保障生态环境修复行政命令实现其功能目标的辅助机制。

不过，正义并非生态环境修复行政命令制度应当遵循唯一底线。在行政效能原则已被确立为行政法基本原则的背景下，加之行政机关所拥有事物资源的有限性，生态环境修复行政命令制度的构建和运行也须考量效率价值。尤其是对于一些紧迫的损害情形或者一些因果关系认定和修复方案实施均较为简单的情形，一味深陷于程序泥淖之中的制度设计并不必然是正确的选择。因此，科学的方案是在设计生态环境修复行政命令制度的内容以及安排其与其他制度的选择、衔接方案时，注重对正义和效率的价值平衡，基本原则是"以正义为准据，兼顾效率"。

二 契合生态环境修复过程的特征

生态环境修复行政命令的运行还应契合生态环境修复过程的特殊性。这种特殊性首先体现为生态环境修复过程的科技专业性。理解环境法科技性特征的关键在于将现有能够为人类所掌握和认知的自然生态规律融入法律规范之中，而这种融入须凭借"桥梁"或者"通道"，即环境标准。在环境法体系中，生态环境标准虽然不是环境法的直接渊源，但其作为自然生态规律（即生态科学原理）的体现，几乎为所有环境法律制度的运行提供了一种根本性的科学技术保障，其与环境法运行、实施的效果紧密相连。① 生态环境修复过程的实施也无法离开生态环境标准的指引作用。在第一章中，我们已经梳理、总结了生态环境修复过程应遵循的五项生态科学原理，具体包括适宜性修复、系统性修复、适应性修复、持续性修复和混合性修复。事实上，随着生态系统服务理念的逐步发展，对受损生态环境的修复也逐渐发生从"环境要素修复"向"生态系统修复"的深刻转变。因此，除非拟修复的受损生态环境系统非常简单，或者损害及修复活动对生态系统的不利影响轻微，否则，修复都应尽量遵循五项生态科学原理。由此，如何利用生态环境标准的"通道"功能，将相关生态科学原理转化为具体的生态环境标准，是确保生态环境修复行政命令目标得到科学性、合理性、有效性实施的关键。② 目前，中国生态环境部门已经尝试就生态环境损害鉴定评估中涉及的一些关键问题制定了一系列鉴定评估指南，③ 但对于一些关键问题的程序标准仍欠缺。

生态环境损害及其修复过程的科技专业性特征，决定了生态环境修复行政命令制度应具备科技专业性特征。生态环境损害的调查、评估以及修复目标的选择、方案的设计和实施等均应当遵循相关技术标准或者技术规范。但科技专业性不等于完全排除了价值判断和政策选择。诚如前文所述，生态环境修复不仅应当遵循生态科学原理，还应遵循社会技术原理。具言之，是否作出修复决定、修复目标和修复方案的确定，均离不开对技术和社会、经济等多重成本、收益因素的考量。从域外经验来看，一般只有"重大的风险或者损害"才被作为修复决定作出的阈值条件，修复目标一般参考的是基于未来用途的可接受风险水平，而修复方案的选择因为需要兼顾整体生态环境的系统恢复亦具有明显的政策选择意义。

生态环境修复过程的特殊性还体现为其民主性、多阶段性和动态性。④ 其一，生态环境损害可能同时损及私人利益和公共利益，决定了相应生态

---

① 参见周骁然《环境标准法律制度研究》，中国社会科学出版社2020年版，第2页。
② 在中国相应行政执法领域，行政技术标准对行政执法具有事实上的拘束力。参见关保英《论行政法中技术标准的运用》，《中国法学》2017年第5期。
③ 参见生态环境部《关于发布〈生态环境损害鉴定评估技术指南 总纲和关键环节 第1部分：总纲〉等六项标准的公告》，https://www.mee.gov.cn/xxgk2018/xxgk/xxgk01/202012/t20201231_815725.html。
④ 参见胡静《比较法视野下生态环境损害救济的行政主导实质及其启示》，《比较法研究》2023年第3期。

环境修复行政命令的作出和实施应尤其注重对多元主体所享有之不同利益的妥当平衡，注重民主价值。事实上，利益相关人（包括自然资源使用权人、环境权益受损的私主体）和普通公众的切实参与不仅是程序正义的基本要求，也能通过信息渠道扩大、信息共享强化相关决策的科学性基础。由此，不仅生态环境修复标准的制定和实施应高度重视公众参与，依据标准开展的生态环境修复方案编制及实施活动，也应注重征询公众和相关利益方的意见。其二，生态环境修复决定的作出及其实施包含复杂的阶段性行为，主要包括：生态环境损害的调查确认、生态环境损害的量化和评估、生态环境修复方案的编制和选择、生态环境修复方案的实施和监管、生态环境修复方案的调整、生态环境修复效果的评估、生态环境修复的后期监管等。[①]此种多阶段性的行政行为特征，不仅促使我们思考如何才能更好地救济相对人的权利（比如复议诉讼不停止执行原则能否适用），还提示我们应特别注意生态环境修复过程的动态性特征。具言之，对生态环境修复方案的编制与实施应采取动态调适的态度，根据修复措施实施过程中生态环境系统的变化及时调整方案，有时还可能要进行补充调查或者重新调查。

第三节 生态环境修复行政命令的功能局限

作为行政机关高权行政的代表，行政命令在生态环境修复领域可以发挥有效的作用，但其同样可能面临制度局限。一方面，行政命令虽然有利于发挥教育相对人自觉守法的优点，其单方决定的性质也容易及时、高效地修复受损的生态环境。在"公法私法化""协商行政""柔性执法"等现代行政理念迅猛发展的背景下，相较于行政磋商和司法诉讼，行政命令在公平性、相对人可接受性等方面面临质疑。另一方面，行政命令制度的实

[①] 比如，有法院指出，采取补种树木方式承担生态修复责任的，应从"种植"与"管护"两个阶段综合评价相关义务是否履行到位。"种植"阶段应当按照生态修复方案科学栽培，确保树种、密度、质量、面积、数量等全部达标；"管护"阶段应当加强抚育培植、病害防治、伐残除枯、密度调整，视案情可采取设置警示牌、延长管护期等执行监督措施，切实提高林木成活率与保存率，确保林地生态服务功能逐步恢复。参见贵州省遵义市中级人民法院判决书，〔2022〕黔03民初291号。

施程序具有灵活开放性，导致其适法性控制存在不足，可能会背离依法行政原则。或许是因为前述原因，部分环境法学者开始转而主张利用程序规范相对更为健全的行政处罚制度来实施生态环境修复责任追究目标。但笔者认为，这种救急式的制度设计思路不仅有违行政命令和行政处罚的实质区分，还易导致行政命令相较于行政处罚所特有的教育引导功能被压制，更有可能使学术的体系性、严整性与规范、救济的便宜性之间的合理平衡机制被打破。本节内容重点研究生态环境修复行政命令的制度功能局限。

一　单方行政决定：从高权行政到传统参与行政

行政命令是行政机关就特定事项向行政相对人发布的单方意思表示，基本符合以支配与服从为特征的高权行政的概念范畴。高权行政是诞生于行政民主化发展程度不完善时期的最初的行政范式，其特征是行政机关与行政相对人法律关系的不平等、行政权的垄断性、行政过程的单向性以及行政结果的自决性等。在高权行政的范式里，行政机关是推进行政事务的唯一主体，相对人只起到履行配合义务的角色，并无决定权。因此，实践中，行政机关经常依据单方面意志自行决定相对人的义务并以强制方式予以贯彻执行，由此在行政机关和相对人之间形成的秩序关系呈现出明显的等级特征，是"上下秩序关系"。这种高权行政能够保障行政效率，确保行政机关及时、迅速地采取措施来处置各类行政事务。但它也存在严重的"公平性困境"，对相对人实体权益和程序权益的顾虑完全依赖行政机关的自觉，极有可能侵犯公民、法人或者其他组织的基本权利，进而与法治国的目标背离。由此，高权行政逐渐被一些新型的行政法范式或者说理念所取代。但这并不意味着高权行政必须就此退出历史舞台，相反，在一些具有紧迫性的公共利益损害情形下，高权行政仍须或者说仍应发挥关键作用。这是因为，在紧急情况下，行政效率仍是首要考虑。此时，如果充分考虑相对人的权益不仅有可能错过救济公共利益损害的最佳时机，甚至还有可能会导致公共利益损失的进一步扩大。在此过程中，行政机关应当被赋予单方面作出决定的权力，以实现迅速整合资源、实现危险控制、排除的目标。具体到生态环境修复领域，有些生态环境损害的发生具有突发性，若想在短时间内有效应对，势必要授予行政机关发布单方行政命令的权力。此时的生态环境修复行政命令主要是指应急性修复命令。

第二章 生态环境修复行政命令的规范构造与功能局限

那么，对于非紧急情况以外的生态环境修复，行政命令制度能否克服单方行政决定的弊端而发挥作用呢？事实上，随着行政民主化进程的发展，高权行政的单方面行政决定过程逐渐弱化，开始融入相对方的意见与参与，此即所谓"传统参与行政"的兴起。这种"传统参与行政"为行政命令适用于紧急情况以外的生态环境修复提供了理论上的可能性。这是因为，与传统的高权行政不同，"传统参与行政"注重行政法律关系的平等性、行政相对方对行政过程的参与（比如，陈述、申辩、听取意见等）以及行政机关的回应性（比如，告知、答复等）。从域外法经验来看，各国普遍选择对行政命令规定的实施程序予以规范，其中，"调查取证""听取相对人意见""告知"均在一定程度上体现了相对方的参与。具体到生态环境修复领域，"最低限度的程序要求"可能要求行政机关在多阶段中充分考虑相对方的意见，比如，《欧盟环境责任指令》及其成员国转化法要求相对人提交受损生态环境的修复计划方案（最终选择由行政机关作出），并优先享有自主实施生态环境修复方案的机会；美国自然资源损害评估程序在多个环节也都允许相对人参与损害的评估和修复方案的编制。① 从此阶段来看，似乎行政命令制度在经过"传统参与行政"的程序改良后，可以克服其自身对相对方权益考虑不周的弊端，有利于确保程序的公平、公正。然而，在传统参与行政范式中，行政机关与相对方法律关系仅是一种形式平等，相对方参与方式是一种形式上的参与，行政过程的互动也是一种形式互动。由此，相对人的意见最终能否以及在何种程度上能够融入行政结果，都完全取决于行政机关的意志和自我决定。此种合意并不是真正的合意，而可能是一种"偏颇的合意"。② 相对人如果对行政机关的决定有异议，只能通过法定的异议渠道解决，而依赖行政机关的复议或者司法机关的审查来纠错毕竟面临很强的不确定性，在"行政一体"的背景下，上级行政机关和下级行政机关可能发生共谋，而司法机关可能会在具有科学技术性的问题上持价值中立态度，选择对行政机关的决定予以"过度"的尊重。③

总之，生态环境修复行政命令虽然可以经过"传统参与行政"理念的

---

① 参见程玉《生态损害法律责任实施机制的选择》，中国社会科学出版社 2021 年版，第 186—189 页。
② 参见相焕伟《协商行政：一种新的行政法范式》，博士学位论文，山东大学，2014 年，第 43 页。
③ 有学者批判了法院对行政机关的过度尊重。参见［美］约瑟夫·L. 萨克斯《保卫环境：公民诉讼战略》，王小钢译，中国政法大学出版社 2011 年版，第 92 页。

注入进而实现自我改良，在一定程度上克服高权行政背景下单方行政决定的弊端，但其仍然存在功能缺陷——此时的参与仅是"形式参与"，结果具有不确定性。

随着行政民主化程度的进一步提高，为克服相对方仅形式性地参与到行政决策过程中的弊端，"传统参与行政"进一步演化为一种在理论层面和实践层面都具有与传统行政截然不同之内在特质的"新型参与行政"，即"协商行政"。"协商行政"模式，是一种以行政法律关系的实质平等、相对方的实质参与、行政过程的实质交涉以及行政结果的双方合意为基本特征的新的行政类型。在此背景下，行政契约（Administrative Contract）作为一种替代以"单方性"（支配与服从）为特征的高权行政的手段诞生了，其更柔和，并富有弹性。"协商行政"最典型的标志是行政协议。在中国，当前正在推进的生态环境损害赔偿磋商制度属于"协商行政"的典例。由此，我们须思考的问题是：在保障相对人权益方面更具功能优势的行政磋商制度可否完全取代传统参与行政模式下的行政命令制度？

对此，笔者认为，我们首先须探讨协商行政是否存在制度局限。事实上，协商行政的确存在制度缺陷。其一，行政机关和相对方的实际磋商能力并不平等，因此试图完全实现行政机关和相对方之间的"实质平等"并不可能。其二，尽管协商行政在"接受效率"方面优于行政命令，但其在"决策效率"方面要劣于行政命令，因为协商过程不可避免地会增加行政成本，使行政程序昂贵、费时。更糟糕的情况是，由于协商行政的多主体性特征、妥协性特征，易导致决策"僵局"，使协商成为行政的羁绊。[①] 其三，协商行政虽能最大限度地保障相对方的程序权益，但其所内含的公共利益与私人利益的妥协以及追求个案正义的导向，易导致两方面的公平性缺陷。一是公共利益会在讨价还价中被"算计"，行政公共性难获保障；二是协商行政具有个案衡平特征，不仅不利于形成统一行政规则的行政决策模式，还易造成"同等情况不同对待"的问题，进而有损于行政公平性。[②] 由此，协商行政制度存在一些无法克服的缺陷，并且在很多方面，行政命令制度相较于协商行政具备了功能优势，比如，行政命令更有利于

---

① 参见［美］理查德·B. 斯图尔特《美国行政法的重构》，沈岿译，商务印书馆2011年版，第165—166、168页。
② 参见相焕伟《协商行政：一种新的行政法范式》，博士学位论文，山东大学，2014年，第103—108页。

形成规则统一的行政决策,行政命令制度具有更优的"决策效率"等。因此,至少我们可以初步得出结论,依托于传统参与行政模式的生态环境修复行政命令制度和协商行政框架下的行政磋商制度,各有功能优劣。

鉴于社会科学领域内范式的包容性特征,协商行政和传统参与行政(优化后的行政命令)之间的关系并不必然是相互排斥,相反,二者之间可能是协同关系。具言之,我们在设计生态环境修复责任追究机制时,可以考虑综合利用行政命令制度和(行政)磋商和解制度。可能的方案是:(1)二者平行适用并保留功能边界;(2)(行政)磋商和解享有优先顺位,而行政命令只能在行政机关和相对方协商发生"僵局"的情况下"登场",抑或"命令优先,磋商替补"。

在公法私法化的背景下,行政机关还可能会放弃行政权(包括刚性行政命令制度和相对柔性的磋商和解制度)而利用民事诉讼权通过司法修复制度追究生态环境修复责任。司法修复制度的特征是行政机关和行政相对方在生态环境修复责任追究的过程中更加趋于平等地位。原因在于,有关生态环境修复责任的成立与否以及在多大范围内成立不再由行政机关和相对方决定,而是被交由中立第三方法院负责裁断,甚至法院还要就具体修复方案的选择、实施、监管、验收评估和后期持续性监管等专业问题做出决定。这种司法修复制度可以理解为"协商行政"的进阶版,抑或"公法私法化"的新发展。由此,"协商行政"遭遇的困境,也是司法修复制度难以摆脱的"桎梏"。在生态环境损害赔偿制度入法已经板上钉钉的背景下,优化生态环境修复多元制度体系不仅要探究行政磋商、行政命令和行政机关索赔诉讼的关系,还应综合考虑它们与既有环境民事公益诉讼制度的关系。换言之,生态环境修复行政命令制度的优化应采取体系化视角。

二 生态环境修复行政命令不具有惩戒性功能

一般而言,行政决定(即行政行为)根据功能目标不同可以区分为基础性行政决定和保障性行政决定。其中,基础性行政决定对应第一性法律义务,目的是维护客观法律制度,恢复理想法律秩序状态,有别于通过惩戒产生法律威慑力的行政处罚。[1] 此类行政决定主要包括命令性、确认性

---

[1] 参见徐肖东《基础行政决定上的升级行政处罚制度构建——以〈行政处罚法〉的修改为契机》,《浙江学刊》2020年第4期。

和形成性行政决定三种形式。其中，命令性行为是向相对人强制施加作为、不作为、容忍等特定义务的行政行为，其形式通常是命令或禁令。行政命令大体可被视为基础性行政决定中的命令性行为。而保障性行政决定则通过直接或间接对人身、财产、精神采取强制力量（比如，责难、惩戒、威慑等），为实现基础性行政决定所确定义务保驾护航。保障性决定的具体形式主要包括行政处罚和行政强制。从二者的适用关系看，适用保障性行政决定是为了保障基础性行政决定所确定行政法权利义务关系内容的实现。但也存在一些特殊情形，在保障性行政决定内部，行政强制执行也可以作为行政强制措施和行政处罚的保障。由此，对行政命令、行政处罚和行政强制之间适用关系的理解应从动态的角度考察。从行政行为过程论的角度来看，行政命令行为（实践中表现为各种责令性行为，尤其是责令改正）始终处于行政处罚的前端，构成行政处罚的基础性行政决定，而行政处罚、行政强制执行是行政命令的保障性措施。以上关系可在图中得到清晰展示。由图 2-1 可知，基础性行政决定、行政处罚与行政强制并非必然出现在所有的行政违法处理体系中。基础性行政决定和行政处罚的关系主要有两种：一是在采取行政强制措施的同时作出命令，在此基础上可能作出行政处罚决定；二是无行政强制措施直接作出命令，之后有可能作出行政处罚决定。两种情况下，行政命令始终处于行政处罚的前端。

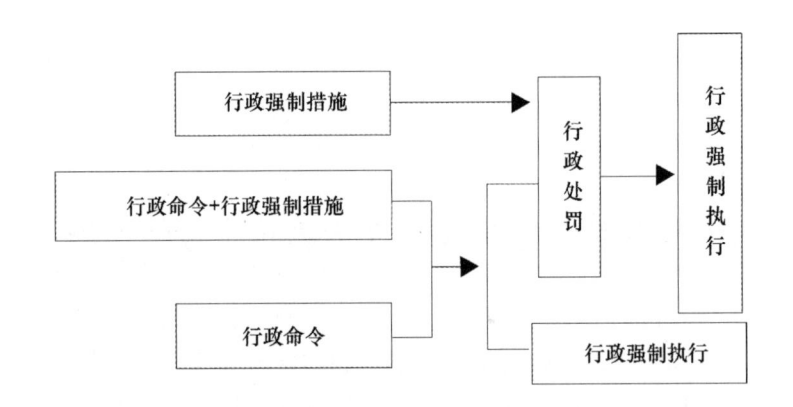

图 2-1 基础性行政决定、行政处罚和行政强制的关系①

① 参见徐肖东《基础行政决定上的升级行政处罚制度构建：以〈行政处罚法〉的修改为契机》，《浙江学刊》2020 年第 4 期。

生态环境修复行政命令的目标直指受损生态环境系统（本质是生态环境公共利益的减损）的填补，是将生态环境修复法律责任这一公法义务规范在特定生态环境损害事件中具体化为特定责任人的义务。生态环境修复行政命令的目的是实现生态环境修复法律责任，是对责任人所破坏行政法秩序（具体载体是生态环境公共利益损害）的恢复，不具有惩戒性，因此生态环境修复行政命令在法律属性上应属于基础性行政决定。根据基础性决定和保障性决定的关系，生态环境修复行政命令制度虽然具有独立性，但其实际上无法单独发挥作用，其效力最终能否有效发挥，离不开行政处罚、行政强制等保障性行政决定的加持。以《土壤污染防治法》为例，该法第 45 条规定了土壤污染责任人的修复义务，第 46 条明确了实施或者组织土壤污染状况调查、修复、修复效果评估以及后期可持续性监管等费用均由土壤污染责任人承担。但该法并未明确第 45 条所规定土壤修复义务的实现机制。根据该法第 94 条规定，我们似乎可以推知，该法规定了行政机关在责任人未按照规定实施修复时可以综合运用行政命令、行政处罚和行政强制加以矫正的权力。① 事实上，对于违法行为造成的生态环境损害，仅通过行政命令要求相对人修复受损生态环境并未对相对人施加惩戒，为确保命令的约束力，有必要同时施加行政处罚。总之，生态环境修复行政命令侧重于"补救"而非"惩戒"的功能特征决定了其实施离不开行政处罚等具有强制性的保障性行政决定。

尽管生态环境修复行政命令具有补救实际生态环境损害的功能，但有不少学者亦指出其补救功能存在边界或者限度，认为"行政命令制度仅能发挥修复受损生态环境的作用，无法涵盖生态环境服务期间功能损失和永久性生态环境服务功能损害的救济"②。笔者认为，这是对行政命令制度的误解。理论上，行政命令不仅能够"通过强制性命令的方式迫使相对人履行修复受损生态环境的行为义务"，也可以"通过强制性命令的方式迫使相对人履行给付生态环境损害赔偿的金钱给付义务"。后者与传统行政法体系中的"责令赔偿损失"相似，但二者之间亦有区别，实质差异在于"责令赔偿损失"的适用前提是私人利益损失，而非公共利益损失，其法

---

① 参见张宝《我国环境公益保护机制的分化与整合》，《湖南师范大学社会科学学报》2021 年第 2 期。

② 参见徐以祥《论生态环境损害的行政命令救济》，《政治与法律》2019 年第 9 期；张宝《生态环境损害政府索赔制度的性质与定位》，《现代法学》2020 年第 2 期。

律属性是公权力对私人利益纠纷的介入。随着立法者逐渐就民事法律关系主体之间发生的侵权损害赔偿建立了实体上和程序上均较为完善的法律救济体系，在客观上已不具备公权力介入的外部环境和内在需求。① 事实上，公权力以责令赔偿方式介入私主体之间的民事侵权损害赔偿也缺乏正当性基础。② 这一点可以从目前法律法规修订过程正在逐渐取消对行政机关"责令赔偿损失"的法律授权中得到印证。然而，在生态环境修复行政命令程序中规定"责令相对人支付生态环境损害赔偿金"并无不可。这是因为，理论上看，"责令相对人支付生态环境损害赔偿金"的性质属于对公共利益损失的救济，行政机关无须忧虑公权介入私人纠纷的困扰。不过，须思考和研究的是，相较于行政磋商、司法机制，行政机关利用行政命令来寻求生态环境服务期间功能损失和永久性生态环境服务功能损害的救济，在效率和公平层面是否更加具有制度优势。

三　生态环境修复行政命令的法律公共实施困境

"现今各国大多通过行政法之生态环境管制与生态环境计划等方式作为生态环境保护之主要手段。"③ 由政府职能和生态环境保护的性质所决定，中国政府在生态环境保护中亦始终如一居于主导地位，④ 其主要依赖行政执法机制实现生态环境保护目标。行政命令是最典型的行政执法机制之一，在生态环境修复责任追究领域理应发挥作用。这不仅是因为行政命令的补救性功能与生态环境修复救济生态环境公益损害的目标兼容，行政命令的行政职责属性与政府作为生态环境公共利益代表人的身份契合，还因为生态环境修复行政命令制度的确具有制度优势。具言之，作为基础性行政决定的生态环境修复行政命令具有先定力和强制力效果——决定一经作出即发生法律效力，具有很强的"决策效率"优势，有助于快速确定生态环境修复义务，筹集生态环境修复资金，使受损生态环境尽快得到修复，避免因谈判或诉讼的周期漫长而出现延误。然而，行政命令并未脱离

---

① 除少数法律仍有例外规定，对于私人利益纠纷，公权力目前只能调解，不能直接做出责令赔偿损失决定。
② 参见胡晓军《行政命令研究：从行政行为形态的视角》，法律出版社2017年版，第114页。
③ 陈慈阳：《环境法总论》，中国政法大学出版社2003年版，第52页。
④ 参见夏光《论环境保护的国家意志》，《环境保护》2007年第6期。

行政权属性，其仍属于法律的公共实施范畴，因此无法脱离执法失灵问题的困扰。

法律实施的法学模式是一种"理想类型"，但在现实的执法过程中，法律实施的社会学模式才是其实际运行状况。所谓法律实施的社会学模式，是指把特定案件置于社会空间中进行分析，法律规定仅仅是影响执法过程的一个因素，除此之外，法律的执行过程还会受到执法力量、执法环境等多种因素的影响。[1] 因此，法律实施并非法律规范逻辑的自然推演，其与执法的经验、意愿和能力密切相关；执法者的自由裁量、当事人之间的交易对执法过程亦会构成影响。一般而言，执法人员不仅受到公共意志（公共利益）的拘束，其还会受到执法人员的自身利益、行政机关的部门利益等的影响。现实中，作为公共利益代表者的行政机关经常偏离社会公共利益目标而寻求自身的非正当利益，进而与公共利益发生冲突。[2] 行政机关的利益会因为部门分立沦为冲突更为激烈的部门利益，直接影响法律公共实施的效果。由于生态环境修复行政命令制度是典型的法律公共实施机制，其依托行政机关在生态环境修复义务履行过程中发挥主导性作用。由此，法律公共实施过程中的执法失灵问题亦是生态环境修复行政命令制度有效运行的障碍。

生态环境修复行政命令制度实施过程中可能存在的法律公共实施失灵现象主要包括两类：一是行政机关不作为，即行政机关针对特定生态环境损害事件应当启动行政命令而没有启动；二是行政机关违法，即行政机关在实施生态环境修复行政命令的过程中存在违法情形。比如，行政机关未按照法定程序或基本正当程序原则的要求实施生态环境修复行政命令，进而导致相对人的程序权利受损；在实施过程中对生态环境公共利益处置不当——追究的责任不足以填补损害。由此可见，作为生态环境公共利益代表者的行政机关处于公共利益、自身利益以及相对人的私人利益的天平之上，若缺乏可靠的安全装置，很有可能会偏向一方、引发权益失衡。

对于行政机关侵犯相对人权益的情形，可以通过更为健全的行政命令程序规范以及更完善的行政复议和行政诉讼制度来加以保障。对于行政机关威胁生态环境公共利益的情形，可能的药方有两种：一是直接对行政机关施加"约束"，即确立行政公益诉讼。二是直接引入私人实施替代行政

---

[1] 参见朱景文《跨越国境的思考：法理学讲演录》，北京大学出版社2006年版，第39—42页。
[2] 参见张方华《回归国家治理的公共性：我国公共利益和政府利益的关系研究》，南京师范大学出版社2019年版，第111页。

机关主导的公共实施。所谓法律的私人实施实际上是引入社会公众作为法律实施的主体，因其并不享有行政权，故只能利用司法机制来实现生态环境修复责任目标。中国目前正在不断完善的环境民事公益诉讼实际上就是引入社会公众（以及检察机关）来追究生态环境修复责任。由此，立法者采纳何种方案来应对生态环境修复行政命令在生态环境公共利益维度的失灵呢？正确的答案可能是双管齐下。不仅生态环境修复行政命令的实施应被置于行政公益诉讼框架下接受制约，立法者还应在行政机关和公众之间建立合作渠道，确保生态环境修复行政命令制度和多元生态环境修复制度（尤其是司法修复制度）保持协同，构筑生态环境公共利益多重维护机制。

此外，在公共实施问题上，通过生态环境修复行政命令制度追究生态环境修复责任还可能面临一种制度局限——行政执法的地域管辖规则不利于生态环境修复行政命令制度的实施。有学者以"山东济南章丘区6企业非法倾倒危险废物 生态环境损害赔偿案"为例主张，针对该案中涉及的两家外省企业的责任追究问题，相较于行政执法，生态环境损害赔偿诉讼更能规避管辖权难题，因为作为原告的原山东省环境保护厅可以依法在"被告所在地"提起诉讼。① 笔者对这种观点存疑。尽管在传统行政执法的框架中，基于"行政机关独占行使管辖权原则"而确立的"违法行为发生地"一直位居中心规则的位置，这一点可以从早期立法人士对该规则的狭义解释观点中得到印证——倾向于将其解释为一种唯一管辖权（违法行为发生地仅指违法行为实施地，而不包括其他地方，特别是违法行为经过地不应属于违法行为发生地之列）。② 但是，这种观点不仅与该法第20条授权法律、法规作出特殊规定不符，③ 在实践中也并未获得支持。事实上，实践中一些特殊的违法行为（比如，网络违法、环境违法）对传统社会关系构成了冲击与改造，这些违法行为并非单线的，在"准备地""着手地""结果地"上，可能呈现出多地并发情况。由此，传统的行政有界思维迫切需要调整。比如，在行政诉讼中，有法院认为，违法行为发生地包括"着手地、经过地，实施地、危害后果发生地"，而不仅仅是唯一的。

---

① 参见曹明德《〈民法典〉生态环境损害赔偿条款法理辨析》，《法律科学》（西北政法大学学报）2022年第1期。
② 参见熊樟林《行政处罚地域管辖权的设定规则：〈行政处罚法（修订草案）〉第21条评介》，《中国法律评论》2020年第5期。
③ 2021年《行政处罚法》第21条在维持原《行政处罚法》第20条现行规则不变前提下，增加了"部门规章"也可另设行政处罚地域管辖的特殊规则。

《公安机关办理行政案件程序规定》（2018年修正）更是对"违法行为发生地"做了几乎没有边际的解释。由此，笔者认为，对于违法企业非属本行政区域的情形，违法结果发生地的行政机关从法理和法律层面均有权管辖，只不过在最终执行层面可能会面临异地配合问题。但对于司法修复制度而言，法院在异地执行判决时也无法避免异地配合的难题。

四　生态环境修复行政命令程序的开放灵活性

行政命令是行政权的典型运行方式之一，会实际影响相对人的权益，理应在程序法治的轨道中运行。因此，域外各国普遍将行政命令纳入行政程序法的调整范围。比如，日本《行政程序法》第15条第1款规定，在不利处分中，行政厅必须事先告知相对人准备对其实施的处分之内容、处分所根据之法令、成为处分原因的事实等。此法还参照不利处分的严重程度，将程序区分为听证和辨明两种。听证程序主要适用于不利程度高的严重处分。辨明程序更简便，但说明理由、处分告知等对于听证和辨明程序都适用。① 美国针对非正式程序裁决在其《联邦行政程序法》第555节（e）款中明确规定，"利害关系人在任何行政程序中所提出的申请、请求或其他书面的要求，遭到全部或者部分拒绝时，必须给予迅速的通知，除非是维持原先已经做出的拒绝，或者拒绝的理由是不言而喻的以外，在发出的通知中必须同时简单地说明理由"。学界一般认为，该条普遍适用于所有的行政决定，包括针对相对人作出的行政命令。总体上看，域外有关行政命令实施程序的法制经验表明，行政命令的实施程序相较于行政处罚而言更简便，一般只需满足最基本的程序性要求即可。这是因为，相较于行政处罚而言，行政命令是一种相对更柔性的行政管理工具，其致力于法秩序恢复的效率导向决定了其实施程序应当具有一定程度的开放性和灵活性，任何过度的事前、事中的程序控制都会影响其行政效率的发挥。②

---

① 日本的不利处分与中国行政命令高度契合。日本不利处分是指行政厅基于法令，以特定人为名义，直接地科处义务或者限制其权利的处分。作为科处义务的处分的例子包括物件除却命令、设施改善命令。
② 参见胡静《我国环境行政命令实施的困境及出路》，《华中科技大学学报》（社会科学版）2021年第1期。

事实上，行政命令一定程度上的开放灵活性特征为其兼容协商行政提供了可能性，使相对人有进行利益判断和行为选择的机会，促进行政民主。具言之，行政命令的具体内容可在不违反强制性规定前提下由行政机关与相对人协商确定，行政机关对此有很大的裁量空间。在生态环境修复行政命令领域，这种程序灵活性特征十分明显。比如，欧盟生态环境修复行政命令制度和美国的反应行动修复制度均在修复方案制定过程中赋予相对人优先表达意见（对方案编制、实施的建议）的权利，以及和解程序。但"灵活"和"完全没有"之间的灰色地带很难界定。若欠缺明确的控制规则，灵活的实施程序易滑向"完全没有程序"的境地。

与域外法制经验相比，行政命令目前在中国行政行为体系中尚未演化为一种型式化的行政行为，仍欠缺正式的程序法规范安排，导致其适法性控制严重不足。此种程序法层面的不确定性不仅使得行政机关在有其他选择时不愿意启用行政命令，也可能导致行政机关在实践中采用不同的适用程序，引发混乱。前文已经论及，以行政处罚作为生态环境修复责任的追究机制不仅与行政处罚自身的制裁性属性相悖，也无法发挥行政命令具有的教育引导功能优势，甚至加剧当前行政命令和行政处罚混淆适用的困境。若仅仅因为现阶段程序规则不足就直接否认确立生态环境修复行政命令制度的必要性，直接借道"行政处罚"或"行政强制"来实施生态环境修复，难免因噎废食。从长远来看，更妥当的做法是通过法制化实现生态环境修复行政命令或者更广泛意义上的行政命令的型式化发展。

行政命令的程序灵活性应位于法律的限制范围之内，在规范化的程序轨道中运行，受到适法性的控制，这样才符合依法行政原则、正当法律程序法律原则的要求。长期以来，正是行政命令相关程序规范的不健全，才在一定程度上导致了现有环境法律中既有生态环境修复行政命令规则未能在生态环境修复责任追究领域展现出应有的制度生命力。由此，为了体现法律规范的严肃性、权威性和可行性，有必要在程序法层面建构一套具有可操作性的生态环境修复行政命令程序规范。诚然，旨在约束生态环境修复行政命令的程序规范不应一味强调控权，抹杀了灵活性的优势，而应在开放灵活性与适法性控制之间取得妥当的平衡。

本章小节

中国立法者先后确立了环境民事公益诉讼制度（可由环保组织和检察机关启动）以及由行政机关启动的生态环境损害赔偿诉讼制度。但所有这些制度设计的思路均是利用司法诉讼机制来实现生态环境修复责任目标。当人们沉浸在通过司法机制实现生态环境修复目标的狂欢与喜悦之中，我们不可忽略行政机制——传统行政执法机制，在生态环境损害救济方面的特有功能和优先地位。本章虽未直接论证生态环境修复行政命令作为一种执法机制在生态环境修复责任追究领域的可欲性与可行性问题，但以此为目标，研究了一些基础问题，为后文奠定了论证基础。通过研究，本章得出如下结论：其一，行政命令是一种独立于行政处罚、行政强制的基础性行政决定，其中心价值是"通过强制性命令要求相对人履行行政法上的义务"，并且其实施离不开行政处罚和行政强制等制度的保障作用。其二，生态环境行政命令主要包括两种基本类型，即"纠正违法行为""消除危害后果"，生态环境修复行政命令是典型的消除危害后果类行政命令，具体包括应急性修复行政命令和修复性修复行政命令两种。其三，生态环境修复行政命令的法律属性应从不同角度进行观察。从相对人的角度来看，生态环境修复行政命令是负担性行政命令行为，并且是一种基础性行政决定行为；从行政机关的角度来看，生态环境修复行政命令是行政机关主动履行自身生态环境监管职责的行为。其四，生态环境修复行政命令是行政命令制度工具在生态环境修复领域的适用，因此其运行过程应当遵循行政命令制度的一般运行原理，并契合生态环境修复过程具有的科技专业性、民主性、多阶段性和动态性特征。其五，尽管行政命令制度在生态环境修复责任追究领域能够发挥作用，但其亦面临制度局限，包括单方行政决定的过程封闭性特征、不具有惩戒性功能、公共实施失灵困境，以及实施程序在开放灵活性和适应性控制之间的平衡难题。

第三章　生态环境修复行政命令的规范考察与实践探索

由于行政命令制度的"中心价值"与生态环境修复责任侧重于补救生态环境损害的目标之间具有兼容性，生态环境行政命令制度可以被用来追究生态环境修复责任。从理论上看，生态环境修复行政命令是适用于生态环境修复责任追究领域的一类生态环境行政命令，其定义是"行政机关通过强制性命令的方式要求相对人履行修复受损生态环境义务的行政决定"。这种学理上的法概念在法律实践中是否得到了确认以及得到确立后的规范效果如何，都依赖对生态环境修复行政命令进行细致的规范考察。既有生态环境法律法规中充斥着大量的行政命令规范，有些规范甚至直接采用了"恢复""治理"等与生态环境修复具有牵连性的术语，《土壤污染防治法》《森林法》甚至直接使用了"修复"概念。由此，这些法律规范是否就是生态环境修复行政命令？如果不是，其与生态环境修复行政命令之间有哪些区别？实践中，行政机关在维护生态环境公共利益方面是否有利用行政命令实施生态环境修复的零星尝试？为了回答这些问题，我们有必要对"书本上"和"行动中"的生态环境行政命令进行规范考察和实践分析。此外，法律同质化时代的来临，一国法律无法与世界潮流隔离，法的国际化和本土化相互交织，关注本国法律实践不宜脱离考察域外法制经验。由此，本章在考察中国法之外，还从大陆法系和英美法系中分别选择德国、法国和英国、美国作为样本。

第一节　中国生态环境修复行政命令的规范考察与实践探索

在中国生态环境修复的制度实践中，目前立法者采取的制度设计思路是"行政磋商+司法机制"①。其中,行政磋商是指行政机关(具体包括省级、地市级政府及其指定的部门或机构,以及受委托代行自然资源国家所有权的部门)与责任人通过磋商谈判达成生态环境修复义务的履行协议,而司法机制主要包括三种类型:一是检察机关提起的环境民事公益诉讼,二是环保组织启动的环境民事公益诉讼,三是行政机关在磋商不成时对责任人提起的生态环境损害赔偿诉讼。相较于传统行政执法机制(行政命令)而言,行政磋商和司法机制分别是"协商行政"理念和法律私人实施理念的贯彻与落实,属于立法者创设的全新制度选择。可以说,在当前中国生态环境修复法律制度体系中,生态环境修复行政命令制度相对缺位。然而,对此承担说服论证责任的理论界和实务界不仅始终未能充分说明"弃用传统行政执法机制而转用磋商或者司法机制"的正当性,甚至习惯于将传统行政执法机制(包括行政命令和行政处罚)存在制度缺陷、无法实现生态环境修复责任目标作为选择"行政磋商+司法机制"的合理化理由。由此,我们似乎可以隐约感受到立法者放弃传统行政机制并转道磋商和司法机制是为了填补法律漏洞。② 具言之,确立环境民事公益诉讼制度是为了弥补行政机关在生态环境损害救济领域的缺位,确立生态环境损害赔偿制度则旨在直接弥补行政机关的制度手段不足。总之,传统行政执法机制无法救济生态环境损害促使立法者选择了"行政磋商+司法机制"。但这种做法可能违反"如无必要,不增加新制度"的法律基本原理,③ 前述法律漏洞是否成立也有待于对法律规范进行考察。

一 中国生态环境修复行政命令的规范考察

根据适用阶段和具体修复目标的不同,生态环境修复行政命令可以二分为应急性命令和修复性命令。但这种划分目前仅停留在学理层面,实践中各种生态环境行政命令规范形式(即责令行为形式)究竟属于应急性命令还是修复性命令须细致分析。同时,应急性命令和修复性命令两者概念

---

① 此处磋商主要指的是生态环境损害赔偿磋商,目前对其性质的认知尚未统一,主要有四种学说,即行政事实行为说、私法协议解释论、双阶解释论和协商行政解释论。笔者赞成"行政磋商说",后文作进一步说明。
② 参见张宝《生态环境损害政府索赔制度的性质与定位》,《现代法学》2020年第3期。
③ 参见王明远《论我国环境公益诉讼的发展方向:基于行政权与司法权关系理论的分析》,《中国法学》2016年第1期。

语义不明、交织重叠导致学界多有混淆。目前学界普遍将"责令恢复原状""责令（限期）改正""责令（限期）治理"等责令性行为规范作为生态环境修复行政命令。① 但这种将既有法律表达方式直接定性为生态环境修复行政命令的做法是否正确，是否有过度解释嫌疑，须从法律解释学角度进行考察。在解读属性之前，有必要梳理和总结中国现行生态环境法律法规中与修复具有关联性的生态环境行政命令的规范表述。

（一）污染防治法律体系中的生态环境修复行政命令规范

根据表3-1可知，在污染防治法律体系中，明确且系统性提及修复的立法是2018年生效的《土壤污染防治法》。该法针对造成土壤污染的行政相对人（或者土地使用权人）设定了土壤修复责任，并且该责任规则具有公法特征。相对人承担的法律责任系统规定在第四章中，该章针对相对人采取预防措施、风险管控措施以及修复措施等法律责任做出了详细规定。但该法并未规定行政机关要求行政相对人承担法律责任的具体规范形式，是采用行政处罚还是行政命令。该法第94条针对行政相对人未实施风险管控措施、未实施修复或者风险管控、修复活动完成后未进行效果评估的行为设定了"责令（限期）改正+行政代履行"的规则。有学者据此推知，该法规定了行政机关在责任人未按照规定实施修复时可以综合运用行政命令、行政处罚和行政强制加以矫正的权力。② 除《土壤污染防治法》以外，其他污染防治单行法文本中有关行政相对人义务或者责任的法律规范并未明确使用修复或者类似的恢复、整治等概念，但均提到了"强制采取避免或者减少污染损害的措施""（限期）采取治理措施，消除污染""代为治理""责令（限期）改正""责令（限期）改正和采取补救措施""责令恢复原状"等。这些责令行为规范形式能否经由法律解释为生态环境修复行政命令？下文详述之。

其一，"责令恢复原状"。该责令行为形式在立法中主要体现为两处。一是《环境保护法》第61条，二是《海洋环境保护法》第101条和第102条。两处条款的适用前提一致，均是"适用于未依法环评擅自开工之建设项目的恢复原状"。由此，该规定的适用范围十分有限，且恢复原状

---

① 参见李挚萍《行政命令型生态环境修复机制研究》，《法学评论》2020年第3期；徐以祥《论生态环境损害的行政命令救济》，《政治与法律》2019年第9期。
② 参见张宝《我国环境公益保护机制的分化与整合》，《湖南师范大学社会科学学报》2021年第2期。

本身指向也语焉不详（是建设项目对生态环境的影响还是违法建筑物？）。事实上，恢复原状决定属于行政机关的裁量权，导致相应目标确定标准不明。

表3-1　　污染防治法律体系中的补救性生态环境行政命令汇总

规范表达	法律依据
责令恢复原状	《环境保护法》（2014年修正）第61条； 《海洋环境保护法》（2023年修订）第101条、第102条。其中，第102条采用的规范表述是"责令限期拆除并恢复原状"
责令（限期）治理	《水污染防治法》（2017年修正）第86、88、90、94条，除第88条以外，其余条款均采用"责令限期采取治理措施，消除污染"的规范表述； 《噪声污染防治法》（2018年修正）第17条； 《固体废物污染环境防治法》（2020年修订）第118条第1款
责令（限期）改正	《土壤污染防治法》（2018年制定）第94条； 《固体废物污染环境防治法》（2020年修订）第107条、第108条第2款、第112条、第113条； 《海洋环境保护法》（2023年修订）第93条、第94条、第95条、第96条、第97条、第98条、第99条、第101条、第103条、第105条、第106条、第107条、第108条、第109条、第110条、第111条、第112条、第113条。其中，第96条采用"责令改正、采取补救措施"的规范表述
责令消除污染	《固体废物污染环境防治法》（2020年修订）第117条； 《海洋环境保护法》（2023年修订）第104条，该条采用的规范表述是"责令消除危害"； 《水污染防治法》（2017年修正）第85条
强制采取避免或者减少污染损害的措施	《海洋环境保护法》（2023年修订）第90条，该条属于行政命令还是行政强制，存在争议

其二，"责令（限期）治理""责令（限期）改正"，这两类责令行为形式是污染防治单行法中普遍设定的规范形式。按照《生态环境行政处罚办法》第9条，责令（限期）改正或治理是责令改正的一种样态。在笔者看来，二者只能定性为应急性命令，均不宜定性为修复性命令，其中，"责令（限期）治理"一般仅指向采取治理措施、消除污染，是应急性命令；而"责令（限期）改正"一般指向违法行为，属于矫正违

法行为类行政命令。① 李挚萍对此持反对意见，她认为"责令（限期）治理"无法涵盖生态环境修复，而"责令（限期）改正"既可以指向纠正违法行为，也可以指向"危害后果"，故对于特定规范形式的规范内容能否涵盖"危害后果"需要具体问题具体分析，其援引《固体废物污染环境防治法》第71条为例，② 认为该条中的"限期改正"可以指向生态环境危害后果。③ 笔者并不认同，理由如下所示。

一方面，"责令（限期）治理"中的"治理"一词具有特定的规范内涵，不宜与生态环境修复等同。在中国环境法律体系中，立法者采用了很多与生态环境修复具有一定牵连性的法律用语，如治理、整治、清理、消除、综合治理、复垦等。这些术语无法直接替换生态环境修复。尽管生态环境修复和生态环境治理在适用对象（补救生态环境损害）、实施手段（需要人的作为）以及根本目的（实现人与环境的和谐相处、可持续发展）等方面具有一致性，但二者之间亦存在本质区别。第一，评价标准不一致，生态环境修复以被破坏的生态环境的生态结构和基本生态功能是否得到恢复为标准；而生态环境治理的目的则是通过环境治理、改善生态环境质量满足人类主体对生态环境的需要。换言之，治理并不必然以生态环境的修复为导向。第二，生态环境修复需要兼顾自然的修复，而生态环境治理一般不考虑生态环境的自然演替能力。④ 在实践中，治理主要集中于设施的改进、污染的消除。行政机关在作出"责令（限期）治理"通知时，普遍侧重于要求相对人整改污染行为，对所致污染仅要求消除即可。⑤

另一方面，"责令（限期）改正"也不宜解释为修复性行政命令。原因在于，首先，即使"责令（限期）改正"可以扩展至"后果"，在生态环境修复责任实体公法规范（生态环境修复被确立为一项行政法义务）尚

---

① 参见胡静《我国环境行政命令实施的困境及出路》，《华中科技大学学报》（社会科学版）2021年第1期。
② 《固体废物污染环境防治法》（2020年修订）第71条："从事畜禽规模养殖未按照国家有关规定收集、贮存、处置畜禽粪便，造成环境污染的，由县级以上地方人民政府环境保护行政主管部门责令限期改正，可以处五万元以下的罚款。"
③ 参见李挚萍《行政命令型生态环境修复机制研究》，《法学评论》2020年第3期。
④ 参见王江《生态环境修复法治研究》，中国社会科学出版社2019年版，第54—55页。
⑤ 例如，《南平市建阳区环境保护局关于责令南平市建阳区源泉养殖场限期治理环境问题的通知》（潭环保〔2017〕限改1号）。

未确立的情况下，其也仅限于"消除污染结果"，无法涵盖生态环境修复。此时，"责令改正""责令限期改正"均属于应急性命令。《固体废物污染环境防治法》第71条规定责令限期改正的适用对象是"环境污染"，对污染的改正能否直接涵盖生态环境修复，具有解释上的不确定性。其次，将"责令（限期）治理""责令（限期）改正"解释为生态环境修复行政命令属于扩张解释，并不符合实定法规定。在欠缺实体性生态环境修复责任公法规范的背景下，行政机关可否直接扩张解释"责令（限期）改正"程序法规范的适用范围存在正当性疑问。事实上，《生态环境行政处罚办法》第9条明确将"责令改正或者限期改正"限定为纠正"违法行为"。《土壤污染防治法》第94条甚至将"责令（限期）改正"作为对"不履行行政机关要求的实施土壤污染风险管控和修复的义务"的纠正。在实践中，"责令（限期）改正"前尚难界定为修复性命令，中国行政法实践也印证了此观点。有部分地方性法规将"责令（限期）改正"的适用前提确定为"行政机关发现违法排污行为"；① 行政机关在向相对人作出"责令（限期）改正"通知时，普遍侧重于要求相对人整改污染行为，对造成的污染仅要求消除即可。②

其三，"强制采取避免或者减少污染损害的措施"。《海洋环境保护法》第90条第1款和第2款分别规定了"有权强制采取避免或者减少污染损害的措施"和"有权采取与实际的或者可能发生的损害相称的必要措施"。从法律属性来看，前述规定既可能体现为行政强制措施，也可能属于行政命令。然而，即使将其定性为行政命令，受限于文义解释的桎梏，本条规定的措施仅指向"避免或者减少污染损害"，无法涵盖"修复受损的生态环境"。

（二）自然生态法律体系中的生态环境修复行政命令规范

目前中国自然资源法律体系中有关行政相对人的生态环境行政命令规范均未直接采纳"修复"的表述方式。从表3-2中总结的规范表述来看，具体涉及的责令性行为规范形式大体上包括以下几类。

---

① 例如，《重庆市环境行政处罚裁量基准（试行）》第10条规定："环境行政处罚实施机关发现违法排污行为后，应当依法作出责令环境违法行为当事人立即改正或者限期改正的行政命令。"
② 例如，《扶绥县环境保护局责令限期改正通知书（广西扶绥瑞华建材有限公司）》（扶限改字〔2019〕1号）；《孝感市环境保护局责令改正违法行为决定书》（孝环责改字〔2018〕166号）。

表3-2　自然生态法律体系中的补救性生态环境行政命令汇总

规范表达	法律依据
"责令（限期）治理"类表述	《土地管理法》（2020年修正）第75条，"责令限期改正或者治理"；第76条，"责令限期改正"； 《草原法》（2013年修正）第46条； 《水土保持法》（2010年修订）第56条，"责令限期治理"； 《防沙治沙法》（2018年修正）第39条，"责令限期治理"； 《自然保护区条例》（2017年修订）第32条第2款，"已造成损害的，应当限期治理"； 《土地复垦条例》（2011年制定）第40条，"责令限期采取治理措施，消除污染"
"责令（限期）改正"类表述	《矿山地质环境保护规定》（2019年修正）第29条，"……探矿权人未采取治理恢复措施的，由县级以上自然资源主管部门责令限期改正；逾期不改正的……" 《土地复垦条例》（2011年制定）第39条，"土地复垦义务人未按照规定对拟损毁的耕地、林地、牧草地进行表土剥离，由县级以上国土资源主管部门责令限期改正；逾期不改正的……"
"补救措施"类表述	《水法》（2016年修正）第31条，"承担治理责任""应当采取补救措施"； 《渔业法》（2013年修正）第32条； 《农业法》（2012年修正）第66条，"采取措施，督促有关单位治理"； 《水土保持法》（2010年修订）第49条，"责令采取退耕、恢复植被等补救措施"；第52条第1款，"责令采取补救措施"； 《自然保护区条例》（2017年修订）第35条
"恢复（原状）"类表述	《土地管理法》（2020年修正）第74条、第77条； 《水法》（2016年修正）第65条、第67条； 《海域使用管理法》（2002年生效）第42条； 《草原法》（2013年修正）第40条、第66条、第68条、第69条、第70条、第71条； 《森林法》（2020年修正）第73条、第74条、第76条，"责令限期恢复植被和林业生产条件""限期在原地或者异地补种毁坏株数一倍以上三倍以下的树木"； 《自然保护区条例》（2017年修订）第35条； 《风景名胜区条例》（2016年修订）第41条、第43条、第44条、第45条； 《陆生野生动物保护实施条例》（2016年修订）第35条
责令限期履行……义务	《矿山地质环境保护规定》（2019年修正）第18条，"责令采矿权人限期履行矿山地质环境保护与土地复垦义务"

续表

规范表达	法律依据
混合类表述	《水土保持法》(2010年修订)第52条,"责令限期改正,采取补救措施"; 《自然保护区条例》(2017年修订)第32条第1款,"应当限期治理;造成损害的,必须采取补救措施"; 《矿山地质环境保护规定》(2019年修正)第30条,"责令停止违法行为,限期恢复原状或者采取补救措施"

首先,"责令(限期)治理"类行为。一般而言,生态环境治理和生态环境修复虽密切相关,但二者侧重点不同,生态环境治理往往指向"三废(废气、废水、废渣)"的治理,强调对企业所排放的污染物质和排放设施的治理。而生态环境修复强调的是对生态环境系统结构和功能的恢复或者改良。污染治理管的是污染应对的中间环节,生态环境修复管的是污染应对的末端环节。[①] 由此,除非行政机关在执法实践中对"治理"概念进行了扩张解释,否则仅从文义解释角度考虑,我们只能得出结论,"责令(限期)治理"类行为无法直接指向受损生态环境的修复。以《土地复垦条例》第40条为例,该条将"采取治理措施"和"消除污染"合并规定,其意即是强调相对人采取的是"消除污染的治理措施"。

其次,"责令(限期)改正"类行为。在自然生态法律体系中,"责令改正"的适用范围较窄,目前仅《矿山地质环境保护规定》第29条和《土地复垦条例》第39条有明文规定。仔细观察条文可知,限期改正的适用前提是相对人未履行特定公法义务——"未采取治理恢复措施""未按照规定对拟损毁的耕地、林地、牧草地进行表土剥离"。因此,"责令(限期)改正"类行为可以发挥修复受损生态环境的功能,其能在一定程度上契合生态环境修复行政命令概念的定义。

最后,"补救措施"类行为。广义的补救类措施包括"恢复(原状)"类表述。在文义解释上,"生态环境修复"完全可以理解为对受损生态环境的补救措施,但"补救措施"的内涵过于宽泛,并且其自身并未对如何补救提出具体要求,可操作性也不强。有时,补救措施甚

[①] 参见李挚萍《行政命令型生态环境修复机制研究》,《法学评论》2020年第3期。

至和受损生态环境修复的目标相反，例如，《渔业法》第32条中的"应当建造过鱼设施或者采取其他补救措施"，建造过鱼设施或者其他补救措施可能会造成新的生态环境损害。如此，只有当行政机关将"补救措施"限缩为生态环境修复，则"补救措施"可界定为生态环境修复行政命令。不同于污染防治法律体系中"恢复原状"适用范围的狭窄，"恢复原状"责令行为形式在自然资源或者自然灾害防治法律体系中的适用范围很广，主要有三种。一是和拆除违法建筑物相关联的"恢复原状"，比如《水法》第65条中的"责令停止违法行为，限期拆除违法建筑物、构筑物，恢复原状"和第67条中的"责令限期拆除、恢复原状"；《土地管理法》第74条和第77条中的"限期拆除在非法转让的土地上新建的建筑物和其他设施，恢复土地原状"。二是旨在恢复受破坏生态环境的"恢复原状"，比如《森林法》中的"恢复植被和林业生产条件"；《煤炭法》第25条中的"复垦式恢复"，即"复垦，恢复到可供利用的状态"；《草原法》中的"恢复植被"；《矿山地质环境保护规定》和《土地复垦条例》等规定的"复垦义务"。三是内涵具有可解释性的"恢复原状"，如《海域使用法》中的"恢复海域原状"，其内涵既可能指向拆除建筑物式的恢复，也可能指向造成海域生态环境破坏的恢复。笔者以为，第一类恢复原状的适用条件限定，无法界定为生态环境修复行政命令。第二类和第三类"恢复原状"至少在一定程度上是指生态环境修复意义上的"恢复原状"。生态环境修复与恢复原状不能等量齐观、相互替换。有学者指出，通常意义上的"恢复原状"只关注各项环境数据指标的恢复，因而只能使生态环境在表面上得到修复，并不能从根本上解决环境问题，生态系统的整体平衡往往不能维持持久。[①] 事实上，由于缺乏明确规则，即使指向生态环境修复，"恢复原状"也可能无法完全界定为本书所谓的生态环境修复行政命令。这是因为，这些"恢复原状"类行为形式要么侧重于单一的生态环境要素，并未严格强调生态系统恢复的概念，故难以恢复生态环境服务功能损失；[②] 要么形式单一或者义务要求不充分。这些缺陷同样存在于《矿山地质环境保护规定》和《土地复垦条例》等规定的"复垦

[①] 参见吴鹏《最高法院司法解释对生态修复制度的误解与矫正》，《中国地质大学学报》（社会科学版）2015年第4期。

[②] 参见张宝《生态环境损害政府索赔制度的性质与定位》，《现代法学》2020年第2期。

义务"，以及《森林法》中的"责令补种树木"等责令行为法律规范之中。① 对于自然生态法律体系中的混合类表述的规定，其是否指向生态环境修复，须具体分析。

综上所述，在自然生态类法律体系中，如果行政机关采用"扩张解释"或者"限缩解释"的法律漏洞填补方法，则"（限期）治理类"责令行为形式和"补救措施"类责令行为形式在理论上可能包含修复受损生态环境系统的规范内容，进而可以界定为生态环境修复行政命令。但如果行政机关不做扩张或者限缩解释，则仅"恢复原状"类责令行为方式可以界定为生态环境修复行政命令。然而，这些责令行为方式存在制度缺陷，由于缺乏明确的操作规则，导致它们在实践中的样态可能无法完全等同于本书所界定的生态环境修复行政命令概念。具言之，实践中的生态环境行政命令要么仅针对某一具体生态环境要素，要么形式单一或者义务要求不明确、不充分。例如，限期治理未对如何治理污染提出具体要求，可操作性不强；补种树木、限期恢复植被均被限于单一环境要素，并且多偏向于数量或经济效益的恢复，缺乏对生态环境系统服务功能的综合考虑。

二 中国生态环境修复行政命令的实践探索

根据前文对中国生态环境法律法规中生态环境修复行政命令规范的考察可知，"生态环境危害后果消除"类行政命令规范普遍存在于中国污染防治和自然生态相关法律法规之中。然而，仅自然资源类法律中的部分"责令恢复原状"属于修复性生态环境修复行政命令，不过其内涵目前可能还无法与本书所界定的生态环境修复等同。将"责令（限期）改正""责令（限期）治理""责令采取补救措施"等责令行为规范解释为修复性生态环境修复命令，不仅违背了文义解释规则，在实体生态环境修复法律责任法规则欠缺的背景下也面临过度解释的正当性质疑。实践中，即使行政机关有权扩展或者限缩解释，但因为缺乏明确的程序

---

① 目前补种树木未考虑树种的密度、苗木规格、等级等技术问题和蓄积量的填补，难以完全填补森林的生态系统服务功能，易导致实践中出现"占优补劣""重数量、轻数量"之类的打折执行，最后往往只能由国库买单治理。参见谭冰霖《环境行政处罚规制功能之补强》，《法学研究》2018年第4期。

规则，受限于"依法行政原则"，其也可能不会积极适用行政命令追究生态环境修复责任。不过，法律规范层面的"空白"或者"缺陷"是否意味着生态环境修复行政命令制度在实践中被完全摒弃？对此，我们须进行实证考察。本书采取"网络检索"+"政府信息公开申请"方式对生态环境修复行政命令展开实证调查。由于生态环境修复行政命令的属性具有双重属性——相对人角度的补救性行政命令以及行政机关角度的行政职责履行行为，对中国生态环境修复行政命令的实证考察也应分别从两个维度展开。其一，以相对人为中心，考察中国行政机关在执法实践中是否会利用行政命令方式要求相对人承担生态环境修复责任。其二，以行政机关为中心，考察相对人针对行政机关生态环境修复行政命令的异议，以及检察机关针对行政机关不积极使用生态环境修复行政命令发起的行政公益诉讼。

（一）行政执法实践中的生态环境修复行政命令

近年来，随着中国生态环境保护工作从"以污染防治为中心"逐渐转向"污染防治与生态环境修复并重"，①追究相对人生态环境修复责任成为环境法实施的重点，立法者搭建了"行政、司法并举，多元路径并存"的生态环境修复责任追究格局。在具体实践中，以环境民事公益诉讼、生态环境损害赔偿诉讼的司法机制和生态环境损害赔偿磋商新型行政执法机制发挥了关键作用。而行政命令这一传统行政执法机制并未吸引执法者的注意。即使是立法者配置了"行政命令"执法工具的《土壤污染防治法》也不例外，追究土壤修复责任仍主要依赖行政磋商和司法机制。然而，鉴于行政命令的灵活性，部分政府行政机关已开始重视行政命令在生态环境修复责任追究过程中的作用，参见表3-3。由表3-3可知，"生态环境修复行政命令"在中国地方行政机关执法实践中已经有零星尝试。从案件适用类型来看，案例11—13是关于矿山生态修复的行政命令，实质上是前文所述的矿区土地复垦；案例1、2、4、8和15是关于土壤污染修复的案例；案例3是治理沙漠的案例；案例5、9是关于水污染修复的案例；案例6、10、14和16是关于林业植被或者林木恢复的案例；而案例7是恢复土地原状的案例。

---

① 参见李挚萍《行政命令型生态环境修复机制研究》，《法学评论》2020年第3期。

第三章 生态环境修复行政命令的规范考察与实践探索

表3-3 中国行政执法实践中的生态环境修复行政命令案例梳理①

编号	责令内容	作出行政命令的决定载体	信息来源
1	2014年，吉林省松原市前郭县环保局向中石油吉林油田松原采气厂下达《行政处罚决定书》，并责令其限期改正违法行为，对所致生态环境污染进行生态修复	不确定	X
2	2015年，山东省寿光市环保局对广汇化工下达了《改正违法行为通知书》，责令该企业组织对污染场地实施土壤生态修复，并拆除偷排暗管，对危险废物进行规范化处置	《改正违法行为通知书》	X
3	2015年，甘肃省武威市凉州区环境保护局责令荣华工贸有限公司承担环境调查和损害评估等相关费用，按期完成被污染沙漠的治理和修复，并承担全部费用	《行政处罚决定书》中仅规定责令停止违法行为和罚款，未涉及责令修复内容	Z
4	2015年，辽宁省大连市环保局依法对大连鑫瑞化学品有限公司擅自倾倒危险废物的行为作出处罚20万元的决定，并责令其对废危进行清理和处置，并对渗漏土壤进行修复	不确定	X
5	2016年，浙江省宁波市鄞州区环保局对固特砼混凝土有限公司做出行政处罚时，责令其修复河道生态环境	不确定	X
6	2017年，四川省盐源县林业局于2017年2月24日作出了盐林罚责通字〔2017〕第01号《责令限期恢复原状通知书》，认定浦祥润占用林地实质性破坏面积11.72亩，依《森林法实施条例》第43条规定，责令原告立即停止非法占用林地行为，限于2017年3月30日前将擅自改变用途的林地恢复原状	《责令限期恢复原状通知书》（盐林罚责通字〔2017〕第01号）	C
7	2018年，江苏省原如皋市国土资源局作出皋国土资罚〔2018〕06060701号行政处罚决定书，认为峰安公司违反了《土地管理法》第43条规定，属于非法占地，责令退还非法占用的828.7平方米的土地，限期自行拆除土地上新建的建筑物及其他设施，恢复土地原状，并处罚款人民币17348.1元	《行政处罚决定书》（皋国土资罚〔2018〕06060701号）	C

① 案例信息来源渠道包括新闻检索、裁判文书网检索和政府信息公开申请，依次用X、C和Z表示。

续表

编号	责令内容	作出行政命令的决定载体	信息来源
8	2018年,河南省内黄县环境保护局向张某某发出内环责修〔2018〕02号责令修复污染环境通知书,责令被告修复被污染的土壤。被告未按要求妥善处置,内黄县环境保护局〔2018〕3号函要求河南内黄林场代处置	《责令修复污染环境通知书》(内环责修〔2018〕02号)	C
9	2018年,福建省仙游县环境保护局根据国务院《畜禽规模养殖污染防治条例》第39条规定作出《责令改正环境违法行为决定书》,责令停止使用并在2018年12月25日前完成以下行为:设施滤柜与沼气池连接管头存在泄漏现象立即修复,沼气池下游东面水泥硬化坑塘立即清理	《责令改正环境违法行为决定书》(仙环违改字〔2018〕44号)	Z
10	2018年,针对大唐新能源朔州风力发电有限公司的林业违法问题,山西省朔城区林业局于11月20日下达《责令限期恢复原状通知书》(朔区林罚责通字〔2018〕006号)、《林业行政处罚听证权利告知书》(朔区林罚听权告字〔2018〕006号)、《林业行政处罚决定书》(朔区林罚决字〔2018〕006号),责令其半年内恢复原状,并处128166元的处罚	《责令限期恢复原状通知书》(朔区林罚责通字〔2018〕006号)	X
11	2020年,湖南省新化县人民政府依《湖南省地质环境保护条例》第11条规定,责令新化县温塘镇兴隆煤矿等5家关闭煤矿限期完成地质环境修复	《关于责令新化县温塘镇兴隆煤矿等5家关闭煤矿限期完成地质环境修复的公告》	X
12	2020年,重庆市綦江区规划和自然资源局对綦江县红全建材厂发布《责令履行生态修复义务通知书(2020-04)》,要求其在规定期限内完成编制和实施《矿山生态修复规划设计方案》	《责令履行生态修复义务通知书(2020-04)》	X
13	2020年,重庆市渝北区国土资源管理分局责令重庆市天堡煤业有限公司根据《矿山地质环境保护规定》和《土地复垦条例》等相关规定立即履行复垦义务,并在接到本通知后5个工作日内书面函复是否自行实施治理复垦工作	《责令履行矿山地质环境治理恢复与土地复垦义务通知书》	X

续表

编号	责令内容	作出行政命令的决定载体	信息来源
14	2020年，福建省福鼎市林业局针对汪某擅自开垦林地尚未毁林的违法行为，作出鼎林罚决字〔2020〕第01025号《林业行政处罚决定书》：1.责令限期恢复原状按照《责令生态修复通知书》（鼎林罚责修字〔2020〕第01025号）执行；2.并处违法开垦林地每平方米1元的罚款，即1元/平方米×1275平方米＝1275元（限于收到处罚决定书之日起十五日内缴纳，到期不缴纳，每日按罚款数额的百分之三加处罚款）。因汪某未履行行政处罚第一项，于2020年10月9日又向汪某送达了鼎林公催字〔2020〕2号催告书，责令在十日内恢复原状，未果，为此，福鼎市林业局向法院申请强制执行修复费2292元。法院裁定执行	1.鼎林罚决字〔2020〕第01025号《林业行政处罚决定书》；2.《责令生态修复通知书》（鼎林罚责修字〔2020〕第01025号）	C、X
15	2021年，根据《水污染防治法》第83条规定，贵州省黔南州生态环境局龙里分局做出责令改正违法行为决定书，要求贵州湘福居装饰有限公司：立即停止利用渗坑排放水污染物的行为，并于2021年2月15日前采取治理措施，对排放的污染物进行无害化处置，消除污染，并对污染物排放范围内的土壤污染状况进行评估，如土壤受到污染，须依法修复治理污染土壤	《责令改正违法行为决定书》〔黔南环（龙）责改字〔2021〕1号〕	Z
16	2021年，江西省修水县自然资源局下发《责令停止违法行为通知书》（修自资责字〔2021〕56号），责令立即停止建设；修水县林业局下发《林业行政处罚决定书》罚款人民币壹万柒仟陆佰元整，并责令罗某某恢复原状	《林业行政处罚决定书》（修自资责停字〔2021〕56号）	X
17	2020年9月2日，辽宁省抚顺市生态环境局依据《土壤污染防治法》第94条规定，对辽宁维进环保科技有限公司作出顺环罚决字〔2020〕第010号行政处罚决定书：（1）立即停止违法行为，对因储油罐发生漏油突发事件造成的土壤污染进行评估与修复；（2）处以罚款肆万元整	《顺环罚决字〔2020〕第010号行政处罚决定书》	C

从行政命令制度的文书载体看，除案例1、3、4和5根据现有资料无法确定外，其他几个案例中行政机关采纳的文书载体形式可分为五类。

其一，在案例 2、9 和 15 中，行政机关将生态环境修复行政命令的规范内容置于《改正违法行为通知书》之中。其二，在案例 6 和案例 10 中，行政机关制定了专门《责令限期恢复原状通知书》，纳入了生态环境修复行政命令有关的内容。但《责令限期恢复原状通知书》（盐林罚责通字〔2017〕第 01 号）、《责令限期恢复原状通知书》（朔区林罚责通字〔2018〕006 号）均以"林罚责通字"编号，表明行政机关将其视为行政处罚。其三，在案例 7、14、16 和 17 中，生态环境修复行政命令内容被直接置于行政处罚决定书中。其中，案例 14 中的行政机关还同时制定了《责令生态修复通知书》，以进一步明确具体的修复内容、期限和方式等问题。该通知书以"林罚责修"编号，表明行政机关已将其定性为行政处罚。其四，在案例 12 和案例 13 中，行政机关通过《责令履行生态修复义务通知书（2020-04）》《责令履行矿山地质环境治理恢复与土地复垦义务通知书》等文书明确相对人的矿山修复义务。在案例 8 中，行政机关制定了专门的《责令修复污染环境通知书》（内环责修〔2018〕02 号），该通知书以"内环责修"编号，似乎表明行政机关无意将其定性为行政处罚。其五，对于同时存在多个相对人的情形，行政机关还可能会通过公告的形式一并发送行政命令，比如在案例 11 中，行政机关发布了《关于责令新化县温塘镇兴隆煤矿等 5 家关闭煤矿限期完成地质环境修复的公告》。

诚然，行政机关出于行政效率考虑可将行政命令和行政处罚等多个行政行为内容统一于一份行政决定法律文书之中，但在当前行政命令尚未型式化且其与行政处罚之间的适用关系仍处于混淆状态的现实背景下，贸然将行政命令内容纳入行政处罚决定文书中，或者直接将生态环境修复行政命令文书编号为处罚文书，都会增加相对人对于"责令生态环境修复"行为规范法律属性的困惑。① 比如，案例 6 和案例 10 中的《责令限期恢复原状通知书》（盐林罚责通字〔2017〕第 01 号）、《责令限期恢复原状通知书》（朔区林罚责通字〔2018〕006 号），以及案例 14 中的《责令生态修复通知书》（鼎林罚责修字〔2020〕第 01025 号）。

从行政命令的具体规范内容看，部分案例中生态环境修复行政命令文书规定了详细的内容，比如，案例 14 中的《责令生态修复通知书》规定了具体的恢复期限、恢复方案和逾期未恢复时应缴纳生态修复费 2292

---

① 参见广东省高级人民法院行政裁定书，〔2018〕粤行申 1754 号。

元。① 案例15中的《责令改正违法行为决定书》规定了调查事实陈述、实体法律依据、具体改正措施、治理方案备案，以及责令改正的履行问题（即相对人逾期不履行时的申请强制执行以及按日计罚和代履行）和相对人的复议和诉讼权利等。② 案例12中的《责令履行生态修复义务通知书（2020-04）》要求相对人在规定期限内完成编制和实施《矿山生态修复规划设计方案》，并规定了相对人不履行或未充分履行生态修复义务时的措施（利用相对人已缴纳的矿山地质环境治理恢复保证金及预存的土地复垦费用代为开展矿山生态修复），如果资金不够，行政机关有权收缴，如果资金剩余，将在项目工程决算后按程序退还。案例13中的《责令履行矿山地质环境治理恢复与土地复垦义务通知书》明确要求相对人在5个工作日内函复是否自行实施治理复垦工作，并区分愿意或者不愿意自行复垦的处理措施。如果愿意，相对人应在本通知送达6个月内完成，由相关部门验收通过后，按程序退回已缴存的治理恢复保证金及复垦费。如果不愿意，则由行政机关将对缴存的地质环境治理恢复保证金和预存的土地复垦费划转区财政，统筹安排用于治理复垦工作。然而，目前实践中的多数生态环境修复行政命令文书都相对简易，存在不少问题。比如，缺乏说明理由内容，引用法律依据不准确，以及缺乏具体修复标准等。③

与行政机关利用生态环境修复行政命令的零星尝试形成鲜明对比的是实践中行政机关负责主导的生态环境损害赔偿磋商或者诉讼的频繁适用。如此，有必要探究生态环境行政命令制度在生态环境修复领域效力不彰的制度成因。造成生态环境行政命令很少承担起实现生态环境修复目标的原因，除了中国学者和立法者在应对生态环境损害问题方面发生的"思维结构性跳跃"之外，还与生态环境行政命令制度本身的规则漏洞有关。当前实定法中的"责令消除污染""责令改正"类行政命令并未明确涵盖生态环境修复，导致除少数地方政府主动适用以外，其他地方政府普遍不愿做扩张解释或推理，毕竟"法无授权不可为"。自然生态法律体系中的"（限期）治理""恢复（原状）""补救措施"类行政命令虽可解释为生态环境修复行政命令，但这最终要取决于行政机关填补法律漏洞的主观意

---

① 参见《福鼎市林业局、汪敬规非诉执行审查行政裁定书》，〔2020〕闽0982行审372号。
② 参见《黔南州生态环境局责令改正违法行为决定书》，黔南环（龙）责改字〔2021〕1号。
③ 参见程玉《生态环境修复行政命令制度的规范建构》，《北京理工大学学报》（社会科学版）2021年第6期。

愿。可以说，实践中启用的"责令修复生态环境"始终面临正当性不足的嫌疑。事实上，立足于当前规则配置，即使行政机关愿意用"责令（限期）改正""责令（限期）治理""责令恢复（原状）"等责令行为规范来实施生态环境修复，其能否实现生态环境修复责任目标也有很大的不确定性。原因在于以下几方面。

其一，既有生态环境行政命令制度存在规则空白，导致修复目标难以实现。首先，中国现行立法大多在法律责任部分利用对"违法行为"的处理来设计相关责任，基本限于行为责任，而对于本应优先考虑的状态责任（很多情形下，对物具有事实上支配能力的当事人更具备危险排除能力）在行政法体系中的规定较为罕见（仅《土壤污染防治法》有明确规定）。[①] 其次，很多行政命令规则并未确立生态系统观念，导致即使是自然资源法中的修复性命令也无法涵盖对生态系统服务功能的修复。再次，行政辅助性成本支出无法被涵盖。生态环境修复行政命令属于行政执法行为，其必然涉及对生态环境违法行为的监测、检查和鉴定评估等调查取证工作。实践中动辄几十万、上百万的鉴定评估费用甚至超过了修复费用，可能使行政机关受制于部门执法经费。在目前行政命令制度尚无法涵盖各类行政辅助性成本支出的背景下，[②] 行政机关更倾向于采取行政处罚，导致"以罚代治""以罚代刑"等现象突出。[③] 最后，以行政行为对当事人课以义务，需明确义务范围方可具有可执行性。[④] 从损害的调查、评估，到修复目标的确定和修复方案的编制、实施、调整，再到修复效果的验收评估，都需要相应的细化规则作为指引，才能确保生态环境修复行政命令得以有效实施。如果欠缺可执行性不仅无法确保生态环境修复行政命令得到实施，相关法院也可能否认行政命令的可执

[①] 参见赵鹏《生态环境损害赔偿的行政法分析——兼论相关惩罚性赔偿》，《政治与法律》2023年第10期。

[②] 参见彭中遥《生态环境损害救济机制的体系化构建：以公私法协动为视角》，《北京社会科学》2021年第9期。

[③] "以罚代管"出现的原因包括：将罚款作为绩效指标，或者将罚款被返回行政机关作为执法经费；相对人更青睐于罚款，因其简便（一罚了之），而命令可能导致其继续生产经营，无法获益；行政命令公开制度不完善。参见谌杨《生态环境损害的行政命令型救济研究》，知识产权出版社2022年版，第135页。

[④] 参见赵鹏《生态环境损害赔偿的行政法分析——兼论相关惩罚性赔偿》，《政治与法律》2023年第10期。

行性。① 目前，现行立法大多仅原则性授权行政机关采取责令改正或者限期改正违法行为等行政命令措施，并未配套更细致的制度安排。由此，欠缺修复性命令程序规则将导致修复性行政命令的实施并无严格的法定程序可依，造成行政机关和行政相对人的权利义务严重失衡，导致具有法定程序的行政处罚更具可欲性。

其二，生态环境行政命令制度的独立性不足，导致生态环境行政命令附属于行政处罚之中。事实上，这是中国长期以来的法制传统。《生态环境行政处罚办法》第9条承袭了《行政处罚法》第23条的内容，"环境保护主管部门实施行政处罚时，应当及时作出责令当事人改正或限期改正违法行为的行政命令"。最高人民法院在比较分析行政命令和行政处罚时，也将"责令改正或限期改正"限于"行政机关实施行政处罚过程中"②。这就使得行政机关在日常执法实践中普遍将各类行政命令附属于行政处罚中，甚至是直接将其界定为行政处罚。前引案例7、14和16均在实施行政处罚时，责令相对人修复环境，而案例6和案例10直接将《责令限期恢复原状通知书》定性为行政处罚。这种做法会限制生态环境行政命令制度的独立价值，压缩其柔性执法功效（难以发挥教育与引导功能），剥夺相对人自行补救生态环境危害后果的机会，导致行政机关与相对人的对立。事实上，这也是本书选择以行政命令而非行政处罚作为实现生态环境修复目标之制度工具的原因。

总之，基于欠缺可适用的细致的制度安排、对行政处罚的偏好等因素，行政机关在实践中较少选择以行政命令追究生态环境修复责任，致使生态环境法律体系中少数具有生态环境损害救济功能的行政命令条款被行政机关弃置。实践滞后在一定程度上促使立法者将"行政命令制度追究生态环境修复责任"视为次优策略。

（二）针对生态环境修复行政命令的异议和诉讼

生态环境修复行政命令对相对人的权利义务构成了实质影响，当相对人在实体内容和程序内容层面对其有异议时，有权发起行政复议或者行政诉讼。在本书梳理的案例中，不少行政机关会在《责令改正违法行为通知书》或《行政处罚决定书》中明确规定相对人的异议权利。但由于案例数

---

① 目前，实践中已经出现不少法院否认相关行政命令决定可执行性的案例。参见胡静《我国环境行政命令实施的困境及出路》，《华中科技大学学报》（社会科学版）2021年第1期。
② 参见最高人民法院行政再审判判决书，〔2018〕最高法行申4718号判决书。

量有限，暂时未能发现相对人对生态环境修复行政命令决定内容提出异议的案例。不过，在中国环境行政公益诉讼制度的推进过程中，"生态环境修复行政命令是否作出以及作出后是否得到有效执行"已成为检察机关作为公益起诉人起诉行政机关未履行法定职责的重要理由之一。法院在此类案件的审理和判决过程中也重点关注：行政机关是否作出生态环境修复行政命令或作出行政命令后是否继续监督该行政命令得到有效实施等问题。通过在裁判文书网和网络新闻数据库中的检索，本书系统梳理了12个有关生态环境修复行政命令的行政公益诉讼案例（详见表3-4）。

表3-4 有关生态环境修复行政命令的行政环境公益诉讼的实践案例

案名和案号	基本案情	案件处理结果
01：固阳县人民检察院诉固阳县林业局其他行政行为案〔2016〕内0223行初31号	弘昌矿业公司等非法占用林地堆放固体废弃物，经检察院两次督促，被告仍未责令其对非法堆放固体废物的生态防护林地恢复原状（被告曾口头责令限期6个月恢复原状），致使国家生态资源处于受侵害状态	被告未对弘昌公司等责令限期恢复原状以及未按规定标准适用相关程序给予罚款的行为违法；责令被告依法继续履行监管职责
02：十堰市郧阳区人民检察院诉郧阳区林业局未履行法定职责案〔2016〕鄂0321行初6号	吴某等人在十堰市郧阳区杨溪铺镇杨溪铺村大沟违反占用林地开采石料，擅自改变林地用途。区林业局虽然作出了责令停止违法行为、限期恢复原状以及罚款的决定，但并没有采取有效措施督促。检察院发出检察建议书后，林业局也没有回复	确认被告在做出处罚决定后未依法履行后续监督、管理和申请人民法院强制执行法定职责的行为违法；责令被告继续履行收缴剩余加处罚款的法定职责，继续履行被毁林地生态修复工作的监督、管理法定职责
03：敦化林区人民检察院诉延边朝鲜族自治州林业管理局、敦化林业局不履行法定责案〔2017〕吉7504行初1号	敦化市官地苗圃砂石开采有限公司在未经林业部门批准的情况下，擅自将从河道内采集的大量河沙堆放于荒沟林场9林班内。被告从未对其进行处罚。检察院发出检察建议书，督促被告依法履行职责，限期恢复被侵占林地原状后，被告未依法履职	被告对敦化市官地苗圃砂石开采有限公司违法侵占林地行为未依法履行监督、管理职责的行为违法；责令被告继续履行监督、管理职责
04：白河林区人民检察院诉延边朝鲜族自治州林业管理局、第三人吉林省白河林业局林业行政管理不履行法定职责案〔2017〕吉7503行初10号	被告延边林管局对任某某非法占用和违法改变国有林地及其用途的行为没有采取有效的监管措施。检察院发出检察建议后，被告及第三人认为涉嫌犯罪，应移送公安机关，但公安机关回复决定不立案调查后，被告及第三人未继续履行监管职责	被告对白河林业局宝马林场68林班4小班林地未依法履行监管职责违法；被告依法履行监管职责，恢复白河林业局宝马林场68林班4小班林地原状

第三章　生态环境修复行政命令的规范考察与实践探索

续表

案名和案号	基本案情	案件处理结果
05：江苏省宿迁市宿城区人民检察院诉沭阳县农业委员会不履行林业监督管理法定职责行政公益诉讼案〔2017〕苏1302行初348号	江苏省宿迁市宿城区人民检察院向被告发送检察建议，督促被告对仲某某盗伐林木行为依法处理，确保受侵害林业生态得以恢复。沭阳农委曾经两次电话反映该委无权对仲某某履行行政职责，未就仲某某盗伐林木行为进行行政处理，案涉地点林地生态环境未得到恢复。随后，沭阳农委仅在盗伐地点补植白蜡树苗180棵	被告收到检察建议书后未责令仲某某补种，其嗣后补种的株数和代履行程序不符合法律规定，未及时、正确、完全履行法定职责，确认被告不履行法定职责的行为违法，应依法对仲某某作出责令补种盗伐253棵杨树10倍树木的行政处理决定
06：公益诉讼人巴林左旗人民检察院诉巴林左旗林业局未履行森林行政执法法定职责案〔2017〕内0422行初29号	池某在其承包的及其所有的林地内采砂，毁坏林地24.63亩，其虽经刑罚，但被毁坏的林地一直未恢复原状。被告对池某作出了林业行政处罚决定，责令池某限期恢复林地原状、罚款处罚，但未督促其履行。公益诉讼人向被告提出检察建议，督促其履行监管职责，被告虽以复函回复，但至今仍怠于履行法定监管职责	确认被告对池某违法损毁林地行为未依法履行监督、管理法定职责的行为违法；责令被告依法继续履行收缴剩余罚款的法定职责，以及对毁森林生态修复工作的监督、管理职责
07：五莲县人民检察院诉五莲县环境保护局不履行法定职责案〔2018〕鲁1121行初16号	五莲县人民检察院向被告发出检察建议书，建议其依法全面履行环境保护监督管理职责，责令张某、吴某等人修复涉案污染土地，消除环境污染的持续状态；依法督促张某、吴某等人在期限内修复受损环境，如张某、吴某等人不履行，依照相关法律规定，被告应代履行或者由没有利害关系的第三人代履行。但被告在法定期限内履行了部分监督管理职责，涉案污染土地的修复治理工作未得到实质性进展，受污染土地未得到恢复	要求被告继续履行对张某、吴某等人非法炼铅造成的土地污染治理的法定监督职责；限被告在本判决生效之日起十日内对涉案污染土地修复治理完毕
08：芜湖市镜湖区人民检察院诉无为县国土资源局行政公益诉讼案〔2016〕皖0202行初66号	被告认为《矿山地质环境保护规定》是针对矿山企业开采活动造成地质环境破坏而制定的，沈某等人非法盗采造成地质环境破坏系个人非法行为，不宜对照《矿山地质环境保护规定》执行。因此，被告遂以该局督促沈某等人对非法盗采造成的地质环境破坏进行恢复治理依据不足为由，拒绝采纳检察建议，且至今未对沈某等人作出责令限期修复的行政命令，虽后期做了一些工作，但被破坏的矿山地质环境尚未完全恢复治理	根据安徽师范大学国土资源与旅游学院作出的三份治理与恢复方案所确定的治理恢复措施，被告仅要求盗采人进行复绿的环境治理，未能完全履行其监督管理职责，确认被告未完全履行矿山地质环境保护监督管理职责违法；被告继续履行矿山地质环境保护监督管理职责

续表

案名和案号	基本案情	案件处理结果
09：阿拉善右旗人民检察院诉阿拉善右旗国土资源局未依法履行职责案〔2016〕内2922行初1号	对于德晟冶金炉料有限公司擅自采矿行为，被告下达《关于限期完成土地复垦工作的整改通知》，要求其限期恢复地形地貌。后来，人民检察院发出检察建议，建议其对德晟公司采取有效措施，依法履行监管职责。被告书面回函，仅制订了整改计划	确认被告对德晟冶金炉料有限公司擅自采矿行为未依法履行职责的行政行为违法；判令被告依法履行监管职责
10：阿拉善左旗人民检察院诉内蒙古贺兰山国家级自然保护区管理局行政公益诉讼案〔2016〕内2921行初26号	阿拉善左旗人民检察院向被告发出检察建议，建议其依法履行监管职责，责令伊可奈儿公司对贺兰山国家狩猎场大本营停止使用，恢复原状。随后，被告书面报告贺兰山狩猎场整改情况，涉案企业未拆除大本营设施，狩猎场仍未恢复原状	确认被告对在贺兰山国家级自然保护区内违法违规建立狩猎场大本营项目未依法履职的行政行为违法；判令被告履行监管职责
11：温州市瓯海区河道清理修复诉前建议案	温州市瓯海区行政执法部门向温州某建设集团送达了《责令限期改正通知书》（责令7日内清理河道，恢复原状）和《行政处罚决定书》（罚款人民币15000元）。建设集团缴纳了罚款，但一直拒不履行恢复原状的义务，损害了社会公共利益。随后，瓯海区检察院发出检察建议书，督促执法部门采取"代履行"行政强制手段	执法部门遂委托温州市某运输公司作为代履行人，对履行标的和费用进行预算，并作出《代履行决定书》。当事人迫于压力，终于妥协。在送达当事人时，其已自行开始河道清淤和垃圾清运工作，完成了河道非法垃圾的填埋清理
12：广德县某有机化肥有限公司污染修复诉前建议案	广德县某有机化肥有限公司将4600吨有机肥和污泥堆放在新杭镇独山村堆场，未采取任何防雨淋、防渗漏等措施，只有部分污染物用铁桶和袋装着，造成了约8500平方米土壤被污染。广德县检察院启动诉前程序，向县环保局发出检察建议，要求其积极履职，及时处置污染物，减少对周边环境的影响。随后，县环保局下发《责令改正违法行为决定书》，要求涉案企业安全处置危险废物，并对被污染土壤采取有效措施恢复原状	广德县检察院启动了刑事附带民事公益诉讼，为节约司法资源，及时启动环境修复工程，检察院在诉前告知污染企业拟提起诉讼的主要证据和诉讼请求，开展诉前协商，与涉案企业确定修复赔偿方案。经协商，涉案企业负责人认错态度诚恳，并及时移除了污染物，最后协商确定生态修复成本费和检测评估费共830万元

吊诡的是，与实践中只有零星尝试的生态环境修复行政命令执法实践相比，从行政机关环境监管职责角度要求行政机关积极运用生态环境修复行政命令的行政公益诉讼实践正在不断增加。这种现实是否会从侧面推进

未来生态环境修复行政命令制度的立法尚未可知。① 通过考察本书梳理的12个实践案例可知，目前在林业、矿产资源、土壤污染、固体废物污染和自然保护区领域中，中国地方检察机关已普遍开始利用行政公益诉讼制度督促行政机关积极启用生态环境修复行政命令并确保其得到有效实施。首先，从适用程序来看，案例11和案例12适用了诉前建议程序，而案例01—10进入了诉讼程序。一般而言，由于检察建议是诉讼前置程序，在案例01—10中，检察机关实际上也向被告行政机关作出了检察建议，只不过行政机关置建议于不顾，因此才启动诉讼。其次，根据检察机关起诉的理由是要求相对人作出生态环境修复行政命令还是行政机关监督行政命令的有效落实，前述案例可以分为两类。其中，在案例03、04和05中，检察机关起诉的理由是被告行政机关没有依法作出生态环境修复行政命令。至于为何没有作出行政命令，从被告的抗辩事由来看，分别是公安机关未立案处理（案例04）、刑事责任追究程序决定不施加处罚（案例05）以及刑事责任追究程序尚未完成（案例03）。在另一些案例中，被告没有作出生态环境修复行政命令的原因还包括所给的修复时间不够，气候、地理、地质条件不支持，政府整体协调没有跟进，已经实施了异地补植等其他修复措施等。② 而在案例1、2和案例6—10中，检察机关提起行政公益诉讼的理由是行政机关尚未有效监督实施其已经作出的行政命令，致使国家和社会公共利益处于受侵害状态，此时行政机关怠于履行法定职责的行为成立。由此，生态环境修复行政命令是否作出以及是否被监督履行到位，已成为法院判断行政机关是否正确、完全履行法定职责的黄金标杆。

最后，从检察机关要求相对人采取的生态环境修复行政命令的规范形式来看，除了在案例11中检察机关通过检察建议书督促被告行政机关依法采取"代履行"行政强制手段以外，在其他案例中，检察机关对被告行政机关的要求主要是"责令改正违法行为"（案例12）、"责令恢复原状的命令"（案例07、案例10）、"限期恢复林地原状"（案例01—04、案例06）、"责令补种树木"（案例05）、"责令限期修复"（案例08）、"责令限期恢复地形地貌"（案例09）等。之所以有所区别，是因为检察机关针对前述情形中适用的基本法

---

① 值得注意的是，有些地方法院仍将生态环境修复行政命令的内容理解为行政处罚。比如，最高人民法院第211号指导性案例。参见贵州省遵义市播州区人民法院行政判决书，〔2017〕黔0321行初97号。
② 参见李挚萍《行政命令型生态环境修复机制研究》，《法学评论》2020年第3期。

律存在差异。比如，在案例01—04和案例06中，检察机关援引的是《森林法》，故其适用的责令行为规范自然是"责令补种树木""责令恢复林地原状"；而在案例07中，检察机关明确提出，行政机关应结合《环境保护法》《固体废物污染环境防治法》的相关规定，对张某、吴某等人作出责令限期改正、恢复原状的命令后，及时依法代履行，或者委托无利害关系第三人代履行。然而，诚如前文所述，目前中国环境法律体系中的生态环境修复行政命令要么限于应急性修复、要么无法充分体现生态环境系统修复的要求，导致其无法全面救济造成的生态环境损害。此时，这些法律规范是否能够成为检察机关在这些环境行政公益诉讼中所主张诉讼请求的法律基础呢？有学者认为，目前《环境保护法》和其他环境单行法规定的各级地方人民政府对所辖区环境质量负责原则可以为行政机关责令违法者进行生态环境修复提供法律依据。① 笔者认为，此种解释并不妥当。这种解释的本质实际上是一种法律漏洞填补方法，但在当前环境行政立法尚未从实体层面确立生态环境修复法律责任的背景下，行政机关能否行使此种漏洞填补方法面临正当性诘难。有学者可能提出将《民法典》第1234条和第1235条解读为公法责任条款，② 如此似乎可以消除前述正当性疑虑。然而，姑且不论这种解释能获得多大程度的共识，目前缺乏行政命令程序规则的客观现实也会严重制约如此解释的现实可行性。这种矛盾在本书搜集的案例中已经有所体现。比如，案例12中行政机关按检察建议要求通过《责令改正违法行为决定书》消除土壤污染（处理表面污染物），但对于生态环境修复仍由检察机关通过刑事附带民事公益诉讼途径解决（检察机关后与污染者达成诉前调解）。③ 在案例05中，沭阳县农业委员会亦主张，对类似破坏生态环境和资源的刑事犯罪行为，建议采用刑事附带民事公益诉讼的方式处理，即在法院判决被告人承担生态环境修复责任后由行政机关监督实施，实现司法机关与行政机关积极联动，共同推动恢复性司法。④

---

① 参见李挚萍《行政命令型生态环境修复机制研究》，《法学评论》2020年第3期。
② 《民法典》第1234条和第1235条中规定的请求修复可以理解为通过行政命令要求相对人修复。吕忠梅等人认为，第1234条和第1235条属于特别型民法条款。参见吕忠梅、窦海阳《以"生态恢复论"重构环境侵权救济体系》，《中国社会科学》2020年第2期。巩固则认为，第1234条和第1235条属于公法条款。参见巩固《生态损害赔偿制度的模式比较与中国选择——〈民法典〉生态损害赔偿款的解释基础与方向探究》，《比较法研究》2022年第2期。
③ 参见王涵《公益诉讼：筑牢绿水青山的法治防线》，http://www.mzyfz.com/html/1541/2019-05-13/content-1393566.html。
④ 法院并未对此问题作出回应。参见江苏省宿迁市宿城区人民法院判决书，〔2017〕苏1302行初348号。

第二节 域外生态环境修复行政命令的规范考察与实践探索

生态环境修复是当代各国面临的普遍问题，各国法制在与域外法制经验交织、碰撞的过程中形成了多元的生态环境修复责任法律制度。各国立法的共同趋势是采取不同的制度组合（即追究主体的多元化和追究机制的多元化），为实现生态环境修复责任目标搭建一种多元协同的合作治理机制。如果仔细研究各国生态环境修复责任法制的混合图景可知，尽管各国的制度工具组合模式可能有所不同，但行政命令均在其中占据一席之地。遵循比较法分析的惯例，本书从英美法系和大陆法系中各选两个国家作为分析样本，但在论述中亦可能兼及其他国家。

一 英美法系国家生态环境修复行政命令制度

英美两国同属英美法系国家，两国法制传统起源虽然一致，但随着时代的逐渐发展，两国的法制也呈现出较大的差异性。其中，英国因为欧盟层面立法经验的影响，导致其在生态环境修复制度设计方面与美国存在较大差异。总体上看，英国更加信赖生态环境修复行政命令制度，而美国对待行政命令则相对保守。

（一）英国生态环境修复行政命令制度

为弥补既有生态环境损害救济规则的不足，① 先前作为欧盟成员国

---

① 在英国，能够发挥生态环境损害救济功能的两种机制，一是传统的普通法（即传统的侵权规则，包括过失侵权、妨害、侵入等）。尽管普通法的损害赔偿金和强制性强制令（injuntion）能够发挥救济生态环境损害的功能，但 Jordon v. Norfolk County Council and another 案和格兰比侯爵诉贝克韦尔城镇区议会案等英国司法实践案例表明，普通侵权法不仅在启动条件（私人利益同时受损），而且面临无法全面救济生态环境损害的局限性——仅能救济自然资源的替换价值（比如，受污染河流的鱼类补充成本，受损树木的替换费用等）而非生态价值，无法涵盖全部的生态环境损害。See Stuart Bull, Donald McGillivray, Ole W. Pedersen, Emma Less, Elen Stokes, *Environmental Law*, 9 ed, Oxford: Oxford University Press, 2017, pp. 378 - 379. 二是英国环境体系中的"污染清理"或"污染消除"等法定妨害机制，但这些机制对生态环境损害的救济也是有限且不充分的。See European Commission-DG, Environment Implementation Challenges and Obstacles of the Environmental Liability Directive: Final Report, 16 May 2013, pp. 357 - 361.

的英国于2009年制定并于2015年修订了旨在转化ELD的《环境损害预防和修复规则》（以下简称《环境损害规则》），[①] 该规则以ELD中的行政命令制度为模板，系统规定了针对生物多样性损害、土地损害和水损害的生态环境修复行政命令制度。《环境损害规则》扩张了英国行政机关在消除污染、修复环境损害或者从源头防止污染发生问题上的行政权力。比如，行政机关有权要求污染者在造成损害之前排除危害，或者在损害发生以后进行修复。如果污染危害构成立即威胁或者污染者拖延采取行动，则行政机关可亲自采取行动，事后向污染者收回费用。事实上，《环境损害规则》的实施机制与传统法定妨害机制的程序内容类似。值得注意的是，本书将《环境损害规则》中的生态环境修复规则界定为生态环境修复行政命令，是因为其与传统法定妨害机制的规定一样均采取了"notice"的表述。《环境损害规则》根据适用阶段不同系统规定了两种"notice"，即第18条规定的"notice of the liability to remediate"和第20条规定的"remediation notice"。因此，在正式介绍《环境损害规则》项下生态环境修复责任追究机制的具体内容之前，有必要先说明"notice"和行政命令的关系。

在英国行政法体系中，并没有与中国行政行为相类似的概念，与之类似的称谓是行政机关的行为与决定（acts and decisions），或者行为与命令（acts and orders）。其中，决定或者命令指向法定行为，包括具体行政行为和抽象行政行为。而行为是指一种状态和结果，包括正式决定或者命令以外的所有行政权实施方式，主要是事实行为。[②] 王名扬将英国行政权的运行方式分为主动采取行动（即针对一人一事的命令和同时适用于多人的规章），颁发许可证，财政控制，契约控制，纪律控制，以及刑事控制（对违反法律规定产生严重后果的行为实施的刑事制裁）6类。[③] 由此，针对一人一事的命令即为英国法体系中所谓决定或者命令的一种，英国环境法中普遍存在的"notice"即针对一人一事的行政命令。"notice"是一种警告性通知，该通知一般由行政机关依法针对特定的违反行政管理事项的行为（通常是违反某法定义务的行为）发出，其核心内容是纠正违法行为，不包括任何实质性的处罚内容。只有通知在指定的期限内未被遵循时，原

---

① 本书所讨论的ELD转化规则仅指英格兰和威尔士，不包括苏格兰和北爱尔兰。
② 参见张越《英国行政法》，中国政法大学出版社2004年版，第470—471页。
③ 参见王名扬《王名扬全集① 英国行政法、比较行政法》，北京大学出版社2016年版，第92页。

违法行为与不遵循通知的行为会发生复合才能构成一项刑事犯罪,面临实质性的刑事制裁。① 由此可知,《环境损害规则》中的"notice"的性质是预警或警告,属于不具有惩罚性的行政命令。

在英国环境法的实施体系中,针对相对人因不履行"notice"而构成的刑事犯罪,行政机关无法直接施加制裁,必须经由刑事诉讼程序(prosecution)由法院决定。并且,"notice + prosecution(criminal penalty)"在适用顺序上仅具有辅助性,② 即只有在犯罪是严重的或犯罪者是应受责备的情况下才会适用。③ 这是因为,非正式机制在英国环境法律实践中扮演着中心角色。在英国,为了维持规制者与被规制者之间的良好合作关系,经常须利用一种等级式的实施机制组合。实施过程的第一步骤侧重于劝服(persuasion),即建议(advice)或者教育(education)与违法相关的问题。如果这一手段无法奏效,则进一步警告(warnings)——无论是正式还是非正式的,可能会发布给相对人,而刑事追诉仅仅在犯罪是严重的或犯罪者是应受责备的情况下使用的手段。④ 为了进一步降低规制成本,并提高规制灵活效率,英国启动了行政规制改革,并颁布了《规制实施和制裁法》(Regulatory Enforcement and Sanctions Act 2008),在刑事制裁之外引入了民事制裁程序。⑤ 2010年英国颁布了专门适用于环境领域之民事制裁机制的《环境民事制裁命令》(Environment Civil Sanctions Orders 2010)。⑥ 由此,民事制裁机制被扩展至一系列英国环境法律法规的调整范围内。民事制裁根据功能不同大体分为两类,一是制裁性的"penalty",二是恢复性的"notice"。在这些民事制裁中,与生态环境修复相关的主要是恢复令

---

① 参见张越《英国行政法》,中国政法大学出版社2004年版,第478页。
② 为了控制环境署在采取实施方法和是否发起刑事诉讼方面的裁量权,环境署颁布了实施政策,列明了环境署采取实施方法和发起刑事追诉的具体方法。该实施政策有三个文件,即 *Enforcement and Sanctions State 2014*;*Enforcement and Sanction-Guidance 2015*;*Offence Resopnse Options 2016*。参见程玉《生态损害法律责任实施机制的选择》,中国社会科学出版社2021年版,第147—149页。
③ 有实证资料为证,与潜在的事故或者犯罪相比,环境署发起的刑事追诉率很低。主要原因是英国采用的环境法律实施方法和策略,以及刑事追诉往往被视为最后的手段,应适用于最严重的情形。See Stuart Bull, Donald McGillivray, Ole W. Pedersen, Emma Less, Elen Stokes, *Environmental Law*, 9 ed., Oxford: Oxford University Press, 2017, pp. 283 – 284.
④ 参见程玉《生态损害法律责任实施机制的选择》,中国社会科学出版社2021年版,第147—149页。
⑤ See R. Macrory, "Reforming Regulatory Sanctions: A personal Perspective", *Environmental Law Review*, Vol. 11, No. 2, 2009, pp. 69 – 74.
⑥ 2008年RESA第3部分规定了要采用民事制裁,而附件五将环境署确定为"指定的规制者"。

（restoration notice）和经由行政机关同意的被告的实施承诺（enforcement undertaking）。一般而言，能够通过民事制裁解决的问题，无须再启用刑事诉讼机制。但这些民事制裁机制能在多大程度上完成生态环境修复的目标，仍有待法律实践的进一步检验与探索。①

英国《环境损害规则》中的修复通知（包括修复责任通知和修复措施通知）属于行政命令。为了确保修复通知的作出和实施，《环境损害规则》主要围绕修复通知的作出、实施、成本回收、异议以及制裁等问题作出了明确规定。②

（二）美国生态环境修复行政命令制度

在英美法系国家，由于普通法的局限性，生态环境保护在很大程度上被认为是行政监管的问题。与英国剑桥水务公司案中法官的观点一致，美国布默诉大西洋水泥案中的伯根法官亦认为，试图在解决私人争端的过程中附带解决公共利益事项是没有意义的。伯根法官固守公私法二分的观点，认为"私法和公法是完全不同的领域，私法不应以任何方式涉足公法领域"，环境政策应当属于公法范畴，而关于私人权益的干涉当然属于私法范畴。③ 然而，美国在生态环境公共利益维护法制实践方面的发展似乎并没有严格遵守公法和私法二分的观点。事实上，经过30多年的制度发展，美国在生态环境修复（侧重于公共自然资源损害）方面的制度设计呈现出融合公私法的特征。此特征突出体现在美国《超级基金法》（即CERCLA）中，本部分内容即以该法为分析样本。

美国《超级基金法》确立的用来追究相对人生态环境修复义务或者责任的实施机制主要分为两类，一类是"反应行动"（Clean-up Action），另

---

① 目前有关民事制裁制度的疑虑主要包括：（1）为规制行政机关赋予太多本来属于法院的权力；（2）由属于一级裁判所的环境裁判庭负责民事制裁的上诉；（3）缺乏明确的问责机制难以确保行政机关的权力行使符合公共利益，例如行政机关和运营者可能通过协议达成通过固定制裁通知或者自愿实施承诺的方式来解决违法行为，但这并不是说这种行为通过刑事追诉不能很好得到解决。（4）使用民事制裁是否会进一步削弱刑法在环境保护方面的作用。See Stuart Bull, Donald McGillivray, Ole W. Pedersen, Emma Lees, Elen Stokes, *Environmental Law*, 9 ed., Oxford: Oxford University Press, 2017, p.299.

② 除部分细节性规定不同外，《环境损害规则》针对三种生态环境损害的规则内容基本相似。具体规则请参见程玉《生态损害法律责任实施机制的选择》，中国社会科学出版社2021年版，第135—141页。

③ ［英］马克·韦尔德：《环境损害的民事责任：欧洲和美国法律与政策比较》，张一心、吴婧译，商务印书馆2017年版，第169页。

一类是"自然资源损害赔偿"（Natural Resource Damages）。① 其中，反应行动的目标是确保潜在责任方进行场地清理活动或者支付清理相关费用，以实现保护公众健康和生态环境保护的目标。根据适用阶段和行动内容的不同，反应行动包括清除行动（Revomal Action）和修复行动（Remedial Action）两种。而自然资源损害赔偿制度与反应行动不同，其目的是恢复或者赔偿公共自然资源因危险物质或者石油释放而遭受的损害。除了责任规则（包括归责原则、因果关系、溯及力等）和具体实施程序的不同之外，二者的适用对象亦有不同，反应行动适用于"土壤或者地下水"等"污染场地"，而自然资源损害赔偿制度的对象并不局限于土地或者地下水，还包括空气、饮用水供应、野生生物、生物群等各种环境要素及其组合而成的生态环境系统，只要它们属于州、联邦政府或者印第安部落拥有、托管或以其他方式控制的资源。② 结合本书研究目的，以下将依次介绍反应行动和自然资源损害赔偿制度的具体实施机制，以探究行政命令制度的存在空间。

1. 污染场地反应行动中的"单方面行政命令"

《超级基金法》的最终目标是保护自然环境和人类健康，其核心是旨在清理污染场地的"反应行动"，为了确保责任方最终承担污染场址的清理责任，该法建立了"行政""司法"多元并存的责任追究机制。美国《超级基金法》规定了两种清理行动——清除行动（Revomal Action）和修复行动（Remedial Action），二者在适用阶段和目标、手段方面均有不同。从技术层面来看，二者基本上可以对应于本书在第二章中界定的"应急性修复"和"修复性修复"。但本书界定的修复性修复除了修复行动（Re-

---

① CERCLA 具有双重立法目标，即清理消极废弃物处理场地（即实施反应行动）并赔偿自然资源损害。

② CERCLA 对自然资源的定义非常宽泛。See 42 U.S.C. 9601 (16). 但存疑的是，自然资源受托人可否以及在多大程度上可以为私有资源受到的损害寻求自然资源损害赔偿（NRD）。美国华盛顿特区巡回上诉法院认为，"国会有意将纯粹的私有财产排除在 NRD 条款的范围之外"，但 CERCLA 的 NRD 条款可能适用于政府对其行使"相当程度的……监管、管理或其他形式的控制"的私有资源。美国内政部建议，这种评估须逐案进行。围绕州对私有财产的托管权的法律同样没有定论。至少有一家法院认为，托管人可依据法定权力，就其管辖范围内的任何土地（包括"私人土地"）所受的环境影响收回自然资源损害赔偿。See Matthew Conley and Charles Dennen, "The Power of Private Actions For Natural Resource Damages", https://www.archerlaw.com/a/web/pnrlFKuymLD9S7vn9SSnC4/law360-the-power-of-private-actions-for-natural-resource-damages.pdf.

medial Action）以外，还应包括自然资源损害赔偿。从实施机制来看，《超级基金法》为清理行动的开展配套了多元化的实施机制，包括协商和解（经当事人同意的行政裁决和司法同意裁决），① 单边行政命令（Unilateral Administrative Orders, UAOs），② 以及司法判决。通过对近年来美国污染场地反应行动的观察可知，单边行政命令仅占19%，而两类协商和解的占比高达80%，单边行政命令的适用频率远低于协商和解。③ 在美国法体系中，UAOs 一般是和解失败后环保署强制潜在责任人主导场地清理行动时最常用的法律工具。如果潜在责任人没有充分理由不遵守UAOs 的内容，将面临行政处罚。④ 潜在责任人不仅须承担环保署因自行采取清理行动而付出的反应成本，还要承担每日25000美元的罚款。对此，如果潜在责任人仍然不肯合作，环保署还可以通过惩罚性赔偿民事诉讼要求法院对它处以至少承担等同且不超过3倍于反应行动成本支出的惩罚性赔偿金。此外，环保署亦可以选择向联邦地区法院提起诉讼要求潜在责任方执行UAOs，此时法院有权对UAOs 的合法性进行司法审查。⑤

值得注意的是，不同于英国法允许相对人对行政机关发布的"修复责任通知""修复措施通知"提出异议，《超级基金法》为确保清理行动的效率并彰显本法的公共利益本位，专门确立了"禁止对环境治理行为申请司法审查为原则，而以特定情形下的司法审查为例外"的规则。⑥ 具言之，《超级基金法》明确禁止任何联邦法院审查行政机关根据第106条（a）款发布的单方行政命令。换言之，在 CERCLA 案件中，所有潜在责任方均不享有针对环保署发出的单方行政命令的抗辩权，无权要求法院对单方行政

---

① 两类裁决适用范围和具体规则不同。参见于泽瀚《美国环境执法和解制度探究》，《行政法学研究》2019年第1期。
② 《超级基金法》第106条（a）款规定，环保署向潜在责任人发布单方行政命令，强制有义务又有能力的潜在责任人实施反应行动。如果某个场址反应成本在50万美元以下，环保署可直接使用单方行政命令，而反应成本超过50万美元时，环保署需要经司法部部长书面批准后才能动用行政手段。《超级基金法》第106条（a）款同时授权环保署向法院申请针对私人主体的强制令（Civil Judical Injunction），强制要求私人主体实施清理行动，消除危险物质释放的危险和威胁。
③ 参见贾峰等编著《美国超级基金法研究》，中国环境出版社2015年版，第225—226页。
④ See 42 U.S.C.A. § 9607（c）（3）.
⑤ 根据《超级基金法》第113条（h）款的规定，明确禁止任何联邦法院审查行政机关依照第104条选择的清除行动和修复行动，以及第106条（a）款规定的行政命令。See 42 U.S.C.A. § 9613（h）.
⑥ 参见张辉《美国环境法研究》，中国民主法制出版社2015年版，第430页。

命令进行司法审查,因此被要求进行清理行动的潜在责任人只能将其准备对该命令提出的抗辩权转移至成本追偿案件中,如能有效证明对污染场地的清理行动不符合NCP要求,则可免于承担成本责任以及怠于履行行政命令的罚款责任。① 但《超级基金法》规定了一项例外情形,即在行政机关提起的"执行行政命令的案件或者违反行政命令予以处罚的案件"中,法院可以对行政命令进行司法审查。② 此外,《超级基金法》第107条(1)款和(m)款专门规定了两种留置权,以确保环保署能够有效追偿反应行动的成本。③

2. 自然资源损害赔偿制度:和解与诉讼

除确保污染场地得到及时清理之外,《超级基金法》的另一项重要立法目标是实现对受损公共自然资源的救济,故该法授权政府受托人就其所有或控制的自然资源所遭受损害向潜在责任人请求自然资源损害赔偿。④ 《超级基金法》第107条定义了自然资源损害赔偿,"自然资源损害"是指"自然资源的损害、破坏或者灭失","损害赔偿"包括"重建、修复或者获取与受损自然资源相当自然资源的重置成本,也包括评估此类损害的成本"。⑤ 在20世纪80年代,自然资源损害赔偿条款很少得到运用。但进入21世纪后,技术研究越来越表明,曾经被人们接受的修复措施(比如,抽水处理技术)无法将自然资源恢复至原初状态,或者修复在技术上不可

---

① 参见张辉《美国环境法研究》,中国民主法制出版社2015年版,第436页。
② See 42 U. S. C. A. § 9613 (h).
③ See 42 U. S. C. A. § 9607 (l) & (m).
④ 自然资源损害赔偿制度已获得美国联邦环境制定法普遍认可,相关联邦制定法主要有五部。《国家海洋保护区法》,16 U. S. C. §§ 1431 - 1445c (2012);《联邦水污染控制法》(《清洁水法》),33 U. S. C. §§ 1251 - 1388 (2012) (允许受托人对由于石油排放进入的美国的通航水域,毗邻的海岸线以及特定区域的水域造成的生态损害进行恢复);《油污法》(OPA), 33 U. S. C. § 2701 (2012) (修改《清洁水法》来批准当石油泄漏进入其他水道时的恢复机制);《超级基金法》(CERCLA), 42 U. S. C. §§ 9601 - 9675 (2012) (允许因有害物质排入水道,造成对"土地、鱼类、野生动物、生物、空气、水、地下水、饮用水供应,和其他资源"的损伤时进行赔偿);《公园系统资源保护法》,54 U. S. C. §§ 100721 - 100725 (2014) (在国家公园内任何事件损害自然和文化资源时,允许恢复损害)。此外,美国林务局在其法定职权内提起旨在获得自然资源损害赔偿金的案件,并且林务局负责保管恢复基金。具体内容,参见《国家林地修复和改进法》(*Restoration of National Forest Lands and Improvements Act*), 16 U. S. C. § 579c (2012)。
⑤ See 42 U. S. C. A. § 9607 (f) (1).

行，自然资源损害赔偿开始在美国大范围兴起。①

《超级基金法》有关自然资源损害赔偿制度的设计与反应行动大有不同。根据《超级基金法》的规定，自然资源受托人在经历了机构协调（Coordination）、自然资源损害扫描（Natural Resources Injury Scoping）、预评估阶段（Pre-Assessment Phase）、评估阶段（Assessment Phase）以及后评估阶段（Post-Assessment）五个阶段以后，②受托人通过索赔信（Demand Letter）向潜在责任方提出损害赔偿请求。③ Demand Letter 要求潜在责任人要么实施恢复，要么支付受托人损害赔偿金以实施修复。④ 同时，Demand Letter 应包括的内容有：场址信息，释放或者泄露的信息，受托人管辖权的法定基础，损害，最终的修复方案 AR 目录以及损害赔偿索赔等。潜在责任人在接收 Demand Letter 之后有 60 日的反应期，以对这些索赔进行书面回应。如果潜在责任人与受托人愿意协商和解，则双方进入和解谈判（Settlement Negotiation），双方最终达成的和解协议须经法院司法确认后作出同意判决（Consent Decree），列明要支付的损害赔偿金额以及准备实施的恢复措施。如果潜在责任人未能及时回应，受托人应在法定诉讼时效内对潜在责任人提起诉讼，由法院判决。在实践中，协商和解是救济美国公共自然资源损害的主要手段。有研究表明，1989—2015 年，通过和解解决的自然资源损害赔偿问题达到了 95%，最终的和解总金额达到了 104 亿美元。⑤

总之，自然资源损害赔偿制度有两种实施机制，即协商和解后经由法院同意颁布的同意令（Consent Decree）和自然资源损害赔偿诉讼。美国学界一般认为，自然资源损害赔偿金的性质不同于其他由环境损害引起的民事救济，该救济既不是罚款或者处罚（不归入一般公共资金中，受托人自

---

① See Thomas F. P. Sullivan et al., *Environmental Law Handbook*, Bernan Press, 2017, p. 632.
② 参见程玉《生态损害法律责任实施机制的选择》，中国社会科学出版社 2021 年版，第 186—188 页。
③ 如果自然资源损害赔偿责任已经在多个潜在责任人之间进行了分配，则其应向各潜在责任人单独索赔。
④ 金钱赔偿额包括在已经选择的恢复替换获取与受损自然资源相当之自然资源的替代方案中所确认全部行动实施所需要的直接和间接成本支出，赔偿金同样包括受托人过去已经支出的评估成本和将来的恢复实施成本。
⑤ See Karen Bradshaw, "Settling for Natural Resource Damages", *Harvard Environmental Law Review*, Vol. 40, 2016, p. 212.

行决定使用），也不是为了清除污染的付款。① 换言之，"自然资源损害赔偿法律责任是一种融合了侵权、信托和行政法元素的混合物"②。由此，我们不能完全游离于行政法体系之外寻求对美国自然资源损害赔偿制度（和解与诉讼）的全面理解。事实上，在自然资源损害赔偿制度的运行过程中，行政权始终发挥重要作用。其一，不仅评估过程要遵守法定评估规则，其结论也要制作成行政记录，接受责任人和公众的评论和异议。其二，最终结论在诉讼中具有类似于行政决定的"可推翻的证据效力"③。其三，根据最终赔偿金，受托人有权变更最初修复方案，并负责监管实施。其四，根据《超级基金法》的规定，受托人在收回损害赔偿金后应将其存入一个有关特定场址的单独账户之中（也可以是财政部的账户或者信托账户），损害赔偿金的利息也应用于修复。在收到损害赔偿金以后，协调人需要重新编制一份新的修复计划，该计划不仅需要符合法律规定，④还应经过公共评论和审查。因此，有中国学者主张在美国"以私法手段实施公法任务"的制度架构中，自然资源损害赔偿制度更宜界定为公法规则，是具有民事诉讼"形式"（外衣）的行政执法行动。⑤ 笔者认为，无论是理解为融入公法元素的"特殊侵权"，还是理解为含有侵权特色的"行政执法机制"，主要是观察视角不同，是否遵循公私法分立传统。对自然资源损害赔偿制度性质的理解并不影响我们得出如下结论，尽管行政机关主导美国自然资源损害赔偿制度，但其中并无行政命令的适用。

二 大陆法系国家生态环境修复行政命令制度

一般而言，由于大陆法系国家奉行更为严格的公私法分立传统，生态环境修复责任旨在救济的生态环境损害通常被视为应当由公法调整的公共

---

① See Karen Bradshaw, "Settling for Natural Resource Damages", *Harvard Environmental Law Review*, Vol. 40, 2016, p. 212.
② See Gordon Johnson, "Paying the Piper: Comments on Liability for Natural Resource. Injury: Beyond Tort", *Albany Law Journal of Science & Technology*, Vol. 6, 1996, p. 268.
③ 符合美国自然资源损害评估规则的评估结果有可推翻推定效力。See 42 U.S.C. § 9607 (f) (2) (C).
④ 具言之，修复计划要符合法律、规则和政策的要求，这些规则包括 NEPA 和 NHPA（Historic Protection）以及其他可能影响拟采取修复行动性质的规定。
⑤ 参见张宝《生态环境损害政府索赔制度的性质与定位》，《现代法学》2020 年第 2 期。

利益问题。由此，行政机关利用行政执法机制（尤其是行政命令）来实施生态环境修复，在大陆法系国家中是很常见的制度设计。加之作为欧盟成员国负有转化欧盟《环境责任指令》的任务使得生态环境修复行政命令制度在大陆法系国家的法律实践中成为现实。但在大陆法系国家中，一直有一种突破传统侵权法调整范畴以将生态环境公共利益纳入民法体系之中的冲动，荷兰法院试图利用《民法典》第6：162条"一般利益"条款救济生态环境公共利益，①意大利则创设了颇具特色的"公法性质、私法操作"的请求权制度，②法国在侵权法道路上走得更远，其2016年《生物多样性法》直接修改了民法典，专章规定了生态损害侵权。引入私法路径实际上意味着立法者只能就生态环境修复责任的实施配备司法机制而非传统的行政执法机制。然而，作为欧盟成员国因转化欧盟《环境责任指令》而确立的生态环境修复行政命令制度又无法直接取消，因此"机制重叠"将成为这些国家在试图引入侵权法来实现生态环境修复责任目标时面临的重要挑战。

（一）德国生态环境修复行政命令制度

在德国法体系中，有关公共安全与福利的一般公法规则（类似于普通法系国家中的公共妨害规则）在一定程度上能够发挥救济生态环境损害的功能。如果水、空气或土地污染对公共安全或健康构成危险，则造成此危险的行为人便会被有权的行政机关发布命令，进而被强制去救济危险并承担相应的救济措施成本。③但这种规则的主要缺陷在于其仅能消除污染，可能无法要求责任人将受损生态环境恢复至未受损状态。为转化欧盟"环境责任指令"（ELD），德国采取了"双阶层"的转化方法（a two-tier approach）。④该方法有效地解决了新机制与传统机制之间的重叠问题，但也使我们对德国生态环境修复责任追究机制的理解必须采用一种体系化的方法，在规则适用时应同时结合《环境损害法》和传统的环境单行法。有学

---

① 参见［英］马克·韦尔德《环境损害的民事责任：欧洲和美国法律与政策比较》，张一心、吴婧译，商务印书馆2017年版，第307—309页。
② 参见［德］克里斯蒂安·冯·巴尔《大规模侵权损害责任法的改革》，贺栩栩译，中国法制出版社2010年版，第77—90页。
③ See Peter Wettersten (ed.), *Harm to the Environment: The Right to Compensation and the Assessment of Damages*, Oxford: Clarendon Press, 1997, pp. 136, 141.
④ See Eckard Rehbinder, "Implementation of the Environmental Liability Directive in Germany", *Environmental Liability*, Vol. 15, No. 5, 2007, pp. 199–200.

者将《环境损害法》的规定视为总则性质的内容,而将专门法律中的标准和措施视为分则进而对总则内容进行填充。① 由此,传统环境单行法——《联邦土壤保护法》《联邦自然保护法》《联邦水法》在救济生态环境损害时仍发挥主要作用,只有结合这些专门法律才能确定《环境损害法》所规定的合理措施。

根据传统环境单行法规定的细致程度,具体的法律适用存在两种可能。一种是完全依托《环境损害法》项下生态环境修复责任的追究机制,即单行环境法仅规定实体性法律要求(损害概念的界定和关于修复受损生态环境的一般性要求),将法律责任的构成要件和实施程序等具体规范内容交给《环境损害法》规定。例如,《联邦水法》第90条规定的"水体损害修复责任",本条规定须依据《环境损害法》中责任构成要件、责任人义务、职责机构职权、费用承担和概念定义以及相关人和经认定的团体协会之参与权和法律救济权规定。② 另一种是单行环境法规定了相对详细的规则内容,但对部分内容未作规定,此时未规定问题便可适用《环境损害法》。例如,《联邦土壤保护法》规定了详细的土壤损害修复责任机制,可直接适用于土壤修复,甚至有一些规则相较于《环境损害法》更为严格,③ 它们也可以直接适用。但对于《联邦土壤保护法》未规定的问题,如有关利益方提交评论,则应直接适用《环境损害法》。

德国《环境损害法》的制度核心是就生态环境损害为责任人设定生态环境修复义务以及相应的生态环境修复资金承担义务,并为实现这些义务赋予行政机关向责任人作出行政命令的公权力。根据《环境损害法》第6条和第8条规定,责任人应首先采取措施限制损害继续扩大,并应采取必要的修复措施。在损害得到修复前,此种义务会一直存在。为确保法律适用,《环境损害法》第8条就修复措施的决定规定了一项具体化的程序。具言之,责任人应首先调查确定采取何种措施,并提交给主管机关征求同

---

① 参见马强伟《德国生态环境损害的救济体系以及启示》,《法治研究》2020年第2期。
② 参见沈百鑫《环境损害的修复责任制度初探:以水体损害修复责任的中德比较为视角》,《清华法治论衡》2014年第2期。
③ 《土壤保护法》和《环境损害法》在环境损害法律责任追究机制方面存在诸多不同之处。See European Commission-DG, *Environment Implementation Challenges and Obstacles of the Environmental Liability Directive: Final Report*, 16 May 2013, pp. 118-119。

意。而主管机关根据环境单行法律，确定修复措施的种类和范围。① 主管机关不受责任人建议的拘束，其既可以同意建议，也可以附加一定的条件，甚至根据自己获取的信息作出不同决定，但无论如何，主管机关应遵循比例原则和公众参与的要求。② 根据第 8 条第 3 款规定，在发生多个生态环境损害同时需要采取必要修复措施时，主管机关可裁量决定优先修复的生态环境损害。一般而言，责任人应承担的生态环境修复义务是一种基于法律规定自行承担（self-exacting）的"原始义务"，即在具体情形中，无须通过行政机关的命令，即应主动履行相关义务。③ 但这并不排除，在责任人不主动履行义务时，行政机关按照第 7 条第 2 款依职权发布行政命令——要求责任人承担这些义务。原因在于，生态环境修复是一项复杂的科技活动，修复受损生态环境的义务还须依赖行政机关适用第 8 条规定的具体化程序。此外，《环境损害法》第 9 条授权行政机关在任何时候都不必事前要求责任人采取措施，而自己径直采取必要的修复措施，④ 然后依污染者负担原则向责任人追偿，但该条并未明确行政机关应采用何种追偿机制。⑤

之所以行政机关要求责任人实施修复措施义务时采用的制度载体是行政命令，是因为在表述"行政机关在决定拟采取的修复措施后要求责任人承担实施修复措施的义务"时，《环境损害法》第 11 条第 1 款使用了术语"行政行为"（Ein Verwaltungsakt）。此处的行政行为是否等同于行政命令？在德国法中，《行政程序法》第 35 条第 1 款将行政行为定义为，"行政机关为处理公法事件而采取的，对外直接发送法律效果的任何处置、命令或者其他高权性措施"。由此，命令是被来作为解释行政行为的核心概念，

---

① 与 ELD 第 6 条第 3 款不同，在如何采取补救措施时，《环境损害法》赋予主管机关以裁量空间。对此，德国学界有反对之声，"应当为了符合欧盟法应将主管机关的自由裁量权减少到零（Ermessensreduzierung auf Null）"。参见马强伟《德国生态环境损害的救济体系以及启示》，《法治研究》2020 年第 2 期。
② 主管机关在作出决定时，应当告知当事人及环境协会将要采取的修复措施，并保障其表达意见的权利，在最终确定修复措施时，应当考虑其提出的意见。参见《环境损害法》第 8 条第 4 款。
③ 参见马强伟《德国生态环境损害的救济体系以及启示》，《法治研究》2020 年第 2 期。
④ 依据《行政执行法》第 6 条第 2 款，为阻却构成刑事犯罪或罚款事实的违法行为，或为排除迫切的危险，在行政机关法定的职权范围之内，其无须事先作出基础行政行为，便可采取即时强制（Sofortiger Vollzug）。
⑤ 实践中，在土壤污染防治领域，主要是利用《德国民法典》要求赔偿土地污染补救费用。

行政行为的实质即"行政机关对特定事实单方面作出的、以设定法律后果为目的的具有约束力的命令"①。结合《环境损害法》上下文和本书研究目的，《环境损害法》使用的"行政行为"即行政机关依职权作出的"行政命令"。因此，责任人有权针对行政机关作出的"行政行为"提出异议，即可以通过《行政法院法》（VwGO）第40条1款第1句规定的一般行政救济途径获得救济，主要是异议（Widerspruch）[《行政法院法》（VwGO）第68条]和撤销之诉[《行政法院法》（VwGO）第42条]。②

值得注意的是，由于大陆法系普遍对"公权力不得处分"抱有定见，导致协商和解在行政活动中远落后于英美法系国家的"协商优先"规则。在德国，以行政行为为中心建构的行政法体系中，行政协议被塑造成了旨在重塑行政活动中国家与人民间关系的"非典型的行政行为形式"③，德国《行政程序法》将其定位为典型行政行为的替代形式。④但对执法过程的和解，德国《行政程序法》对其适用范围进行了限定，即"对于行政处分所依据之事实或法律关系，经依职权调查仍不能确定者"⑤。换言之，只有在特殊情形下，如责任人无法识别，或者损害与行为之间的因果关系非经不合比例之成本支出才能确定，才能基于程序经济的考虑，允许行政机关与责任人就生态环境修复义务的履行达成和解协议。

为保障《环境损害法》项下行政权力的运行，尽管该法本身不含任何行政制裁措施，但其可以适用其他单行环境法律的规定，比如《联邦水法》第103条第1款、《联邦自然保护法》第69条、《联邦土壤保护法》第26条等。环境单行法律通常会施加更高额的罚款，最高可达5万欧元。此外，根据《行政秩序罚法》第17条第4款的规定，行政罚款应当超过犯罪者通过犯罪获得的经济利益。《环境损害法》也没有提及任何对违反法律行为的刑事制裁，因此有关刑事制裁适用其他法律的规定，包括《刑

---

① 参见[德]汉斯·J. 沃尔夫、[德]奥托·巴霍夫、[德]罗尔夫·施托贝尔《行政法》（第二卷），高家伟译，商务印书馆2002年版，第25页。
② 参见马强伟《德国生态环境损害的救济体系以及启示》，《法治研究》2020年第2期。
③ 参见徐键《功能主义视域下的行政协议》，《法学研究》2020年第6期。
④ 1997年《行政程序法》第54条规定，公法范畴的法律关系可通过合同设立、变更或撤销，但以法规无相反规定为限。行政机关尤其可以与拟作出行政行为的相对人，以签订公法合同代替行政行为的作出。
⑤ 1997年《行政程序法》第55条规定，行政机关对于行政处分所依据之事实或法律关系，经依职权调查仍不能确定者，为有效达成行政目的，并解决争执，得与人民和解，缔结行政契约，以代替行政处分。

法典》第 29 章（第 324—330d 条）关于危害环境罪的规定，以及其他具体环境法律中有关环境犯罪的各种罚则。相应的刑罚可由罚金至 5 年监禁不等，对于情节严重的环境犯罪罪行，刑罚可上升至 6 个月至 10 年监禁不等。①

最后，德国的生态环境损害模式其实是公私法协动模式，②将生态环境损害救济置于公法层面由公法保护，而在私法体系中则借由侵害所有权的侵权损害责任承担规则来间接填补公法上的缺漏。③德国 1990 年《环境责任法》第 16 条第 1 款确立了对于生态环境损害的间接救济制度，④即在"具有生态维度的财产损害"（property damage with ecological dimension）案例中，加害人应承担的恢复原状费用可以包括对加害人同时间接造成的生态环境损害的恢复成本，且这一成本总额可适用《德国民法典》第 251 条第 2 款而不会因为其超出财产本身价值被认为不合理。⑤但该条仅能发挥间接救济作用，因为其依赖受害人的主动性。根据私法自治原则，受害人可放弃请求加害人修复受损的自然资源以及损害赔偿请求权。例如，受害人与加害人达成和解时仅要求加害人承担金钱赔偿义务时，第 16 条便无适用余地。而且，在涉及多个所有权人时，除非所有受害人均主张修复请求，否则在整体上也无法实现修复受损生态环境的目的。⑥

(二) 法国生态环境修复行政命令制度

2008 年，为克服国内传统公法修复责任机制的缺陷，并完成转化 ELD 的任务，法国议会通过了《环境责任法》（相关内容随后被编入《环境法典》第 L.160-1 条及以下）。具体来看，《环境责任法》复制了 ELD 确立的行政主导机制，规定的修复责任追究机制的主体内容其实是行政命令制度，具体包括以下程序。

---

① 参见程玉《生态损害法律责任实施机制的选择》，中国社会科学出版社 2021 年版，第 156—157 页。
② 公私协动模式在德国《环境保护法典》总论编纂过程中亦有所体现，即第 118 条和第 127 条。参见 [德] 克里斯蒂安·冯·巴尔《大规模侵权损害责任法的改革》，贺栩栩译，中国法制出版社 2010 年版，第 86 页。
③ 参见冯洁语《公私法协动视野下生态环境损害赔偿的理论构成》，《法学研究》2020 年第 2 期。
④ 参见《环境责任法》第 16 条第 1 款；《德国民法典》第 251 条。
⑤ See Marie-Louise Larsson, *The Law of Environmental Damage: Liability and Reparation*, Leiden: Brill, 1999, p.352.
⑥ 参见马强伟《德国生态环境损害的救济体系以及启示》，《法治研究》2020 年第 2 期。

第一，确定最终拟采取的修复措施并通知责任运营者。在行政机关和运营者就修复措施达成共识且经过咨询程序后，应将措施方案提交一个或几个有关环境和技术以及健康风险的地方委员会以获得审查、批准。一旦最终拟采取的修复措施被确认，则行政机关应将其列入一项修复措施陈述（remediation statement）中，并发送给损害发生地的城市委员会或其他适格的行政机关，以及运营者和修复措施有关财产所有人。运营者应履行行政机关要求采纳的修复措施，并将修复措施的实施情况报告给行政机关，行政机关在任何时候均有权通过行政命令的形式要求运营者采取补充性的环境损害修复措施（亦须经过咨询程序）。行政机关的官员应记录修复措施的实施情况，并将已经完成的修复措施记录在一项陈述中，该陈述被提交给行政机关，然后由行政机关将其副本发送给运营者、城市的市长或对于土地规划有管辖权的城市小组的主席，以及场址的所有人。

第二，行政机关代为履行修复措施后收回成本支出的程序。如果运营者未履行修复措施，则行政机关可以命令其采取修复措施，并要求运营者预先向特定的公共账户缴纳一定的费用。① 行政机关在计算押金时，并不享有裁量权。在发生争端时，法院应确保成本的评估合乎比例。如果运营者不履行修复措施或情况紧急或暂时无法确认责任运营者，则行政机关可自行采取修复措施，并从运营者处收回成本，但前提是收回成本诉讼的成本支出不高于拟收回的成本总额。② 此外，如果情况紧急或损害严重或运营者无法识别，则城市或地方和区域行政机关、环保组织、专业工会、基金会或财产受到影响的所有人，以及代表这些人的协会可以向行政机关提出请求，自行实施修复措施。如果行政机关同意了前述主体的修复介入请求，则行政机关应通过地方行政机关命令的形式（Prefectoral Order）来决定修复介入的条件和要求采取的修复措施。当运营者最终被确认后，介入主体可要求收回成本支出，但其应遵循《环境损害法》的特殊程序，即向行政机关递交正式的成本回收申请。行政机关在咨询了运营者后，决定可以收回的成本总额。尽管《环境损害法》未明确规定运营者间的追偿诉讼，但由于其他向修复措施投入了资金的

---

① 押金数额应在考虑正式行政命令中规定的修复措施成本的基础上与行政机关预估的修复措施成本相一致。
② 运营者要承担的成本包括：修复措施的成本，损害评估成本、修复措施的确定和实施成本，以及向地方行政机关、利益相关方和可能的公众进行咨询程序的成本。

组织或个人可以从运营者处收回成本（如果可以确认运营者），故超出责任份额支出了修复措施成本的运营者自然可以向其他后来的责任运营者主张成本收回。根据《环境损害法》的规定，行政机关收回成本的诉讼期限是5年，起算时间点是修复措施完成之日或运营者被确认之日两者中较早的时间点。

第三，运营者不服行政机关命令的异议程序。相对人针对实施行政机关作出的行政决定可以在其通知之日起2个月内向行政法院提出申诉。这是一种与越权诉讼相对应的完全诉讼，行政法官可以推翻行政决定或对其进行修正。

第四，确保法律责任规则得以有效实施的制裁程序。《环境损害法》创设了新的刑事制裁：（1）阻止或妨碍获得授权的官员进行环境损害调查工作（对运营者场址进行现场调查、请求提供额外的信息或资料等），应处以1年监禁，针对自然人15000欧元和对法人75000欧元的罚款，或者并处。（2）未能尊重行政机关发送的采取修复措施的正式行政命令，应处以6个月的监禁，以及针对自然人75000欧元和对法人375000欧元的罚款。对于定罪情况，法院可能延迟判决并命令运营者履行实施行政机关发送的正式行政命令，并施加一种按日惩罚性支付，该支付不超过3000欧元每日，并且最长期限为90天。（3）法院可决定判决的全部或部分公开，以及具体的公开形式，包括公司的地产、公司的网站或报纸上。（4）未能向行政机关提供环境损害信息或按照行政机关要求提供的其他相应信息，或未能履行行政机关要求的修复措施，则应对自然人和法人处以罚款（最高额分别为1500欧元和7500欧元）；对于第二次违法的责任人，应提高处罚额度，对自然人和法人的罚款最高额将分别为3000欧元和15000欧元。

值得注意的是，由于法国行政协议的适用被严格限定在警察行政以外的领域，尤其是公共服务领域，"行政协议鲜少代替单方行为作为提供人民给付（更遑论干预人民权利）的手段，而是结合私部门以共同达成公共服务使命的工具"，行政协议的行政性体现在以公共服务为使命而非其行为属性，[①] 可以预期，与德国法不同，行政和解在法国的生态环境修复责任追究领域可能无法得到适用。

---

① 参见徐键《功能主义视域下的行政协议》，《法学研究》2020年第6期。

与德国类似但明显不同的是,法国立法者高度重视私法(《法国民法典》)的作用。在承继法国多年来就生态环境损害民事责任立法逐步酝酿、积累之经验的基础上,① 并在《环境宪章》第4条(承认造成生态环境损害的人负有修复责任)和承认应救济生态环境损害的司法判例的推动下,② 法国于2016年颁布了《生物多样性法律》(相关内容随后被编入《法国民法典》第1246—1252条),在法国侵权法框架中为"生态损害"的救济创设了一项创新的、开创性的制度。《生物多样性法律》确立的生态环境修复责任机制是典型的司法机制,即允许任何个人就生态环境损害针对责任人向民事法院提出修复或者损害赔偿的请求。由此,法院而非行政机关在生态环境修复的过程中发挥决定性的作用。但作为全球范围内第一部扩展侵权法功能界限的立法,《生物多样性法律》难免存在一些制度缺陷。

其一,有关生态损害的定义。《法国民法典》第1247条规定了生态损害的法律定义,"生态系统的要素或功能的显著损害,或对人类从环境中获得的集体利益的显著损害"③。由此,《法国民法典》的适用对象并不限于《环境责任法》中的三种特定损害类型(水损害、土地损害和生物多样性损害),而是法国管辖范围内的所有环境要素或生态系统。近年来,在气候诉讼案例中,对大气生态功能特别是气候调节功能造成的损害也被纳入生态损害的定义之中。④ 诚然,所有人类活动都会对自然造成危害,而对每一次损害进行赔偿似乎实际上很难实现。由此,《法国民法典》亦设定了"不可忽

---

① 早在2005年,法国司法部便开启了生态损害救济民事立法的进程,其启动标志是2005年《债法(草案)》(即《卡特拉草案》)的出台。随后,几经变化、修正,最终送交国民议会于2016年正式审议通过。有关内容请参见程玉《生态损害法律责任实施机制的选择》,中国社会科学出版社2021年版,第165—166页。
② 判例在法国法律体系中占据重要作用。自20世纪80年代始,法国判例法就已确认了地方政府和环保组织(协会)就集体利益损害(包括生态环境损害)主张损害赔偿的诉讼资格。有关判例的内容介绍,请参见程玉《生态损害法律责任实施机制的选择》,博士学位论文,中国政法大学,2019年,第114页。
③ 《法国民法典》第1247条规定:"依据本编所规定的条件,对生态系统的要素或功能,或者对人们从环境中获取的集体利益造成的不可忽视的侵害是可救济的损害。"
④ 2019年,四个法国环境协会向巴黎行政法院起诉,援引国家未履行其与气候变化有关的义务,要求对国家未采取必要措施造成的生态损害采取补救措施。在诉状中,申请人将生态损害定义为对大气生态功能,特别是对气候调节功能造成的损害。See Summary of the legal arguments presented in the "Case of the Century", 14 March 2019, https://laffairedusiecle.net/wp-content/uploads/2019/05/Argumentaire-du-M%C3%A9moire-compl%C3%A9mentaire.pdf, p. 88。

视"（non négligeable）的阈值限制，① 以排除对那些被认为可以忽略不计的最小损害（或者说微不足道的损害）的修复或补偿。然而，何谓"不可忽视"，《法国民法典》并未对其判断标准和方法做出明确规定，其能否直接准用《环境责任法》中的"严重损害"标准，目前仍存争议。

其二，赔偿权利人的诉讼资格问题。立法者为平衡国民议会和参议院之间的争论，② 最终选择了折中方案——"抽象定义+明确列举"③。《法国民法典》第1248条规定提到每一个"有资格和利益"的人都能在法庭上代表环境。这为法官提供了裁量权以决定谁可代表生态环境出庭，④ 但其不仅内涵不清（本条是否完全列举？），也并未明确多个法定原告针对同一损害提起诉讼该如何处理。⑤

其三，有关责任方式的规则。对于生态损害的救济方式，《法国民法典》第1249条采取了"修复优先"主义，仅在修复不可行或者不充分时，⑥ 由法院判决责任人向原告支付损害赔偿金（如果原告无法采取适当措施，则上缴国家）。⑦ 该规定存在以下问题：（1）如何定义生态损害修复措施（La réparation du préjudice écologique），《法国民法典》并未解释修复机制在实践

---

① "不可忽视"（non négligeable）的限定来自巴黎上诉法院2010年3月30日"Erika"案判决中的定义，即生态损害是"所有对于自然环境，即空气、水、土地、风景、生态多样性以及这些元素间的互动的不可忽视的损害，其没有对特定的人的利益造成影响，但是却影响了合法的集体利益"。
② 法国参议院认为应当限制赔偿权利人范围，而法国国民议会则认为应当完全放开。参见李琳《法国生态损害之民法构造及其启示：以损害概念之扩张为进路》，《法治研究》2020年第2期。
③ 《法国民法典》第1248条规定："所有具有诉讼利益与资格的人均可提起环境损害赔偿之诉，例如国家、法国国家生物多样性保护署、地方政府及其辖区内的公共机构，或者于提起诉讼之日已经核准或创立至少五年以上的旨在保护自然环境的组织。"
④ See Julie Foulon. "Recent Developments in French Environmental Law: Recognition and Implementation of Ecological Damage in French Tort Law", *Environmental Law Review*, 2019, Vol. 21, No. 4, pp. 309–317.
⑤ 有学者认为，暂缓裁决的制度被删除后，要解决这种情况，须借助民事诉讼法的规定，即把所有针对一个损害的诉讼进行聚合，并禁止针对同一个损害在其他管辖法院提起诉讼。参见李琳《法国生态损害之民法构造及其启示：以损害概念之扩张为进路》，《法治研究》2020年第2期。
⑥ 由于修复措施的复杂性，存在不具有事实上修复可能性的情况。此外，法律上的不可能性包括第三方的权利受到不成比例影响的情况，例如，修复生态损害的措施将涉及严重侵犯第三方财产权的情况。See Simon Taylor, "Extending the Frontiers of Tort Law: Liability for Ecological Harm in the French Civil Code", *Journal of European Tort Law*, Vol. 9, No. 1, 2018, pp. 81–103。
⑦ 《法国民法典》第1249条规定："对环境损失的补救优先采用实际修复的方式。当且仅当在依法或依事实或缺乏修复手段导致修复不能时，法官则可判决损害人赔偿损失及其利息，将其拨付给原告供生态修复使用，而且如果原告不能采取有效措施实现该目的，则上缴国家。"

中应如何运作，即如何选择修复措施。一种可能的方案是直接引用《环境法典》中规定的修复措施（包括基础性、补充性和补偿性修复）。① 然而，有学者认为，这种引用《环境法典》规定的做法会损害新规则的明确性。② （2）如何界定第1249条中损害赔偿金的适用条件——"实际修复的不可能"，《法国民法典》也未做具体规定。（3）至于损害赔偿金的判决，仍存在一些规则不明之处，由谁确保原告将这笔损害赔偿金用于环境修复，何种行动可以称得上环境修复，以及存在多个索赔人时，法院该如何分配赔偿金，是在多个索赔主体间平均分配，还是给更有能力的索赔人？

可以预期，这些制度缺陷会直接影响《生物多样性法律》的实施效果。事实上，有研究表明，自2016年该法通过以来，尽管最高《法国民法典》法院在其一些判决中也提到了生态损害的法理概念，③ 但法院很少基于第1246—1252条判案。由此，由于目前缺乏判例法，我们暂时无法评估这一法律制度的实际效益。也正是在此意义上，我们或许可以推知，民事责任法可能并非法国解决生态环境损害的唯一办法。换言之，《环境责任法》中的统一生态环境损害救济机制可能在生态环境修复责任领域发挥作用。然而，由于《环境责任法》自身存在的限制和例外，也有研究表明，到目前为止，《环境责任法》在法国从未被适用。④ 这一点得到欧盟委员会报告的印证，自2007年以来，法国没有任何根据《环境责任法》提起的案件。⑤ 因此，至少可以肯定的是，由于资料有限，在当前法国法中，

---

① 还有一种方案是发展修复方案的合同化，即法官鼓励当事人就修复协议的条款达成协议，然后在合同法中予以执行。See Simon Taylor, "Extending the Frontiers of Tort Law: Liability for Ecological Harm in the French Civil Code", *Journal of European Tort Law*, Vol. 9, No. 1, 2018, pp. 81 – 103。

② See Simon Taylor, "Extending the Frontiers of Tort Law: Liability for Ecological Harm in the French Civil Code", *Journal of European Tort Law*, Vol. 9, No. 1, 2018, pp. 81 – 103.

③ Cour de Cassation, Crim., 22 March 2016, n. 13 – 87.650; Cour de Cassation, Crim., 6 December 2016, n. 16 – 84.350; Cour de Cassation, Crim., 28 May 2019, n. 18 – 83290, in this case the Court referred to Articles 1246 and ff. of the French Civil Code.

④ See Julie Foulon, "Recent Developments in French Environmental Law: Recognition and Implementation of Ecological Damage in French Tort law", *Environmental Law Review*, Vol. 21, No. 4, 2019, pp. 309 – 317.

⑤ 在整个欧盟范围内，大约有1245起已确认的事件在2007年4月至2013年4月触发了指令制度的实施。但报告发现，各国之间的案件数量差异很大。匈牙利和波兰发生的案件数量占所有环境损害案件中的86%，其余六个国家报告了其余大多数案件。See European Commission, *Report from the Commission to the Council and the European Parliament on Environmental Liability with Regard to Prevention and Remedying of Environmental Damage*, COM (2016) 204 final, p. 3。

我们很难明确究竟是《环境责任法》项下的行政命令制度还是《法国民法典》项下的司法修复机制占据主导地位。

三 行政命令制度与其他修复制度的适用关系

通过对前述四个典型国家生态环境修复制度经验的梳理和总结，大体可以发现，各国均至少在一定程度上采纳了以行政命令追究生态环境修复责任的制度方案。但受限于各国法制传统，生态环境修复行政命令制度的适用空间有别。总体而言，行政命令制度仅是多元生态环境修复责任追究机制体系的重要组成部分，其在各国生态环境修复制度体系中与其他修复制度的适用关系呈现出多样化特征。考虑到中国生态环境修复多元制度并存的现实，有必要对此问题加以研究。

(一) 英国多元生态环境修复制度的关系

在英国，很难想象，行政机关会感受到被迫采用侵权诉讼而不使用行政权力的情形。这是因为，法定妨害机制涵盖了许多损害类型，因此在英国，行政权力有可能涵盖了大部分 ELD 所未涉及的损害类型。换言之，在英国，实现生态环境修复目标的任务主要由传统法定妨害机制和 ELD 转化法（《环境损害规则》）来承担，并且它们依托的制度工具都是行政命令。因此，二者在适用过程中就很有可能会发生重叠，为解决此问题，《环境损害规则》第 7 条第 1 款创设了一种"优先性规则"。根据该条款规定，《环境损害规则》中的生态环境修复机制不应损及其他已经生效的法定妨害机制。换言之，在《环境损害规则》不能调整的生态环境损害领域，传统法定妨害机制可以继续适用；《环境损害规则》中如有更严格的规则设计，应当优先适用传统法定妨害机制的规则。为了具体化这一"优先性规则"，英国专门制定用来指导《环境损害规则》的指南文件——《环境损害预防和修复规则：英格兰、威尔士法定指南》（2009 年）在其附件 4 中，针对同一土地损害或土地污染如何适用不同法律责任规则，作出了详细规定。在行政命令制度实施的过程中，协商优先是另外一项十分重要的规则。具言之，非正式机制在英国环境法律实施实践中扮演着中心角色。在英国环境法实施体系中，为了维持规制者与被规制者之间的良好合作关系，经常需要利用一种等级式的实施机制组合。实施过程的第一步骤侧重于劝服（psersuasion），即建议（advice）或者教育（education）与违法相关的问题。为了缓和刑事制裁的严厉性、提高规制灵活性、降低规制成本，英国2008年民事制裁改革规定，行政机关可以适用"恢复令"和"实施承诺"实现生态环境修复，此处的"实施承诺"实际上就是相对人和行政机关间的协商。

最后，我们还有必要考察：在行政机关之外，英国环保组织是否可以在生态环境修复领域发挥作用？由于英国奉行"公私法分立"的传统，环保组织虽然享有司法审查的地位（向法院提出对规划和环境治理决定的质疑），并发挥着重要作用，但它们在民事诉讼中被剥夺了资格（代表生态环境公共利益发起民事索赔诉讼）。① 然而，这并不意味着环保组织不能在生态环境修复领域对责任人发起刑事诉讼。在英国法的传统中，追诉环境犯罪（比如，相对人不履行行政机关向其作出的生态环境修复行政命令即构成环境犯罪）的权力并非仅仅属于法定的行政机关。根据1985年《犯罪检控法》（Prosecution Ofences Act）第6（1）条的规定，私人（包括环保组织，乃至任何公民）均享有就任何犯罪提起私人诉讼的一般权利。然而，这种一般性权利被限定在特定的制定法中，环境保护领域针对法定妨害提起私人诉讼的权利规定在1990年《环境保护法》（Environmental Protection Act）第82条中——EPA规定的是就法定妨害提起私人诉讼的特别权利。在法律实践中，尽管有个人提起诉讼的实践，但更常见的是由组织提起。并且，由组织提起诉讼有时比行政机关提起诉讼更为频繁。例如，2013—2015年，英国防止虐待动物协会（RSPCA）根据1981年《野生生物和城乡法》提起私人诉讼的案例是95件，而同期自然英格兰机构提起的案件仅3件。② 尽管从法律规定上来看，私人或者组织可以直接针对责任人发起刑事诉讼，但已经有法官在案例中对此提出疑问，认为"让私人诉讼者起诉实际上造成一种不幸，并没有给予行政机关采取行动的机会"③。事实上，在很多实际案件中，如Sea Empress污染事故案，私人组织（地球之友）提起诉讼会给行政机关（环境署）带来压力，迫使其采取行动（发起刑事诉讼）。在此意义上，英国环保组织发起的刑事诉讼，在

---

① 参见［英］马克·韦尔德《环境损害的民事责任：欧洲和美国法律与政策比较》，张一心、吴婧译，商务印书馆2017年版，第66页。

② See Stuart Bull, Donald McGillivray, Ole W. Pedersen, Emma Lees, Elen Stokes, *Environmental Law*, ninth edition, Oxford: Oxford University Press, 2017, p. 282.

③ See R v. Anglian Water Servies Ltd［2004］Env LR 10.

功能上与美国法意义上的公民执法诉讼相一致。

（二）美国多元生态环境修复制度的关系

在美国，以《超级基金法》为例，生态环境修复责任追究机制采纳的是"双轨制"，一是适用于土壤或者水污染的反应行动（包括清除行动和修复行动，前者是应急性修复，后者是修复性修复），二是适用于更广泛意义上的自然资源损害赔偿制度。但通过前文关于美国法经验的梳理和总结，可以发现，自然资源损害赔偿制度是侵权法和行政法的"混合物"，其中并无行政命令制度的适用空间，行政机关一般使用的制度工具是协商和解和索赔诉讼，并且和解的适用频率高于诉讼（高达95%）。而在反应行动中，行政机关通过"单方行政命令"实施生态环境修复是重要路径，但应注意，"单方行政命令"仅是行政机关在实施反应行动时的一种手段，行政机关还可以并且经常选择的其实是另一种制度工具——协商和解（高达80%）。根据适用阶段和内容不同，这种和解协议可以是经由法院审查的同意令，或者行政主导的合意行政裁决、行政协议等。由此可知，无论是在反应行动，还是在自然资源损害赔偿制度中，协商和解都是主导性的手段，而"单方行政命令"只是反应行动中的一种次优选择（其适用情形一般是行政机关无法达成和解协议时）。因此，一个值得深思的问题是，反应行动和自然资源损害赔偿制度之间的关系如何？

总体上看，自然资源损害赔偿制度与反应行动不同，二者可能先后或者同时进行。[①] 一般而言，反应行动在损害发生后就应迅速展开，自然资源损害赔偿制度也应当快速启动，并与反应行动保持衔接、协调。[②] 这是因为，早期阶段与反应机构（通常是现场协调员）之间就信息收集和数据共享方面的合作有助于减少受托人在收集数据方面的难度，减少田野调查活动的时间和成本，最大化数据收集效率，协调在反应行动、资源保护和恢复活动之间进行的互动。而在自然资源损害制度正式启动之前，受托人须和反应机构协作，以确定进一步的反应行动能否消除污染对自然资源服务的持续伤害或损害威胁。若发现没有损害会发生，反应行动已将资源和

[①] See Allan Kanner, "Issues Trustees Face in Natural Resource Damage Assessments, Part I", *Journal of Environmental Protection*, Vol. 8, 2017, p. 506.

[②] 对于自然资源损害，美国环保署须与受托人协调配合，其负有义务通知受托人有关和解谈判的信息，允许受托人在职权范围内参与谈判，并且仅有受托人可以在和解中有权向潜在责任人保证其不会再起诉索取自然资源损害赔偿金。参见贾峰等编著《美国超级基金法研究》，中国环境出版社2015年版，第71页。

自然资源服务迅速恢复至基线条件，或者自然恢复已足够，则无必要启动自然资源损害赔偿制度。换言之，自然资源损害赔偿制度仅在反应行动不足以救济全部损害时启动。① 从时间上来看，自然资源损害索赔通常直到针对危险物质释放的反应行动结束之后才能解决，并且反应行动经常被作为诉讼时效的起算点。② 最后，受托人主张的自然损害赔偿金不能和清理行动成本重复，因为《超级基金法》禁止重复索赔。③

美国环境法一般允许环保组织有权代替行政机关实施法律，此之谓美国公民诉讼制度。这一制度在反应行动领域也适用。根据《超级基金法》第310条的规定，任何人都能发起两种公民诉讼，一是针对任何人（包括政府和非政府主体）的污染行为提起的诉讼；二是针对行政机关的行政违法行为提起司法审查。④ 在实践中，公民诉讼很少由公民个人以自己名义提起，大多数公民诉讼是通过公民团体即环保组织来进行的，即使没有现成的团体，他们也会临时成立团体或者协会来代表公共利益起诉。⑤ 但公民诉讼的启动并非没有任何限制，其需要遵循两项条件：其一，如果行政机关已采取了措施，则公民不得提起公民诉讼；其二，公民必须诉前60日告知行政机关义务，如果公民在诉前没有将起诉通告美国国家环保署、违法行为所在州和违法者本人，则禁止提起公民诉讼。相较于英国法的规定，《超级基金法》的前述明确规定有助于确立美国公民诉讼旨在"弥补政府执法不足"的功能定位，避免诉权滥用给法院造成过重负担。而在美国法的制度设计中，自然资源损害索赔权被受托人垄断，公民个人和环保组织无权通过公民诉讼直接向责任人主张自然资源损害赔偿。⑥ 但美国立

---

① See Peter Wettersten (ed.), *Harm to the Environment: The Right to Compensation and the Assessment of Damages*, London: Carendon Press, 1997, p. 448.
② 由于可能在一段时间内尚不清楚损害的性质和程度，更不用说损害与特定释放之间的联系，NRD索赔可能会持续多年。See Thomas F. P. Sullivan et al., *Environmental Law Handbook*, Bernan Press, 2017, p. 129。
③ See 42 U. S. A. 9607 (f) (1).
④ See Barry Breen, "Citizen Suits for Natural Resource Damages: Closing a Gap in Federal Environmental Law", *Wake Forest Law Review*, Vol. 24, 1989, p. 870.
⑤ 参见贾峰等编著《美国超级基金法研究》，中国环境出版社2015年版，第88页。
⑥ 在美国，通常情形下，多数环境法律并未授权公众向被告主张赔偿生态环境本身损害的权利，被告只能主张通过禁止性、预防性、纠正性、替代性令实现预防救济。此外，针对侵害人的公民诉讼必须严格遵守补充执法的规则约束，即只有诉前通知行政机关之后才能发起诉讼。参见胡中华《论美国环境公益诉讼中的环境损害救济方式保障制度》，《武汉大学学报》（哲学社会科学版）2010年第6期。

法者认为:"公众制约政府的权利必须保留。"① 为此,自然资源损害赔偿制度保留了公众参与渠道:其一,公民诉讼,任何公民个人和环保组织均可对受托人的不当索赔行为提起公民诉讼(对应于中国行政公益诉讼);其二,如果受托人的主张不充分,公民和环保组织有权介入自然资源损害赔偿诉讼(Intervention Right);其三,公民个人和环保组织有权参与受托人主导的自然资源损害评估和修复计划程序。②

(三) 德国多元生态环境修复制度的关系

德国采取的是公私法协动式生态环境修复责任追究模式。一方面,《环境损害法》作为总则内容协同《联邦土壤保护法》《联邦自然保护法》《联邦水法》三部具体环境法律负责调整德国领土范围内的大部分生态环境修复责任追究问题。通过这些法律,德国确立了完善的生态环境修复行政命令制度。另一方面,《德国民法典》第823条第1款和《环境责任法》第16条在有限的程度和范围内发挥着间接救济生态环境损害(实现生态环境修复责任)的作用。然而,与英美法系国家大力促进协商和解手段在生态环境修复方面制度效能的做法不同,德国《行政程序法》第55条规定的行政执法和解只存在有限的适用空间(如在无法识别生态环境损害责任人或者非经不成比例之成本支出无法查明因果关系时),而德国行政机关是否会根据《行政程序法》第54条的授权充分利用行政协议的方式替代行政命令来实现生态环境修复义务,也尚未得到立法确认。在环保组织的功能方面,德国并不允许环保组织直接针对污染者提起诉讼要求其履行生态环境修复责任,环保组织只能请求行政机关要求责任人修复生态环境。③ 此外,根据德国《环境法律救济法》(2006年制定,2013年修改)的授权,④ 环保组织有权对行政

---

① See J. L. Sax, "The Public Trust Doctrine in Natural Resource Law: Effective Judicial Intervention", *Michigan Law Review*, Vol. 68, 1970, p. 474.
② See Peter Wettersten (ed.), *Harm to the Environment: The Right to Compensation and the Assessment of Damages*, Oxford: Clarendon Press, 1997, pp. 197-205.
③ 根据《环境损害法》第10条的规定,当事人以及可以提出第11条第2款法律救济的环境协会,只要主张的事实表面证明确实发生了环境损害,即可要求主管机关采取措施。由于第10条仅规定了修复义务,可知德国采纳了《欧盟环境责任指令》第12条第5款的规定,将环境协会可请求主管机关作为的内容限制在了修复义务。但环境协会能否请求预防措施,在司法实践中仍然存在争议。
④ 2013年《环境法律救济法》不再以明确存在个人主观权利为保护的基础,转而以环境保护为目的,这一变化就使德国环境团体诉讼的性质从主观诉讼转向了客观诉讼。参见吴宇《德国环境团体诉讼的嬗变及对我国的启示》,《现代法学》2017年第2期。

机关做出的违反法定义务的行政决定提起环境团体诉讼（环境行政公益诉讼）。①

（四）法国多元生态环境修复制度的关系

《法国民法典》直接将生态环境损害纳入可救济损害的范围，为生态环境修复责任的实现引入了全新的司法机制，尽管偏离了欧盟层面取消民事责任而改用行政责任路径的现有做法，但其也为其他国家提供了一种生态环境损害救济的新立法样本。比如，2020年《中国民法典》第1234条和第1235条之规定与《法国民法典》的规范内容有很多相似之处。然而，未经体系化的思考和设计，《法国民法典》规定的生态环境损害诉讼会面临机制重叠或冲突问题。

一方面，从司法机制的内部来看。在法国的民法体系中，存在着很多在功能上能够起到救济生态环境损害的诉讼。首先，生态损害可以作为对法人或自然人的权利或财产造成的个人损害予以赔偿；② 其次，生态环境损害还可以作为对受法律承认的环境协会保护的集体利益造成的损害；③ 最后，作为《法国民法典》第1246条及以后条款中所规定之"可救济损害"的生态环境损害得到赔偿。④ 这些多重法律诉讼的存在可能会引发一种"重复救济"的风险，进而与法国民事责任法领域（对受害人所受损害给予）充分赔偿的原则相冲突，⑤ 面临被推翻的风险。⑥

另一方面，由于缺乏妥当的衔接机制，《法国民法典》中的司法机制会与以《环境责任法》为代表的传统行政命令制度发生重叠、冲突，进而造成混乱，甚至引发责任过度的问题。⑦ 对此问题，立法者试图仅以简单的衔接规定进行解决。其一，依据《生物多样性法律》第1条规定，修改《法国民法典》，在其中规定，"在必要时，生态损害评估应酌情考虑到届

---

① 德国《环境法律救济法》第1条规定："对于违反法定义务的行政决定、用水许可、规划同意决定以及《环境损害法》中规定之行政决定均可以提起诉讼。"
② 参见《法国民法典》第1240—1245条。
③ 参见《环境法典》第L.142-2条。
④ 参见《法国民法典》第1246—1252条。
⑤ 该原则的内容是赔偿法人或自然人遭受的所有损害，但不超过所遭受的损害，即无损失或利润的赔偿。
⑥ See Julie Foulon, "Recent Developments in French Environmental Law: Recognition and Implementation of Ecological Damage in French Tort Law", *Environmental Law Review*, 2019, Vol. 21, No.4, pp. 309–317.
⑦ 这两种制度并存无疑是法律适用过程复杂的一个根源，它们在范围、补救办法和时效期限方面都存在不同。

已采取的修复措施,特别是在已实施《环境法典》第一卷第六编的情况下"。其二,按照《生物多样性法律》第7条规定,修订《环境法典》第L.164-2条为:"如有必要,依本编内容采取的修复措施应当考虑到《法国民法典》第四编第三卷的影响。"然而,立法者无论是在《法国民法典》中还是在《环境法典》中,都未进一步说明这种"(酌情)考虑"(tient compte)应该如何进行,仅根据现有规定,我们无法得出结论,"民事诉讼中法院必须推迟其裁决,直到任何现有的行政程序得到解决"。诚如有学者所言,对此问题的解决,立法者似乎倾向于选择让法官在实践中思考解决问题的办法。可以预见,在法国,很有可能会出现"省长根据《环境责任法》行事,而环境协会根据《法国民法典》采取平行行动",诉讼数量会成倍增加,导致补救措施发生重叠的风险。①

对于环保组织在生态环境修复责任履行方面的功能而言,法国法高度信任环保组织的能力,赋予其两项参与机制。其一,与其他国家的经验一致,当国家没有按照公众利益要求维护生态环境集体利益时,法国协会可以根据《环境法典》第L.142-1条的规定,在穷尽既有行政救济的情形下,针对政府不当行为提起越权之诉,但该诉属于客观诉讼(旨在保障行政行为的合法性),故协会在该类诉讼中无权主张损害赔偿。② 其二,不同于同属于大陆法系的德国,法国法赋予协会(甚至是能够代表生态环境集体利益的任何公民)可以直接提起侵权诉讼主张损害赔偿的诉讼资格,并且只要协会将赔偿金用于修复生态环境,则协会便可以作为第一顺序的赔偿权利人。③ 换言之,与美国法不同,《法国民法典》并未就协会和地方政府提起生态环境损害诉讼请求的诉讼资格设定顺位限制。

最后,法国将行政和解限缩为公共服务领域而排斥其在干涉行政领域适用,限制行政机关以协商和解方式追究生态环境修复责任。

四 对域外各国制度之一般经验的归纳和总结

生态环境修复责任追究是个新问题,各国立法在制度选择方面并未达

---

① See Simon Taylor, "Extending the Frontiers of Tort Law: Liability for Ecological Harm in the French Civil Code", *Journal of European Tort Law*, Vol. 9, No. 1, 2018, pp. 81-103.
② 参见胡静《环保组织提起的公益诉讼之功能定位:兼评我国环境公益诉讼的司法解释》,《法学评论》2016年第4期。
③ 参见《法国民法典》第1248条。

成统一共识。但仔细研究后，可以发现，貌似不同的各国经验，实际上存在着一些共同之处。这些普遍性的一般规则，可为完善中国生态环境修复责任制度提供借鉴。

其一，无论行政修复制度，还是司法修复制度，均设定了一定的损害阈值条件。比如，欧盟《环境责任指令》第 2 条设定了"重大不利影响"或存在"不利影响的重大风险"的程度要求。《法国民法典》第 1247 条规定，生态系统的要素或功能遭到显著损害，或对于人类从环境中获得的集体利益造成显著损害的，可以得到修复。美国《超级基金法》要求危险物质释放或释放威胁对公共健康、福利或者环境的危害达到"紧急且重大危害"程度时，才能颁发行政命令或申请司法禁令。在德国，并非所有的污染和每一个污染威胁都能导致适用《联邦土壤保护法》加以修复，只有污染损害达到一定的程度方可进行修复。①

其二，无论是英国（如《环境损害规则》）、美国（如《超级基金法》反应行动规则）、还是德国（如《环境损害法》）和法国（如《环境责任法》），均承认行政命令制度应当发挥或多或少的作用。而且，各国普遍选择对生态环境修复行政命令制度施加完备的程序控制机制，即针对生态环境修复行政命令制度配置一套成熟的程序规则，其核心内容一般包括以下几个方面：命令的作出、命令的实施、命令的异议、实施成本收回、违反行政命令行为的制裁（包括行政处罚和刑事制裁）以及环保组织（有些国家甚至包括公民）的公众参与等。由于生态环境修复过程具有复杂的科学技术性和高度的利益冲突性，各国立法者普遍选择在修复措施选择和实施的问题上制定详细的指南或者规则（这些指南或者规则对应中国的环境标准），以指导行政机关的行动，确保生态环境修复的实际效果。

其三，行政命令并非实现生态环境修复责任目标的唯一制度选择。一方面，行政机关也可以利用协商和解的方式来解决行政争议，与责任人就生态环境修复责任的履行达成合作协议。例如，英国和美国的法律都十分鼓励应用协商和解，并且已在实践中发挥了主导作用。另一方面，行政机关在行政机制之外还可以利用司法机制（侵权诉讼或者执法诉讼）的方式实现生态环境修复责任目标。尽管仍有少数国家尚不允许行政机关利用司

---

① 参见胡静《比较法视野下生态环境损害救济的行政主导实质及其启示》，《比较法研究》2023 年第 3 期。

法机制追究生态环境修复责任,[①] 但越来越多的国家开始在行政机制之外授权行政机关启动生态修复责任追究的司法机制。[②] 例如,在美国,政府受托人应针对公共自然资源损害启动自然资源损害评估程序（Natural Resources Damage Assessment）,在确定损害结果并制定修复方案后,向潜在责任人发送通知信（Demand Letter）,提出损害赔偿请求。如潜在责任人愿意谈判,受托人将积极促成和解,并寻求法院确认（Consent Decree）；如潜在责任人未及时回应,受托人启动司法诉讼。在法国,地方政府和环保组织均可依《法国民法典》第1248条就生态环境集体利益遭受的损害提起民事诉讼。意大利和荷兰亦有类似规定。[③] 由此,不少国家均授权行政机关利用司法机制追究生态修复责任,并且这一选择与该国是大陆法系国家还是英美法系国家的法制传统无关。

其四,对于行政机制和司法机制之间的适用关系,各国所采策略有别,包括三种方案。第一种方案是机制自由选择方案,主要是意大利和法国。其中,在意大利,如果某特定行为被证实是违法行为,那么行政机关应命令私主体采取环境修复措施,并且这一命令在应对法律没有规定的紧急情况下的环境损害事件也很重要。在前述情况下,行政机关享有自由裁量权。[④] 根据意大利《环境法》规定,意大利环境、领土和海洋部可以在行政机制（行政命令）和司法机制（行政诉讼）间进行选择,以修复生态环境损害。一

[①] 目前主要是英国和德国未确立行政机关生态修复责任司法追究机制。其中,德国是因为19世纪以来的公私法二分的理念太过强大,导致生态修复责任只能通过公法追究。参见冯洁语《公私法协动视野下生态环境损害赔偿的理论构成》,《法学研究》2020年第2期。而对于英国,将环保组织局限于司法审查机制的法制传统以及法定妨害机制覆盖了大范围环境损害的现实,使行政机关倾向于使用行政权力来救济生态损害。See Wilde Mark, *Civil Liability for Environmental Damage*, Kluwer Law International, 2002, p. 101。

[②] 在域外,行政机关在利用行政机制追究生态修复责任时有可能会利用民事诉讼追究环境治理或者修复费用,比如,在德国《土壤保护法》实践中,行政机关可就修复费用发起民事诉讼进行追偿（有学者将其诉权基础定性为不当得利）,但这些民事诉讼仅是行政机制的辅助程序,并非本书界定的司法机制。

[③] 意大利创设了一项"公法性质、私法操作"的请求权,允许行政机关通过民事诉讼要求责任方救济生态损害。在荷兰,尽管损害赔偿范围限于事实上支出的环境损害预防或救济措施成本,但其判例法规则表明,行政机关在因环境污染遭受损害时,符合《民法典》第六编第162条中的"利益"要求,有权针对责任人发起侵权诉讼。See J. M Van Dunne, Jan-Willem Meijer, *The Duty of Care in Contract and Tort : Selected Eassays on Contract, Construction Law, Tort, Environmental Liability, Jurisprudence*, Maastricht: Shaker, 2006, p. 137。

[④] 参见［意大利］法布里奇奥·弗兰齐亚《命令与控制权：市场的监管》,李媚译,载费安玲主编《罗马法与学说汇纂》（第八卷）,中国政法大学出版社2017年版,第302页。

旦采取行政命令，该部就不能再对潜在责任人提起民事诉讼。① 而对于法国，行政机关既可依据《法国民法典》第1248条发起民事诉讼追究生态环境修复责任，也可依据《环境法典》第六编（欧盟《环境责任指令》转化法）赋予的行政管制权力启动生态环境修复行政命令制度。至于两者之间的适用关系，目前国家立法尚未明确（无论是《环境法典》还是《法国民法典》，均仅规定"酌情考虑"），诚如法国学者所言，"立法没有规定，民事诉讼中法院必须推迟其裁决，直到任何现有的行政程序得到解决"②。第二种方案是行政机制优先方案。在该方案中，荷兰行政机关只有在行政机制不适当时才能启用司法机制针对潜在责任人提起侵权诉讼。为了确立何时启用行政机制不适当，荷兰法院先后确立了两项判断标准，即"受侵权保护的利益"标准和"侵犯性检验"标准。由于何谓"受保护的利益"过于模糊，难以达成共识性定义，法院最终采纳了第二项标准。根据"侵犯性检验标准"，只要不对法定监管机制构成不可接受的侵犯，则行政机关可启用司法机制。③ 荷兰最高法院在"温德梅尔"（Windmill）案中将该标准分解为三个具体要素：第一，监管法规的内容和目的；第二，公民利益在公法上是否得到了充分保护；第三，使用公共权力是否可以达到同样结果。④ 由此，在荷兰，只有在行政机制无法达到追究目标时才启用司法机制。还有最后一种是美国法的分工合作方案。根据美国《超级基金法》的制度设计，美国生态环境修复责任追究二分为"反应行动（依污染情况不同分为清理和修复）"和"自然资源损害赔偿"。其中，自然资源损害赔偿制度依托于受托人发起的司法机制，而反应行动则依托于环保署的执法行动，实践中这种执法行动依托的机制有可能是要求可能责任人采取修复行动的行政守法命令。⑤ 由此，美国生态环境修复责任追究机制实际上是行政机制和司法机制的混合。

其五，在生态环境修复责任追究过程中，除少数国家赋予环保组织和地方政府相同的生态环境修复责任追究权利以外，大多数国家均认为环保

---

① 参见中国工程院、环境保护部编《中国环境宏观战略研究（战略保障卷）》，中国环境科学出版社2011年版，第295页。
② See Simon Taylor, "Extending the Frontiers of Tort Law: Liability for Ecological Harm in the French Civil Code", *Journal of European Tort Law*, Vol. 9, No. 1, 2018, pp. 81 – 103.
③ 参见［英］马克韦尔德《环境损害的民事责任：欧洲和美国法律与政策比较》，张一心、吴婧译，商务印书馆2017年版，第312—314页。
④ See Hoge Radd 26 January 1990, NJ 1991, 393. Discussed by Bierbooms and Kottenhagen-Edzes, 153 – 154.
⑤ 参见张辉《美国环境法研究》，中国民主法制出版社2015年版，第374—375页。

组织在生态环境修复责任追究过程中只能居于辅助者地位。少数国家的代表是法国,《法国民法典》第 1248 条继续沿袭欧盟《环境责任指令》转化前的国内法规则,赋予环保组织通过司法机制(民事诉讼)追究生态环境修复责任的权利,并且环保组织和行政机关之间并无起诉时的顺位限制。① 而在制度选择上借鉴美国自然资源损害赔偿制度的欧盟《环境责任指令》在欧洲成员国范围内的转化,也导致意大利、德国、英国等成员国仅赋予环保组织有权请求行政机关行动并在行政机关拒绝行动或者发生不当行动时发起异议(包括行政异议或者司法异议)。此外,一些新兴的发展中国家,比如印度,基于环境司法能动理念,赋予环保组织或者更广泛意义上的"任何公民"针对潜在责任人发起民事诉讼追究生态环境修复责任,但同时这对这些诉讼的提起设定了前置条件。比如,根据印度《环境保护法》第 19 条,法院可以审理任何人起诉的违法行为,但要求该人已经提前 60 天按照规定的方式通知中央政府或者任何行政机关或者政府授权的官员,且该通知指明了违法行为和起诉意图。最后,对于立法路径与法国比较相似的荷兰,其保留了欧盟《环境责任指令》转化前的国内法机制,即环保组织被允许通过司法机制追究生态环境修复责任,但荷兰环保组织的诉讼请求仅限于其事实上已支出的环境损害预防或救济措施成本。② 由此,环保组织能发挥的具体作用可能会因国别而异。

第三节 中国生态环境修复行政命令制度的结构性缺陷

由于生态环境修复责任追究关涉生态环境公共利益,行政机关理应在

---

① 只要环保组织将赔偿金切实代表和维护生态环境利益(将赔偿用于修复环境),其便可以作为第一顺序的赔偿权利人,否则国家作为赔偿权利人。参见李琳《法国生态损害之民法构造及其启示:以损害概念之扩张为进路》,《法治研究》2020 年第 2 期。

② 环保组织可依据荷兰《民法典》第三编第 305a 条规定代表环境集体利益(最高法院将其解释为环保组织的"私人利益")发起诉讼,但责任范围限于已经支出的环境损害预防或救济措施成本。See Berthy Van Den Broek, Liesbeth Enneking, "Public Interest Litigation in the Netherlands: A Multidimensional Take on the Promotion of Environmental Interests by Private Parties Through the Courts", *Utrecht Law Review*, Vol. 10, No. 3, 2014, p. 84。

此方面发挥重要作用，这也是前文有关各国生态环境修复制度经验揭示出来的道理。事实上，"现今各国大多透过行政法之环境管制与生态环境计划等方式作为生态环境保护之主要手段"①。而在这些手段之中，行政命令制度占据了非常重要的地位。系统梳理中国生态环境修复行政命令制度的缺陷，是构建科学生态环境修复责任追究机制不可忽略的前提性工作。以中国生态环境修复行政命令制度的规范和实践考察为基础，同时以域外各国的制度经验作为参照，可以大体梳理出中国目前生态环境修复行政命令制度的缺陷与不足。作为生态环境修复责任领域立法相对滞后的国家，中国目前有关生态环境修复责任追究机制的立法尽管已经初具规模，包括行政磋商（即生态环境损害赔偿磋商）和司法机制（具体包括生态环境损害赔偿诉讼和环境民事公益诉讼），但有关生态环境修复行政命令制度的立法始终相对缺乏。制度供给不足直接导致其在实践中无法广泛适用，即使零星适用也会因缺乏程序控制而面临违法现象突出的问题。

一 生态环境修复行政命令制度的实体法依据不明

一项法律制度健康发展的法律需求既包括对程序法的需求，也包括对实体法的需求。② 实体法和程序法之间存在"内容—形式"关系的底色。一方面，若实体法规则缺乏程序法的具体化实践，其将沦为纸面上的权利或义务宣言，无法转化为现实行动的依据；另一方面，若程序法缺乏实体法在内容层面的指引，其也将无所适从，如此便有可能被行政机关违法滥用，与法治精神相背离。从宏观层面来看，程序法应当具有独立于实体法而且无法为之取代的法律功能，但那种无限扩大程序法优先于实体法的观点同样不可取，为了实现告别实体法的自我存在而强调程序法独立发展的观念很有可能使程序法的发展犹如"脱缰野马"。从微观层面来看，实体法和程序法联系紧密，前者是后者的基础，后者是前者转化为现实的保障，两种相互依存，共同构成现代法律制度的完整内容。总之，两者相互依存，共同构成了现代法律制度的完整内容。可以说，在一项具体的法律制度中，实体法和程序法双重要素并存是其获得健康有序发展的基础。

---

① 陈慈阳：《环境法总论》，中国政法大学出版社2003年版，第52页。
② 参见周小明、宋炉安、李恕忠《法与市场秩序：市场经济法律机制研究》，贵州人民出版社1995年版，第86页。

从行政实体法规范的角度来看，生态环境修复行政命令实体法规范可以是职权性行政实体法规范或者义务性行政实体法规范。前者直接赋予行政机关针对造成生态环境损害之责任人作出行政命令的职权，后者体现为立法者为相对人设定承担生态环境修复义务的规范内容。一般而言，立法者采取职权性行政实体法规范最为简单明了，而采用义务性行政实体法规范还需要经由合法解释才能得出行政机关作出行政命令的权限，故在立法者配置了其他责任追究机制时可能存在解释难题，比如，中国《土壤污染防治法》第97条和第94条的适用关系。从生态环境修复行政命令制度的内部来看，中国立法层面目前尚未确立专门的生态环境修复行政命令实体法规则，导致制度供给严重不足。尽管有学者主张，现行生态环境单行法律中的"责令（限期）改正""责令恢复原状""责令消除污染""责令（限期）治理"均可作为生态环境修复行政命令的制度载体。但结合法律解释原理和《生态环境行政处罚办法》第9条规定可知，生态环境保护领域的"责令（限期）改正""责令（限期）治理"一般均指向违法行为，无法兼顾危害后果，即使部分规范包含危害后果消除，也只能解释为"消除污染"（一种应急性命令），无法指向更广泛意义上的生态环境修复。①而对"责令恢复原状"的理解需区分"污染防治类法律"和"自然资源类法律"，对于前者，"责令恢复原状"的适用条件被限定为"未经环评先行建设"，而"自然资源类法律"中的"责令恢复（土地、植被、草原等）原状"虽然可以定性为修复性命令，但其仅侧重于单一生态环境要素，缺乏从生态环境系统角度进行修复的考虑。那么，一般行政法意义上的"责令改正"（2017年《行政处罚法》第23条，2020年《行政处罚法》调整为第28条第1款）可否解释为指向改正危害后果意义上的"修复受损生态环境"？笔者认为，从理论上看，这种方案是可行的，这其实是行政机关自行解释、弥补法律漏洞的做法。但此种做法也会因为面临诸多困境而不具有现实可行性。

首先，"责令改正"经常被解释为对违法行为的"纠正"，如《土壤污染防治法》第94条将"责令改正"理解为对"不履行修复义务"（即行政命令）的改正。其次，"责令改正"表述过于笼统，行政机关是否愿意将其扩展解释为"修复生态环境"有不确定性。在江苏省宿迁市宿

---

① 参见程玉《生态环境修复行政命令制度的规范建构》，《北京理工大学学报》（社会科学版）2021年第6期。

城区人民检察院诉沭阳县农业委员会不履行林业监督管理法定职责案中（〔2017〕苏1302行初348号），沭阳县农业委员会即主张，对类似破坏生态环境和资源的刑事犯罪行为，建议通过刑事附带民事公益诉讼处理。事实上，即使行政机关愿意做扩张解释，由于缺乏具体程序性规范，生态环境修复行政命令的实施将无所依归，也减少了该制度的可欲性，甚至造成行政机关和相对人之间权利义务严重失衡的困境。再次，"责令改正"与行政处罚界限不明，导致生态环境修复行政命令制度的独立性不足（附属于行政处罚），是否被启用具有不确定性。最后，目前仅《土壤污染防治法》明确规定了鉴定评估费用由责任人承担，因此对于其他损害类型，即使我们将既有责令规范形式理解为责令修复，要求责任人承担鉴定评估费用也无法律依据。实践中，这些费用连带修复费用将由行政机关提起垫付，由此导致行政机关可能会因资源有限而无动力作出行政命令。① 这些问题严重制约了生态环境修复行政命令制度的效力发挥。

二 生态环境修复行政命令制度的程序法规范欠缺

生态环境修复行政命令制度的实体法依据是确保行政机关启动生态环境修复行政命令的条件，相较于"默示职权"解释方法，更具确定性。然而，由于生态环境公共利益属性以及生态环境修复具有的复杂科学技术性和社会工程属性，生态环境修复行政命令能否有效实现生态环境修复责任追究目标还依赖于相关程序法规范的完善程度。这一点可以从域外立法经验中得到印证，各国普遍选择围绕生态环境修复行政命令运行的主要程序（包括启动、作出、送达、实施）以及相应的辅助程序（包括成本收回和异议，制裁机制）制定了详细的程序法规范。此外，对于运行程序中的一些细节性问题或者自由裁量问题，行政机关一般还会制定专门的行动指南，比如，英国《环境损害预防和修复规则：英格兰、威尔士法定指南》（2009年）和《1990年环境保护法：第ⅡA部分污染土地法定指南》，美国《国家应急计划》（*National Cpntingency Plan*）和《自然资源损害评估和修复手册》（*Natural Resource Damage Assessment and*

---

① 参见张宝《我国环境公益保护机制的分化与整合》，《湖南师范大学社会科学学报》2021年第2期。

Restoration Handbook),以及荷兰《关于荷兰〈环境管理法〉第17.2章的指南：环境损害或紧迫环境损害危险时采取的措施》等。[①] 但中国目前立法整体上相对滞后。

一方面，生态环境修复行政命令的主程序和辅助程序，均欠缺明确的法律规范。一般而言，主程序包括生态环境损害的调查、评估（以确认是否需要修复），生态环境修复行政命令何时启动，如何制作和送达，是否需要调查和说明理由，是否需要听证，社会公众能否以及如何参与，如何实施（包括相对人不履行决定时的替代实施）等。辅助程序则包括生态环境修复行政命令所确定修复义务的履行成本以及其他相关调查、监测成本等该通过何种程序收回，相对人或者社会公众能否以及如何提出异议，行政机关针对相对人不履行行政命令的制裁措施该如何设计等。另一方面，生态环境修复行政命令制度的实施缺乏具有可操作性的行政指南。中国目前在生态环境损害领域出台的指南仅侧重于损害鉴定评估和污染场地的修复。但这些关涉污染场地的导则，不仅内容过于原则，对很多关键问题也未作规定。此外，这些技术规范能否适用于生态环境修复行政命令尚不明确，且行政机关不遵循既有技术规范行事应承担何种法律效果也不确定。

程序法规范的欠缺，容易引发权力滥用和行政效率低下。其一，生态环境修复行政命令的有效运行依赖一整套健全的程序法规则，否则，行政机关行政权力的运行将不受约束，容易滑出法治轨道，侵犯相对人的权益。其二，生态环境修复行政命令给相对人施加的是作为义务，因此必须具有明确的作为内容，包括作为的方式、手段、期限等，否则，相对人将无所适从，即使行政机关申请法院强制执行，也可能遭遇法院拒绝执行的结果。[②] 程序规范有助于行政机关具体化、明确化生态环境修复行政命令的内容，进而令其获得可执行性。相反，欠缺程序规范易导致具体给付内容的不明确或者模糊，会制约生态环境修复行政命令的实效。

[①] 参见程玉《生态损害法律责任实施机制的选择》，中国社会科学出版社2021年版，第132—189页。

[②] 参见胡静《我国环境行政命令实施的困境及出路》，《华中科技大学学报》（社会科学版）2021年第1期。

三　多元生态环境修复法律制度的适用关系不清晰

由于生态环境修复具有多层次、多种类、多系统性特征，短期修复与长期修复、个别场地修复与生态系统的整体修复、行政主导修复与司法主导的修复之间需要进行协调，否则会造成修复成本增加、效应互相抵消等不利后果。[①] 目前中国在行政修复和司法修复之外，还确立了更为宏观意义上的政策修复制度。三种修复制度的性质虽有不同，但在范围、目标和效果上可能存在交叉或者重叠。[②] 这是因为，不同主体对修复的预期目标会因为职责、利益、能力考虑不同而存在差异。就目前的法制现状来看，目前中国已建构了包括行政修复、司法修复、政策修复三种制度在内的多元化生态环境修复制度体系，但生态环境修复行政命令制度与其他多元生态环境修复制度工具的适用关系尚未厘清，相应衔接机制尚未健全。

首先，对于宏观政策修复与个案修复（包括行政修复和司法修复）的适用关系，目前立法尚缺乏明确的制度设计。其次，在行政机关能够利用的多元修复制度工具之间，立法者仅做了部分规定。生态环境修复行政命令制度和行政磋商制度（生态环境损害赔偿磋商）以及行政机关利用的司法机制（即生态环境损害赔偿诉讼）的共同之处在于启动主体是行政机关，因此都属于法律的公共实施范畴。目前仅磋商制度和诉讼制度之间的适用关系已得到明确——磋商制度是诉讼制度的前置环节，而生态环境修复行政命令制度如何与二者衔接并不明确。最后，行政机关主导的修复制度与其他主体主导之修复制度（由检察机关和环保组织提起环境民事公益诉讼的制度）之间的关系也有一些尚未厘清的地方。从目前立法来看，检察机关提起环境民事公益诉讼前须发送检察建议，而环保组织无须履行诉前告知程序，这种制度设计类似于法国法，易引发救济措施重叠的风险。为了促进各种修复的协调一致，有必要从法律层面厘清三者之间的关系。

[①] 参见李挚萍《行政命令型生态环境修复机制研究》，《法学评论》2020年第3期。
[②] 在2017年北京市朝阳区自然之友环境研究所、中国生物多样性保护与绿色发展基金会诉江苏常隆化工有限公司、常州市常宇化工有限公司、江苏华达集团有限公司土壤污染公益诉讼案中，环保组织在行政机关尚在实施行政修复时启动了司法修复；国土空间修复的适用范围，可能会与司法修复或行政修复发生重合，或按照整体生态环境系统观念其必须考虑到其他修复活动。

四 生态环境修复行政命令和公法制裁衔接不当

生态环境修复行政命令是典型的补救性行政命令，其功能在于填补生态环境损害，并不具有制裁功能。然而，生态环境修复行政命令制度旨在救济的生态环境损害通常是违法行为（超出一定限度还可能会构成犯罪）造成的，因此被施加生态环境修复责任的责任人还会面临行政处罚，甚至刑事犯罪制裁。在统一公法学体系中，行政处罚和犯罪制裁一般统称为公法制裁。总体上看，关于生态环境修复行政命令与公法制裁之间的适用关系，目前法律也尚不明确。

其一，现行生态环境法律规范中有关行政处罚和行政命令之间适用关系的衔接规则并不合理，且模式纷繁复杂。生态环境修复行政命令制度通常指向违法行为造成的生态环境损害，因此责任人还可能会面临行政处罚。综观中国生态环境单行法律可知，生态环境修复行政命令和生态环境行政处罚的关系并非简单的前置衔接关系，相反，二者之间的关系呈现出多样化特征（详见表3-5）。

第一种模式是"无处罚适用，直接行政命令；代履行"。该模式并未授权行政机关实施行政处罚，仅规定其有权作出行政命令，在相对人不执行命令时，也只能通过行政代履行实现目标。此种规定存在缺陷。由于缺乏行政处罚的保障措施，生态环境修复行政命令的法律约束力弱，直接影响适用效果。第二种模式是"行政命令；拒不执行行政命令，有升级处罚"。该模式与第一种模式第一阶段类似，即行政机关作出行政命令时无权施加处罚，但在第二阶段，相对人若不履行生态环境修复行政命令，则构成适用行政处罚的前置条件，此时行政机关有权施加处罚。第二种模式虽有助于弥补第一种模型中"行政命令缺乏以强制性行政处罚作为保障"的弊端，但适用范围比较狭窄，仅限于"违法情节不严重"。

第三种和第四种模式在第二阶段分别与第一种和第二种模式相对应，前者无"拒不改正"时的"升级处罚"，而后者未配置"拒不改正"时的"升级处罚"。二者在第一阶段均不同于第一种和第二种模式，因为它们都采用了行政命令和行政处罚并处的模式，既可能是"选择并处"，也可能是"应当并处"。这种并用模式最为常见。原因可能在于，立法者在制定这些法律时或多或少受到2017年《行政处罚法》第23条的影响。由于未处理好行政命令与行政处罚的关系，简单的规范文义使执法者产生"误解"，更倾向于"惩戒"违法者。① 如此简单并有可能导致"重处罚而轻改正"的后果，生态环境行政命令的救济性功能被弱化，仅处于附随地位。② 此外，在并用模式中，部分条文直接跳过警告适用罚款作为保障机制，使得行政机关的裁量空间存在"规范漏洞"，并且忽略警告、直接以拒不改正作为升级处罚的构成要件，还可能会存在对主观过错要件欠缺考虑的问题。

表3-5　生态环境修复行政命令和生态环境行政处罚的衔接模式

关系模型		典型示例
无处罚适用，直接行政命令；代履行		《草原法》第71条；《森林法》第74条第3款（仅规定责令在原地或者异地补种毁坏株数一倍以上三倍以下的树木）+第81条（代履行机制）；《水土保持法》第56条；《防沙治沙法》第39条；《自然保护区条例》第32条
行政命令；拒不改正，有升级处罚	可以升级处罚	《土地管理法》第76条
	应当升级处罚	《固体废物污染环境防治法》第113条，拒不改正后代处置，拒不承担代处置费用，则承担代处置费用一倍以上三倍以下的罚款；《水法》第65条和第67条；《土地复垦条例》第39条；《矿山地质环境保护规定》第29条和第27条
行政命令+处罚；拒不改正，无升级处罚	行政命令和处罚的关系是"可以并处"	《固体废物污染防治法》第107条；《土地管理法》第74、75和77条；《草原法》第68、69和70条；《森林法》第73条和第74条第1款、第2款；《水土保持法》第49条；《防沙治沙法》第41条；《自然保护区条例》第35条
	行政命令和处罚的关系是"应当并处"	《水污染防治法》第88、90和94条；《固体废物污染环境防治法》第108条第2款、第117条和第118条第1款；《水土保持法》第52条第1款；《海洋环境保护法》第76条；《森林法》第76条；《草原法》第65条和第66条；《土地复垦条例》第40条

---

① 参见徐肖东《基础行政决定上的升级行政处罚制度构建——以〈行政处罚法〉的修改为契机》，《浙江学刊》2020年第4期。
② 参见薛艳华《环境行政命令与环境行政处罚的错位与匡正——界分基准与功能定位的视角》，《大连理工大学学报》（社会科学版）2019年第6期。

续表

关系模型	典型示例	
行政命令+处罚；拒不改正，有升级处罚	行政命令和处罚的关系是"可以并处"	暂无
	行政命令和处罚的关系是"应当并处"	《土壤污染防治法》第94条：行政命令（责令改正）+处以罚款；拒不改正的，处罚款，并委托他人代为履行；《海洋环境保护法》第73条：行政命令（责令停止违法行为、限期改正或者责令采取限制生产、停产整治等措施）+处以罚款；拒不改正的，依法按日连续处罚；情节严重的，责令停业、关闭

其二，生态环境修复责任追究行政执法机制和刑事司法机制的衔接不畅通。造成生态环境损害的危害行为往往具有双重违法性，即行政违法性和刑事违法性，这也是污染环境罪被定性为"行政犯罪、法定犯罪"的原因。这种环境犯罪的行政属性在一定程度上造成了环境犯罪行政执法和刑事司法衔接的现实困境。[①] 在行政执法与刑事司法衔接过程中，存在两个方面的问题。一方面是程序问题，即在某行为同时受行政处理和刑事制裁时，程序如何保障；另一方面是实体问题，在某行为同时需要负行政责任与刑事责任时，竞合部分应该如何处理。首先，从程序衔接的角度来看，为遏制以罚代刑，进一步健全中国环境保护行政执法与刑事司法衔接工作机制，中国最高人民检察院与环保部、公安部于2017年实施了《环境保护行政执法与刑事司法衔接工作办法》，从案件移送机制、证据转换机制、检察监督机制、信息共享机制等方面作出了系统性规定。但2017年办法不仅效力位阶不高，在规范内容方面也存在一些缺陷，比如，证据转化规则不健全，检察监督机制不明确（包括违反检察意见的法律后果不明确，检察机关提前介入的范围、方式和边界模糊），以及案件信息共享机制存在漏洞（包括信息录入的标准和不依法录入的法律责任不明确）。[②] 其次，从实体衔接的角度来看，行政法律责任包括两类，一是行政命令（即生态

---

① 参见周兆进《环境行政执法与刑事司法衔接的法律省思》，《法学论坛》2020年第1期。
② 参见蒋云飞《环境行政执法与刑事司法衔接机制：内涵、构成与完善》，《湖南行政学院学报》2020年第4期。

环境修复行政命令），其规范功能是为了消除危害后果而实施的基础性行政决定；二是包括行政罚款在内的以惩罚为目的的行政处罚（保障性行政决定）。刑事责任也可以分为两类，一类是自由刑，另一类是罚金刑。由此可知，为了消除危害后果而设定的行政责任（生态环境修复行政命令）与刑事责任所旨在实现的制裁目标是两个不同的层面，二者不能相互替代。但在现实实践中，仍有不少行政机关错误理解二者关系，主张相对人被追究刑事责任后不得再作出（生态环境修复）行政命令，否则违背一事不再罚原则。[①] 此外，在按日计罚、《民法典》已确立生态环境损害惩罚性赔偿以及未来可能引入独立生态环境修复刑事责任的制度背景下，我们还须谨慎思考，如何协调就同一生态环境损害施加给同一相对人的多种修复责任、行政责任和刑事责任。

本章小结

本章在对域外生态环境修复行政命令制度进行规范和实践层面的考察后得出结论，域外各国均或多或少保留了生态环境修复行政命令制度的适用空间，但各国对其适用范围的设定并不一致。此外，各国十分注意生态环境修复行政命令制度和其他多元生态环境修复制度之间的衔接配合，但具体的处理方案并不一致。从生态环境修复行政命令制度的国内法制现状来看，中国立法层面的生态环境修复行政命令制度尚不健全，导致其制度供给严重不足，实践中也仅有零星的尝试，主要包括两类案件：一是被行政机关作为行政执法手段的生态环境修复行政命令案件，以及作为检察机关因行政机关不积极作出行政命令或者未有效保障命令得以落实而提起的行政公益诉讼案件。以域外法制经验作为参照，本章最后梳理、总结出中国目前生态环境修复行政命令制度主要存在的四个方面的缺陷，第一，生态环境修复行政命令制度的实体法依据不明；第二，生态环境修复行政命

---

① 参见江苏省宿迁市宿城区人民法院行政判决书，〔2017〕苏1302行初348号；内蒙古自治区巴林左旗人民法院行政判决书，〔2017〕内0422行初29号。但亦有行政机关认识正确，参见广东省高级人民法院行政裁定书，〔2018〕粤行申1754号；山东省临清市人民法院行政判决书，〔2018〕鲁1581行初5号。

令制度的程序法欠缺；第三，生态环境修复行政命令制度与其他多元生态环境修复制度工具的适用关系不明，多元化生态环境修复制度的衔接机制尚不健全；第四，生态环境修复行政命令与公法制裁（包括行政处罚和刑事制裁）的衔接不合理、不畅通。本章研究内容可以为后续章节分析奠定基础，尤其是为第五章制度完善建议的提出提供方向标。

第四章　优化中国生态环境修复行政命令制度的逻辑基础

生态环境修复责任是当代中国环境法发展的核心命题之一。无论是实务界还是学术界均围绕"生态环境修复责任"展开了广泛、深入的学术讨论和制度设计。主张通过行政命令制度追究生态环境修复责任的观点在学术界刚刚起步。有关研究结论尚有诸多不科学、不严密之处。总体上看，生态环境修复行政命令在中国目前环境法体系中虽有规范基础，但制度尚未健全，既有的责令行为规范形式或者只能被界定为"应急性修复命令"（无法延及"修复性修复命令"），或者未按照生态环境系统观念塑造制度内容（在功能上仅能部分救济生态环境损害）。事实上，行政命令制度本身的高权行政行为属性的确体现了传统行政法理论的深刻烙印（强调公权力优越、公益优先、国民对行政的服从关系，行政行为的先定力，行政手段的强制性以及公民权利的有限性），其高权特征与现代行政法强调的平等理念、合作治理精神不相契合。由此，在传统行政法向现代行政法转变的进程中，行政命令是否就此退出历史舞台？在中国立法者先后确立环境民事公益诉讼并授权行政机关通过磋商和解或者索赔诉讼方式实现生态环境损害救济目标的现实制度背景下，是否还有必要再次重申生态环境修复行政命令制度？仅依赖磋商和解机制和司法诉讼机制来追究生态环境修复责任，是否与中国的体制结构和基本国情契合？归根结底，对这些问题的回答都指向一个基础性的命题——优化中国生态环境修复行政命令制度的逻辑基础。本章将尝试从理论层面和现实层面展开论证中国当前进一步优化生态环境修复行政命令制度的正当性、必要性和可行性。

第一节 生态环境修复行政命令制度在域外的普遍适用

如果说因"哥伦布大交换"带来的生物物种全球化迁徙直接催生的是全球生态发展的"生物同质世"时代，那么20世纪以来为适应全球化的贸易活动及与此相关的文化、政治交往活动而蓬勃发展的法律全球化运动（包括不同地方性法律文化、制度间的交流、借鉴、传播和移植）则预示着人类社会即将步入一种新的"法律同质世"时代。实际上，"法律同质世"意味着原先以地方化和多元化方式存在的法律（即作为"地方性知识"的法律）开始融入全球化潮流中，转变为一种以越来越世界化、一元化方式存在的法律（即作为"普适性知识"的法律）。因此，"法律同质世"时代的核心命题之一便转化为如何处理两种不同形式法律之间关系的问题，这两种法律形式即作为"地方性知识"的内国法和作为"普适性知识"的国际法（这种国际法不独表现为国际条约、习惯等国际法，也包括各国内国法所普遍确立的法律规则和原则）。谢晖曾总结过三种应对方案：第一，以全球化为名，无视，甚至扼杀法律的地方性存在；第二，以"地方性"为名，拒绝一切对人类普遍价值的关注和追求；第三，包容"地方性知识"的全球化和尊重"普适性知识"的多元化。① 显然，前两种方案均不可取，第三种方案相对可行，但是它要求各国立法者深刻考察、协调彼此之间共性与个性的几乎乌托邦式的理想，在现实中会面临诸多难以克服的问题。总之，"法律同质世"在给各国带来机遇（学习先进法律经验）的同时，也对它们提出了挑战。各国立法者必须考虑在如何保有各自法制文化传统中优势基因的同时，更加科学合理地将后天习得的法制经验深植于本国土壤。

这种"法律同质世"的双重影响不独发生于法理念层面，它还更多地体现为对具体法律制度选择的影响。有学者将前者定性为立法理念的

---

① 参见谢晖《法律的全球化与全球化的法理》，《山东公安专科学校学报》2002年第3期。

共同性,而将后者定性为法律对策的共同性。① 对于生态环境损害救济问题,正如前文所述,它在各国范围内的产生、发展具有极大的相似性或者共通性,且很多生态环境问题本身更是直接肇因于全球化的贸易交往活动,这便使得"法律同质世"在这方面的影响更加明显。其中,尤为显著者当属当前各国立法者普遍选择以法律责任规则作为救济生态环境损害问题的规制工具,并确立了生态环境修复责任制度。由此,为确保生态环境修复法律责任目标的实现,生态环境修复责任追究机制的选择便成为各国环境立法的核心。在"法律同质世"的时代背景下,若某项制度被各国法律实践确认为正式制度并且在实践中发挥了有益效果,则其便可能成为其他国家引入类似制度时可以借鉴的"理想模型"或"批判的靶子"。在探讨中国生态环境修复行政命令制度优化时,域外经验可作为一种辅助证据。

在证成生态环境司法修复制度时,有学者曾经提到,以行政执法机制救济生态环境损害不符合中国生态环境法治发展趋势,因为其缺乏司法程序保障易引发公平性质疑,早年生态环境立法中的"责令赔偿损失"条款已被立法者逐步淘汰即明证。② 比如,1999年《海洋环境保护法》第90条第2款以赋予国家行政机关索赔权的方式替代了1982年《海洋环境保护法》第41条中的"责令赔偿损失"。同理,1985年《森林法》第34条和第37条、1985年《草原法》第18条和第20条以及1986年《土地管理法》第53条中的"责令赔偿损失"也陆续被删除。但仅凭立法者取消"责令赔偿损失"条款并不能直接得出结论:行政命令制度无法被用来追究生态环境修复责任。其一,从理论上看,一旦"责令赔偿损失"行政命令能够被纳入法治轨道、实现型式化,那么其公平性难获保障的论断将无法成立。其二,现行法律虽然已经取消"责令赔偿损失"条款,但仍保留了"责令改正""责令限期改善""责令消除污染"等要求责任人修复受损生态环境的法律规范。其三,保护生态环境是各国政府及其环保执法部门的宪法性义务和法定职责所在,在一定程度上保留行政命令制度以追究生态环境修复责任是域外各国的通行做法,尤其是英国和德国对此有着较为成功和成熟的经验。

---

① 参见王宏巍《法律移植与中国环境法的发展》,科学出版社2015年版,第60—68页。
② 参见曹明德《〈民法典〉生态环境损害赔偿条款法理辨析》,《法律科学》(西北政法大学学报)2022年第1期。

首先，欧盟及其成员国普遍选择行政命令制度作为生态环境修复责任的主导性追究机制。早期欧洲一直致力于通过民事责任的方式追究生态环境修复责任，因此起到主导作用的是司法权力。然而，在欧盟意识到统一各成员国彼此之间差异纷繁的民事责任的难度后，转而采取了统一的公法方式来追究生态环境修复责任，并最终确立了以行政命令制度为模板的生态环境修复责任追究机制。2010 年，欧盟《环境责任指令》的国内法转化目标完成，标志着欧盟倡导的生态环境修复行政命令制度正式在成员国落地。在继承指令有关生态环境修复行政命令制度模板的基础上，包括英国（目前已经退出欧盟，但其立法并未随之取消）在内的各成员国规定了结构内容相似、程序大同小异的生态环境修复行政命令制度。这些转化法具体包括：英国 2009 年《环境损害预防规则》（2009 年制定，2015 年修订）；德国 2007 年《环境损害法》和新修订《联邦水法》和《联邦自然保护法》，以及原有的《联邦土壤保护法》；法国 2008 年《环境责任法》（随后被编入《环境法典》第 L.160 - 1 条及以后条款中）；荷兰在《环境管理法》中引入的第 17.2 章；意大利第 152/2006 号法律（即《环境法典》）。

值得注意的是，尽管英美法系和大陆法系在很多方面存在差异，但英国和德国在生态环境修复责任追究机制选择方面极具相似性，均倾向于最大限度地发挥行政命令制度的适用空间。为了矫正既有生态环境损害救济机制的不足，英国以欧盟环境责任指令（ELD）为模板，制定了专门的《环境损害预防和修复规则》。依该规则，行政机关有权通过行政命令（"notice of the liability to remediate" 和 "remediation notice"）要求污染者在造成生态环境损害之前排除危害，或者在生态环境损害发生以后进行修复。若污染危害构成立即威胁或者污染者拖延采取行动，则行政机关可自行采取行动，事后向污染者追偿费用。与英国类似，为了矫正传统生态环境单行法律中所规定行政命令规范在救济生态环境损害方面的不充分性，德国于 2007 年制定了旨在转化 ELD 的《环境损害预防和补救法》（以下简称《环境损害法》），并根据需要修订了《联邦水法》《联邦自然保护法》和《联邦土壤保护法》。德国《环境损害法》的核心是为生态环境损害责任人设定生态环境修复义务以及相应的修复资金承担义务，并为实现这些义务赋予行政机关向责任人作出行政命令的公权力。[①] 但与英国不同，

---

① 参见程玉《生态损害法律责任实施机制的选择》，中国社会科学出版社 2021 年版，第 153 页。

德国法模式具有公私法协动特征,其《环境责任法》第 16 条亦能发挥间接救济生态环境损害的作用。

其次,本书所谓的生态环境修复责任追究在美国法的制度设计中被分解成两个程序,一是反应行动责任机制,二是自然资源损害赔偿责任机制。两种机制采取的具体实施程序存在明显差异。对于反应行动责任机制,立法者为环保署实施反应行动(包括消除和修复两种行动)配置了三种实施工具,一是执法协商和解协议,二是单方行政命令(单方行政裁决),三是司法禁令。从法律实践来看,执法协商和解是最主要的实施工具,单边行政命令仅是和解失败后,环保署强制潜在责任方主导场地清理行动是常用的法律工具。具言之,相较于占比达到 80% 的协商和解,单边行政裁决仅占 19%,适用频率远低于协商和解。[①] 由此可知,单边行政命令是美国反应行动机制中的次优制度工具。对于自然资源损害赔偿责任机制,其适用条件一般是反应行动责任机制中的修复行动无法修复全部的自然资源损害。立法者为自然资源损害赔偿责任机制配置的实施程序包括两种,一是协商和解后经由法院同意颁布的同意令(Consent Decree),二是自然资源损害赔偿诉讼。美国法学界倾向于将自然资源损害赔偿法律责任界定为一种"特殊的侵权责任"[②]。但笔者以为,尽管"自然资源损害赔偿法律责任是一种融合了侵权、信托和行政法元素的混合物"[③],但我们也不能完全游离于行政法体系之外试图就美国自然资源损害赔偿制度(包括和解与诉讼)获得全面的理解。事实上,在制度的运行过程中,行政权始终发挥重要作用。其一,不仅评估过程要遵守法定评估规则,其结论也要制作成行政记录,接受责任人和公众的评论和异议。其二,最终结论在诉讼中具有类似于行政决定的

---

① 参见贾峰等编著《美国超级基金法研究》,中国环境出版社 2015 年版,第 225—226 页。

② See Marie-Louise Larsson, *The Law of Environmental Damage: Liability and Reparation*, Leiden: Brill, 1999, pp. 470 – 471; Karen Bradshaw, "Settling for Natural Resource Damages", *Harvard Environmental Law Review*, Vol. 40, 2016, pp. 211 – 251. 此外,尽管自然资源损害赔偿诉讼规定于制定法规则中,但一些法院也已经主张政府受托人依据 CERCLA 发起的自然资源损害赔偿诉讼类似于一种侵权诉讼。See Sanne H. Knudsen, "The Long-Term Tort: In Search of a New Causation Framework for Natural Resource Damages", *Northwestern University Law Review*, Vol. 108, No. 2, 2014, p. 504。

③ See Gordon Johnson, "Playing the Piper: Comments on Liability for Natural Resources Injury: Beyond Tort", *Albany Law Journal of Science & Technology*, Vol. 6, 1996, p. 268.

"可推翻的证据效力"①。其三，根据最终的赔偿金，受托人有权变更最初修复方案，并负责监管方案实施。其四，实践中，相较于诉讼的低频适用，协商和解是救济美国公共自然资源损害的主要手段。有研究表明，1989—2015 年，通过和解解决的自然资源损害赔偿问题达到了 95%，为联邦行政机关提供的和解总金额达到了 104 亿美元。② 据此，在民事、行政体制不分的美国，在美国"以司法手段实施公法任务"的制度架构中，自然资源损害赔偿责任机制更宜界定为公法规则，是具有民事诉讼"形式"（外衣）的行政执法行动。由此可知，在自然资源损害赔偿责任追究机制中，并无行政命令制度的适用空间。但这并不意味着，在美国生态环境修复责任追究过程中，行政命令制度没有适用空间。实际上，在美国生态环境修复责任追究二阶设计中的第一阶段（由环保署负责的反应行动），环保署有权发布要求责任人采取修复行动的"行政守法命令"③。

最后，从世界范围来看，目前仅法国通过民法典的改革确立了实质意义上的生态环境侵权责任诉讼。但这种努力尚处于起步阶段，其实施效果仍有待法律实践的最终检验。值得注意的是，从制度设计来看，虽然《法国民法典》通过损害拟制条款确立了生态环境司法修复制度，但其并未完全排斥生态环境修复行政命令制度适用的可能性。作为欧盟成员国，法国也通过 ELD 转化法——《环境责任法》确立了行政命令制度，并为解决二者适用冲突确立了"（酌情）考虑"（tient compte）的衔接规则。④ 诚如有学者所言，《法国民法典》并未就如何修复以及修复标准等确立规则，导致法国司法机关在处理问题时仍可能要依赖于已有的行政修复制度。⑤ 此处的行政修复制度实际上即是法国为转化欧盟《环境责任指令》而引入的生态环境修复行政命令制度。甚至，有法国学者认为，鉴于《法国民法典》存在一系列制度缺陷，未来法国法中的一些传统公法规则以及《环境

---

① 符合美国自然资源损害评估规则的评估结果具有可推翻推定效力。See 42 U. S. C. § 9607 (f) (2) (C)。
② See Bradshaw Karen, "Settling for Natural Resource Damages", *Harvard Environmental Law Review*, Vol. 40, 2016, p. 212.
③ 参见张辉《美国环境法研究》，中国民主法制出版社 2015 年版，第 374 页。
④ 参见程玉《生态损害法律责任实施机制的选择》，中国社会科学出版社 2021 年版，第 168 页。
⑤ 参见李琳《法国生态环境损害之民法构造及其启示：以损害概念之扩张为进路》，《法治研究》2020 年第 2 期。

责任法》中的统一生态环境修复行政命令制度均有可能在生态环境修复领域发挥作用。①

由此,既然域外各国或多或少地保留了生态环境修复行政命令制度设计,至少表明其在实践层面具有可欲性。并且,这种制度选择与特定国家归属于何种法系并无直接关联。这在一定程度上表明,传统行政保护方式在救济生态环境损害(即追究生态环境修复责任)时并不具有内在缺陷,之所以当前"生态环境修复行政命令制度"无法发挥有效作用的主要原因可能是"立法和监管自我设限"②。

第二节 生态环境修复责任属性与行政命令运行原理契合

自生态环境修复责任被提出以来,有关生态环境修复法律责任属性的观点纷繁复杂,有专门性法律责任说、混合责任说、私法责任说、公法责任说等多种观点。近年来,学界逐渐抛弃原先的私法责任说或者特殊私法责任说的观点,开始转向公法责任说。主流的论证思路是立足于生态环境修复责任所旨在保护的对象(生态环境公共利益,非属于私人利益),以及生态环境修复责任实现过程的特征(法定性、强制性和公共性,不同于私人间责任处置的意思自治)。③ 可以说,公法责任说剥掉了生态环境修复责任通过民事司法追究的形式外衣,抓住了生态环境修复责任以公共利益为目标、作为行政权运行之表现或者结果的本质。④ 然而,公法责任说仍是一种比较模糊的定性,未能穷尽对生态环境修复责任之性质的探讨。不少学者开始立足于生态环境修复对于公共利益维护、公共秩序恢复的直接意义,明确提出生态环境修复责任的行政法定位,即应当在行政法框架下结合行政权构造对其进行设计、运行和解释,因此生态环境修复责任应被

---

① See Julie Foulon, "Recent Developments in French Environmental law: Recognition and Implementation of Ecological Damage in French Tort Law", *Environmental Law Review*, 2019, Vol. 21, No. 4, pp. 309-317.
② 参见赵鹏《生态环境损害赔偿的行政法分析——兼论相关惩罚性赔偿》,《政治与法律》2023年第10期。
③ 参见程玉《生态损害法律责任实施机制的选择》,中国社会科学出版社2021年版,第82页。
④ 参见刘长兴《生态环境修复责任的体系化构造》,《中国法学》2022年第6期。

定性为行政法律责任。① 事实上，将生态环境修复法律责任定性为行政法律责任不仅能有助于体系化解释政府应当承担的生态环境修复责任，其还对于通过民事司法程序追究生态环境修复责任的制度设计具有充分的解释力。② 但是，笔者不同意已有学者将生态环境修复责任理解为第二性法律责任尤其是行政处罚的主张。

在一般法理学中，广义的法律责任有第一性义务和第二性义务之分，后者是前者被违反后产生的不利后果。在行政法体系中，第一性的义务通常是指执法者通过"责令改正"等行政命令要求行政违法者履行的义务，③

---

① 参见王灿发、王政《生态环境修复法律责任性质辨析》，《南京工业大学学报》（社会科学版）2023年第5期。缘何生态环境修复法律责任不宜定性为刑事责任，还应作进一步说明。从目前理论学界来看，对于刑事判决中出现的生态环境修复的属性定位，一般有两种解释，一是独立的刑事责任；二是纳入《刑法》第36条和第37条中规定的"非刑罚措施"。前述观点是学界为了应对实践变化作出的一种演化解释，在刑事实体法和程序法均未作出调整的背景下，难免有削足适履的嫌疑。中国刑事责任类型由法律明确规定，无法扩张解释，故生态环境修复责任无法解释为独立刑事责任；《刑法》总则第36条和第37条所规定的非刑罚处罚的措施从文义解释角度也无法包含修复生态环境法益的内容，且分则中也无此规定。由此，至少在刑法尚未修订的情形下，目前这些恢复性措施处于"于法无据"的状态，法院直接在刑事中判决生态环境修复欠缺正当性基础。事实上，无论是法院通过刑事附带民事公益诉讼判决追究生态环境修复责任，还是在刑事判决判项中直接要求犯罪人实施生态环境修复，都存在适用困境。其一，生态环境修复具有负责的科学技术性特征，对专业知识要求较高，刑事法官与民事法官一样不具有专业能力，无法处理生态环境修复过程中的各种技术难题。其二，目前恢复性司法的适用程序规范欠缺，环境恢复义务的相关主体、恢复程度、执行程序、监督程序等相关细节均无明确规定，导致法官无所适从。这或许可以解释，为什么实践中环境恢复性司法案例主要集中于破坏渔业、林业等生态环境资源类犯罪案件，而污染环境、破坏动物资源等犯罪案件较少。其三，刑事判决可能只能解决修复问题，无法涵盖鉴定评估费用。其四，通过刑事程序解决生态环境修复问题，会架空行政机关的行政职权，甚至变相激励行政机关"避权卸责"——将问题转交给检察机关负责，削弱行政规制效能。此外，在非刑事附带民事公益诉讼的纯粹刑事案件中，检察机关并无诉前公告义务，如此便会挤压其他诉讼主体的权利。由此，在刑事判决中不宜判决生态环境修复责任。但为了节省司法资源、提高诉讼效率，在刑事附带民事公益诉讼中一并解决生态环境修复责任，如此做法于法有据——《刑事诉讼法》第101条第2款、《民法典》第1234条和第1235条，在正当性层面面临的质疑相对较少。2019年年底"两高"明确附带民事公益诉讼须履行诉前公告程序。

② 行政有形式意义的行政与实质意义的行政之划分。行政法上对行政的界定应当采用实质标准，即以某种职能活动是否具有执行、管理性质作为界定行政的依据。虽然通过民事司法程序追究生态环境修复责任，但其在本质上仍是基于环境公共行政职能强制课予的责任（旨在维护公益），即使其缺少行政外衣也不能否定其具有行政法律责任属性。在此意义上，诉讼程序、赔偿制度更多是一种工具性、程序性的安排。参见王名扬《王名扬全集② 法国行政法》，北京大学出版社2016年版，第3—8页。

③ 参见黄锫《行政执法中责令改正的法理特质与行为结构》，《浙江学刊》2019年第2期。

其实质是一种基于法律规定自行承担（self-exacting）的"原始义务"，即在具体个案情形中，无须通过行政机关的命令，就应当主动履行相关义务。① 当然，基于主观意愿或者能力限制，相对人可能不会履行义务，此时行政机关一般有权通过行政命令要求其履行。而旨在保障第一性义务得以实现的行政处罚才属于第二性义务，即狭义的行政法律责任。由此，生态环境修复责任究竟属于第一性义务还是第二性义务的问题，便可以转化为生态环境修复责任属于行政命令还是行政处罚。

将责令生态环境修复定性为行政处罚是国内环境法理论和实践中的普遍观点。② 但笔者认为这并不妥当。原因在于以下几方面。

一方面，依据《行政处罚法》第 2 条规定，行政处罚与行政命令的核心区别其实在于制裁性，即是否构成行政机关为了对已经实施违法行为的违法者进行惩罚而课予其本来义务之外的额外负担。③ 如果构成制裁，即属于行政处罚。责令生态环境修复旨在填补生态环境损害，其价值目标并非惩戒相对人违法行为，因此符合行政命令的定义。另一方面，行政处罚制度存在一些功能局限，使其并不适合被用来追究生态环境修复责任的制度工具。首先，行政处罚虽然在一定程度上有助于恢复公共秩序，但其并不能补救相对独立的公共利益损失，其补偿功能属于"异质补偿"，经常需要和其他具备同质补偿功能的行政手段合并使用，如责令改正、限期拆除等行政命令。其次，行政处罚作为"立法者进行管制时所运用之最后手段"④，不宜直接替代行政命令，否则易导致"以罚代治""以罚代令"等现象，这将压缩其作为行政命令本应发挥的教育与引导功能。最后，中国传统行政处罚类型中不包括对财产损害的赔偿或者直接补救措施，因此在形式上难以归入现行行政处罚体系，突破既有形式纳入生态环境损害的立法成本过大。⑤

还有学者可能会提出，生态环境修复责任追究可以经由行政强制执行实现，毕竟中国《行政强制法》第 12 条明确将"排除妨碍、恢复原状"

---

① 参见马强伟《德国生态环境损害的救济体系以及启示》，《法治研究》2020 年第 2 期。
② 参见谭冰霖《环境行政处罚规制功能之补强》，《法学研究》2018 年第 4 期；最高人民法院环境司法研究中心编《中国法院环境资源裁判规则与案例精析》，中国法制出版社 2019 年版，第 222 页。
③ 参见王贵松《论行政处罚的制裁性》，《法商研究》2020 年第 6 期。
④ 参见陈清秀《行政罚法》，法律出版社 2016 年版，第 7—8 页。
⑤ 参见刘长兴《生态环境修复责任的体系化构造》，《中国法学》2022 年第 6 期。

和"代履行"设定为行政强制执行的方式,而恢复原状和代履行均具有在生态环境损害救济领域中适用的可能性。笔者以为,此种观点并不妥当,因为这会模糊行政强制执行和行政命令的性质差异。行政强制执行是指公民、法人或者其他组织拒不履行行政法上的义务时,由行政机关或者由其申请人民法院依法采取强制执行措施,以迫使其履行义务。因此,尽管行政强制执行有时可能会设定一些新的"第二性义务",但其根本目的是强制相对人履行先前基础性行政决定已经确立的非制裁性义务,故其适用前提是必须存在一个作为执行依据的基础性行政决定。诚如《行政强制法》第50条规定将行政机关发布了"要求当事人履行排除妨碍、恢复原状等义务的行政决定"作为代履行启用的前提,此处的行政决定即为行政命令。事实上,正是由于行政强制执行的保障性行政决定特征,使得其无法在生态环境修复行政命令因实体法规范和程序法规范欠缺背景下独立发挥追究生态环境修复责任的作用。对于《行政强制法》第52条规定的即时强制,将行政机关在紧急情况下即时实施代履行的情形限定为"当事人不能清除污染物的情形"。笔者认为,该适用范围极其有限,无法涵盖本书所界定的生态环境修复责任内涵。

综前所述,生态环境修复责任的第一性公法义务属性决定了其责任追究制度应是行政命令。然而,行政命令的运行原理能否契合生态环境修复责任追究过程的复杂性和特殊性有待进一步论证。

生态环境修复责任旨在补救受损的生态环境公共利益,其实质是修复当前被破坏的公法秩序(公法秩序的核心是公共利益),这与行政命令侧重于恢复当前具有紧迫性、现实性的受破坏的行政法秩序的功能相契合。法秩序恢复是所有法律制度存在的终极价值目标,但作为基础性行政决定的行政命令与保障性行政决定旨在实现的公法秩序恢复价值目标存在实质差异。作为典型保障性行政决定代表的行政处罚,通过惩戒相对人以激励其本人和其他社会公众遵守法律规定,这在一定程度上能起到恢复法秩序的作用,但这种法秩序恢复仅具有面向未来的性质。对于当下公法秩序的恢复应主要依赖行政命令制度,具体表现为"行政命令对现实公共利益损害的补救",既可能是对可能造成切实损害后果的危害风险的预防,也可能是对实际损害结果的积极补救。行政命令和行政惩罚在法秩序恢复方面的功能差异也决定了两者相互独立,彼此不宜替代,并且行政命令还应具有相对的优先性,因为法律追求的首要目标应是恢复违法行为已破坏的社会秩序，其次才是考虑惩戒和违法者警示的问题。①

行政命令具备通过"桥梁作用"实现法定义务具体化和明确化的功能，② 这不仅有助于强化相应责任追究规范的可执行性，也能与生态环境修复责任追究过程的复杂性特征相契合。

首先，生态环境系统的复杂性、科学性，决定了对受损生态环境的修复过程应当遵循一些基本的生态学原理或规律，如适宜性修复、系统性修复、适应性修复、持续性修复和混合性修复。这些原则要求有关生态环境修复方案的编制和实施必须保持科技专业性与动态性调适。一方面，行政机关可以透过行政命令的义务具体化功能实现整合科技资源、各类专业知识的目标，将复杂科学知识转化为一套具有可操作性的程序规范，如德国《环境损害法》第7条。另一方面，基于行政行为的自主纠错原理，行政命令的义务具体化并非机械、僵化的，其可以随时修正（动态性），这将更有利于应对生态环境修复过程中的各种情势变更。

其次，生态环境修复责任的追究过程并非简单的自然科学技术应用过程，其必然还会涉及广泛的成本效益平衡。不同于行政处罚，行政机关在行政命令中的裁量权相对更大，尤其是职权行政命令。广泛的裁量权有助于行政机关在有限资源范围内及时作出相对合理的选择。同时，这种裁量属性也使得行政命令的义务具体化功能具有高度的灵活性和开放性特征，③ 有利于推进生态环境修复领域的公私合作，进而提升生态环境修复责任目标的实现效率。

第三节 以行政命令追究生态环境修复责任具有功能优势

对生态环境修复行政命令制度进行重构或者优化的原因是该制度存在缺陷，无法实现生态环境修复责任追究目标，但对重构必要性的探讨还须

---

① 参见藤祥志《"责令改正"的独立性原理探讨》，《公法研究》2010年第八辑。
② 参见曹实《行政命令地位和功能的分析与重构》，《学习与探索》2016年第1期。
③ 参见胡静《我国环境行政命令实施的困境及出路》，《华中科技大学学报》（社会科学版）2021年第1期。

论证以生态环境修复行政命令制度实现生态环境修复责任目标这种制度选择本身的正当性。由于行政命令制度是行政机关负责主导实施的一种传统意义上的行政执法机制——高权行政措施，在社会组织、检察机关被授权通过环境民事公益诉讼制度追究生态环境修复责任的制度背景下，选择生态环境修复行政命令制度的正当性首先体现为"存在引入行政机关所主导之法律公共实施的理由"，即我们有必要首先完成以下论证命题，在生态环境修复责任追究机制的选择中，我们应当为以下"主导者转向逻辑"（环保组织主导的私人实施—检察机关主导的公共实施—行政机关主导的公共实施）提供正当性理由。在完成第一层的论证之后，我们还应论证：在行政机关具有多元制度手段选择的背景下，立法者缘何须要在既有的生态环境损害赔偿磋商和诉讼制度之外引入生态环境修复行政命令制度？换言之，磋商和诉讼这两种新型制度工具是否足以完全替代传统行政命令在追究生态修复责任方面的作用？本节内容将围绕这两个方面展开论证分析。

一 生态环境修复责任追究主导者转向行政机关的理由

生态环境修复责任追究主导者转向行政机关已经在中国制度实践中有所体现。因此，本节内容在论述制度应然之前，先从实然的角度对中国生态环境修复责任追究主导者的演化进行揭示，然后再分析这种制度选择背后的正当性理由。

（一）中国生态环境修复责任追究制度选择的三重转向

仔细研究这十多年的法律实践和制度演进历史可以发现，中国立法者在选择生态环境损害救济制度方面的思路发生了三重转向。

第一重转向是生态环境修复责任追究机制依托的法律框架从公法转向私法。在中国，生态环境保护一直是公法的任务，但在生态环境修复责任追究领域，私法的公共利益保障功能日益凸显。对于环境民事公益诉讼和生态环境损害赔偿诉讼，中国立法者都倾向于在私法（侵权法）的框架内解释。[①] 2020年《民法典》第1234条和第1235条直接确立了两种制度的实定法依据。但在私法勃兴的背景下，一个突出例外是2019年生效的

---

① 参见巩固《环境民事公益诉讼性质定位省思》，《法学研究》2019年第3期。

《土壤污染防治法》。该法第四章规定了公法性的风险管控和修复规则；第94条规定，对于未按照规定实施风险管控措施或修复措施的，有关行政机关可以责令改正，拒不改正的，行政机关可以委托他人代履行，所需费用由土壤污染责任人或者土地使用权人承担。但这种公法机制在实践中并未发挥应有效力，很多土壤污染责任的纠纷仍然主要通过环境民事公益诉讼或者生态环境损害赔偿制度处理。① 除了《土壤污染防治法》有关配套规则（例如，责任认定规则）缺失以外，最主要的原因是该法第97条在规定"有关机关和组织就污染土壤损害国家利益、社会公共利益的行为提起诉讼"时，并未明确其与公法机制的适用关系，导致公法机制被私法机制"依法架空"。

第二重转向是立法者开始从强调"法律的私人实施"逐渐回归"法律的公共实施"。法律的公共实施，亦称公共执法，是指由政府公务人员对违法行为进行调查并对违法者施以处罚或者提起诉讼的机制；私人法律实施，亦称私人执法，是指个人（包括环保组织等）或者企业调查违法行为，抓捕违法人员（包括刑事罪犯），并对违法行为提起诉讼（包括刑事诉讼）的机制。② 自1979年第一部环保法试行以来，中国环境法律的实施长期依赖公共实施，环境污染的治理和环境质量的改善被视为政府职责。私人（包括环保组织）能够发挥的作用微乎其微，关于私人的权利行使、环境权益保护的实体和程序规定都较少且可操作性较差。③ 然而，中国地方政府在财政与政绩双重压力下的保护主义倾向和规制俘获，导致环境法律规范的执行发生偏离，环境法的公共实施效果不佳，生态环境日趋恶化。④ 为破解制度困局，在生态环境多元共治重要性日益凸显的制度背景下，立法者开始借力环保组织来弥补政府公共实施的缺陷。2012年《民事诉讼法》规定的环境民事公益诉讼正式成为中国环境法私人实施的重要制度载体。⑤ 但环境民事公益诉讼制度并未自此垄断生态环境修复责任追究。在2017年《民事诉讼法》第55条列

---

① 例如，在生态环境部2020年4月发布的《生态环境损害赔偿磋商十大典型案例》中，土壤污染案件就占到了7件。See http：//www.mee.gov.cn/xxgk2018/xxgk/xxgk06/202005/W020200506539623319592.pdf.
② 参见李波《公共执法与私人执法的比较经济研究》，北京大学出版社2008年版，第1页。
③ 参见冯汝《环境法私人实施研究》，中国社会科学出版社2017年版，第84页。
④ 参见曹炜《环境监管中的"规范执行偏离效应"研究》，《中国法学》2018年第6期。
⑤ 事实上，早在2001年，已有环境侵权受害人在主张个人损失的同时要求侵权人支付土壤修复费用。参见广西壮族自治区南宁市中级人民法院，〔2001〕南市经终字第323号。

入检察公益诉讼后，拥有更强实力的检察机关已经超越环保组织成为中国环境民事公益诉讼战场上的主导力量。① 2018年，全国生态环境损害赔偿制度启动，行政机关也开始通过磋商、诉讼制度在生态环境修复责任追究方面发挥作用。沿此脉络，在生态环境修复责任追究领域，中国环境法律的实施已逐渐从环保组织主导的私人实施回归检察机关和行政机关主导的公共实施。

从私人实施回归公共实施的主要标志是行政机关主导实施的制度在多元生态环境修复责任追究机制之顺位规则中占据优先位置。根据《关于审理生态环境损害赔偿案件的若干规定（试行）》第16条和第17条确立的"共同受理、中止审理"规则，行政机关发起的生态环境损害赔偿诉讼优先于环境民事公益诉讼。在民事公益诉讼内部，根据《关于检察公益诉讼案件适用法律若干问题的解释》第13条诉前公告期制度，检察机关在提起环境民事公益诉讼前，要进行为期30日的公告，除非没有法律规定的机关和组织提起诉讼，否则无法起诉。鉴于此，虽然环保组织的私人实施在规则设计上仍优先于检察公益诉讼，但已经开始让位于行政机关的公共实施，环保组织仅承担补充作用——法院对环保组织未被涵盖的民事诉讼请求做裁判，② 或者对于生态环境损害赔偿诉讼案件裁判生效后发现的新的生态环境损害提起诉讼。③

在第二重转向的推动下，行政机关在生态环境修复责任追究方面的地位被不断提升。但令人疑惑的是，立法者并未寄希望于完善公法体系中的传统行政执法机制（例如，行政命令、代履行制度等），而是另起炉灶，重新建构一套全新的生态环境损害赔偿制度。在此意义上，可以说，中国立法者在选择生态环境损害救济制度方面的思路发生了第三重转向，即法律实施从依赖传统行政执法机制转向对行政机关进行新的赋权（索赔诉权）和增能（磋商机制）。发生这种转向固然受到了国家环境政策的影响，但第一重转向是其中的一个重要原因。事实上，在第一重转向发生前的公

---

① 2018—2022年检察院提起的环境民事公益诉讼办案数分别为59312件、69236件、83744件、87679件、94923件，呈逐年递增趋势，2018—2022年上升超过60%。2018—2022年检察院提起的环境民事公益诉讼办案数占全部公益诉讼办案数的比重分别为52.41%、54.55%、55.36%、51.64%、48.59%，始终保持在50%左右。参见最高人民检察院《生态环境和资源保护检察白皮书（2018—2022）》，https://www.spp.gov.cn/spp/xwfbh/wsfbh/202306/t20230605_616291.shtml。
② 参见《关于审理生态环境损害赔偿案件的若干规定（试行）》第17条第2款。
③ 参见《关于检察公益诉讼案件适用法律若干问题的解释》第18条。

法适用阶段，中国行政机关可通过传统行政执法机制救济部分生态环境损害。这也是很多学者主张复兴传统行政执法机制，修正行政命令或行政处罚制度以追究生态环境修复责任的主要原因。但在环境司法专门化和前述第一重转向的推动下，中国立法者在生态环境修复责任追究领域的应对思维发生了"结构性跳跃"，即私法机制是应对公法不足的根本出路，并且域外行政机关通过诉讼方式实现生态环境修复责任追究目标的制度方案可为中国借鉴。在不假思索的情况下，中国立法者在私法框架中基于（物权化）自然资源国家所有权理论建构了一套独特的生态环境损害赔偿制度。这一点可经由权威文件和官方解读得到印证，官方认同生态环境损害磋商和索赔诉讼的民事属性。①

总之，生态环境损害救济制度发展史揭示的第一重转向和第二重转向共同推动了第三重转向，促使立法者在选择生态环境损害救济制度方面的思路从依赖行政机关的传统行政执法机制转向对行政机关进行新的"赋权""增能"。从环保组织的私人实施转向行政机关主导的公共实施（第二重转向），是中国立法者对"环保组织优先代表公共利益"错误论断的主动纠偏，具有法理正当性。

（二）行政机关作为生态环境修复责任追究主导者的理由

以政府行政机关作为生态环境修复责任追究主导者的正当性理由是其相较于其他任何主体，包括检察机关、环保组织乃至公民个人，在代表公共利益方面具有优先性。在现代政府公共治理的语境下，政府行政机关已然不再是公共利益的唯一提供主体，公共利益的代表和维护主体呈现出多中心的趋势，政府系统内的行政机关、司法主体、社区、非政府组织等纷纷加入。② 然而，"一个拥有高度制度化的统治机构和程序的社会，能更好地阐明和实现其公共利益"③。换言之，无论时代如何发展，无论公共利益的代表者和维护者的类型如何扩展，政府行政机关作为最权威的承载公共权力的政治组织和制度，是国家公权力的执掌者，始终在公共利益的选择、综合和分配过程中发挥着主导作用。生态环境修复责任旨在实现的目

---

① 参见程玉《我国生态环境损害赔偿制度的理论基础和制度完善》，《中国政法大学学报》2022年第1期。
② 参见张方华《回归国家治理的公共性：我国公共利益和政府利益的关系研究》，南京师范大学出版社2019年版，第63页。
③ ［美］塞缪尔·P.亨廷顿：《变化社会中的政治秩序》，王冠华、刘为译，生活·读书·新知三联书店1989年版，第23页。

标是通过法律责任的方式修复受损生态环境，恢复生态环境作为人类利益实现提供产品和服务的能力——通过生态系统服务功能满足人类的利益需求。由此，生态环境修复责任发挥作用的对象——生态环境，是典型的公共产品，其上承载着多层次且多样化的公共利益。这种公共利益属性决定了政府行政机关（环境行政权）应当作为维护和增进生态环境公共利益的核心力量。① 事实上，生态环境利益与公共利益具有耦合性——具有公共利益普遍具有的不确定性特征（即利益内容和受益对象的不确定）和损害分散性特征。由此，在维护和增进这种生态环境公共利益时容易发生"代表缺位"的问题，这种特征使得各国立法者普遍选择成立专门的组织或者机构来代表大多数人主张公共利益，而这种组织或者机构最基础和最常见的形式就是政府行政机关。原因在于，相较于其他社会主体，政府行政机关在代表生态环境公共利益方面具有更多的制度优势。

1. 行政机关的生态环境公共利益代表性优先于环保组织

政府行政机关在生态环境公共利益代表性方面要优先于环保组织。这是因为：第一，环保组织并非经过民主程序产生，其不受民意控制、立法机关监督和公共问责等制约。良好生态环境的稳定性和连续性建立在生态环境损害救济启动的强制性基础上，而环保组织却摆脱了公共权力行使受到的严格审查。第二，环保组织的利益关注具有地域性和专业性特征，可能无法兼顾章程射程之外的整体生态环境利益。② 从整体利益平衡的角度来看，行政机关能够发挥综合考虑和权衡环境利益、经济或社会利益的作用，而环保组织往往仅关注于生态环境利益。③ 第三，环保组织的资金源于社会捐赠，财务资金有限会影响到起诉意愿和能力。比如，有时一个案件的诉讼案件受理费或诉讼鉴定费会超过一个环保组织一年的总支出。例如，"自然之友"诉云南曲靖陆良化工有限公司案中，鉴定评估费用高达 700 万元，远超该组织的年总收入（2015 年度总收入是 355 万元）。④ "破产"，给生态环境公共利益的代表带来不确定性。而行政机关的民主特

---

① 参见何佩佩、冯莉《论环境利益的存续状态及其调整机制》，《社会科学家》2020 年第 11 期。
② 参见胡静《环保组织提起的公益诉讼之功能定位：兼评我国环境公益诉讼的司法解释》，《法学评论》2016 年第 4 期。
③ 参见胡静《比较法视野下生态环境损害救济的行政主导实质及其启示》，《比较法研究》2023 年第 3 期。
④ 参见张锋《环保社会组织环境公益诉讼起诉资格的"扬"与"抑"》，《中国人口·资源与环境》2015 年第 3 期。

征（或直接经选举产生，或由立法机关产生）、依法行政特征、稳定预算来源、生态环境统一监管职责以及经年累积的专业知识和信息资料储备等执法优势，使行政机关的代表性明显优先于环保组织。事实上，对于生态环境损害的系统整体性、动态性与科学不确定性要求，行政机关的法定裁量权也能确保其更能够从全局出发有效协调经济社会发展与环境保护的关系。① 第四，当前中国孕育环保组织的公民社会基础实际上尚不成熟，加之登记注册、筹集资金、双层管理模式等限制，导致环保组织的公共利益代表能力也十分受限。2014年《环境保护法》推动了环境公益诉讼的发展，但参与诉讼的环保组织仅占环保组织总数的5%。②

以环保组织代表和维护生态环境公共利益的本质其实是以私人执法"救济"公共执法，具有干扰行政机关在生态环境修复责任追究领域进行统一、稳定执法的风险。③ 因此，此种"救济"应当遵循补充而非替代执法的原则。从域外经验来看，环保组织发展相对更加成熟的欧美国家对环保组织的优先代表能力也持有普遍的怀疑态度。④ 美国公民诉讼制度要求环保组织在起诉潜在责任人之前通知行政机关；在德国，环保组织更无权直接对潜在责任人发起民事诉讼，只能请求行政机关行动或提起行政诉讼。即使在公民诉讼制度异常发达的印度，环保组织在发起公民诉讼之前也被要求履行"诉前通知行政机关"的义务。

2. 行政机关的生态环境公共利益代表性优先于检察机关

对于检察机关而言，尽管当前中国生态环境公共利益保护法律实践将其奉为公共利益的有效代表者，但它也同样存在"代表失灵"的潜在可能。其一，由于检察机关也是诉讼信托机制中国家的具体代表，因此，从

---

① 参见刘卫先《我国生态环境损害补救路径的整合》，《暨南学报》（哲学社会科学版）2020年第10期。
② 参见栗楠《环保组织发展困境与对策研究：以环境民事公益诉讼为视角》，《河南大学学报》（社会科学版）2017年第2期。
③ 具言之，其一，私主体参加治理可能会弱化行政法要求公共主体决策应具备的如公开、公正、一贯性、合理性和不偏私等特征。其二，私主体执法可能会干扰政府执法，扭曲政府执法的优先事项，影响政府在对行业实施决策时的灵活性，加大政府说服工业界实施自我规制的难度，破坏政府与企业之间的合作关系。其三，私主体直接起诉企业会鼓励政府面对问题时采取置身事外的态度。参见胡静《比较法视野下生态环境损害救济的行政主导实质及其启示》，《比较法研究》2023年第3期。
④ 参见胡静《环保组织提起的公益诉讼之功能定位：兼评我国环境公益诉讼的司法解释》，《法学评论》2016年第4期。

理论上看，检察机关也无法避免"政府失灵"问题。其二，从效力角度看，检察机关在生态环境公共利益维护方面也存在不足。由于公共利益的概念（即范围）相对模糊，且检察机关内部缺乏专业人才，使得检察机关对生态环境公共利益损失的评估不易得到各方普遍认可。其三，在当前监察改革的大背景下，检察权威受到削弱，势必导致民众对其提起诉讼的能力和积极性产生怀疑，而一旦怀疑的种子生根发芽，那么民众对公益保护的热情和期望，以及公益诉讼所具有的威慑力和效果也将大打折扣。[1] 此外，以检察机关作为民事原告并借由民事诉讼执行来追究生态环境修复责任的方案还会面临很多法理上的难题，这也会在一定程度上影响到检察机关的公共利益代表能力。[2] 因此，有学者在主张为检察机关起诉设定限制条件：（1）坚持穷尽其他救济原则，明确检察民事公诉的殿后次序；（2）建立有限公诉制度，将检察民事公益诉权关进"笼子"。这些理论质疑会使检察机关在实践中代表生态公共利益的能力受到限制，包括，第一，许多地方检察机关未与当地环保部门建立信息交换平台，未能实现行政执法与司法信息的共享和案件通报，使得检察机关的违法信息获取成本较高；第二，法院可能会为了规避判决书严格的事实认定和可能来自检察机关的抗诉压力，转而青睐以调解方式结案，使得民事公益诉讼本应具有的惩治刚性受到抑制和削弱，远没有通过公正判决能起到更好的法律效果和社会效果，也让花费大量精力调查取证的检察人员感到可惜；第三，由于复杂科学技术性证据问题的存在以及检察院缺乏专项资金用以鉴定评估，致使检察机关"选择性"提起公益诉讼也较常见。[3] 从目前立法来看，"两高"《关于检察公益诉讼案件适用法律若干问题的解释》将检察环境民事公益诉讼置于环保组织提起的民事公益诉讼之后，也从侧面印证了检察机关在生态环境公共利益代表方面的补充地位。

尽管行政机关也可能面临执法失灵问题，但相较于检察机关，行政机关在代表生态环境公共利益方面具有以下可能的优势：其一，行政机关长期处于环境执法前线，拥有专业的监测手段和知识，更能及时把握生态环

---

[1] 参见江国华、张彬《检察机关提起民事公益诉讼的现实困境与完善路径》，《河南财经政法大学学报》2017年第4期。
[2] 参见白彦《检察机关提起公益诉讼的现实困境与对策研究》，《法学杂志》2016年第3期。
[3] 参见汪夜丰《检察机关提起环境民事公益诉讼现状考察与实践操作》，《中国检察官》2017年第21期。

境公共利益的损失及评估；其二，行政机关拥有专门的执法经费可用来鉴定生态环境损害，加之专门行政裁量权基准的存在，使得选择性执法现象相对较少；其三，行政机关在生态环境公共利益代表方面负有明确的法定职责，相对更容易获得民众的认可。

3. 生态环境修复是现代国家环境行政任务的核心内容

生态环境修复已经成为现代环境行政的应然任务内容之一。德国行政法学者阿斯曼将环境行政的任务概括为，"排除环境损害、预防环境损害、避免其他环境风险并重新恢复自然的运作功能"[①]，而陈慈阳亦认为，环境保护的国家任务包括排除现存的环境危害，排除现存的环境危险性以及预防对未来的环境损害三个方面。[②] 以此行政任务为目标，我们大致可以将环境行政的核心任务区分为法律威慑、风险预防和生态恢复。其中，生态恢复即本书所谓的生态环境修复，主要是从救济角度修复受损的生态环境系统及其服务功能，避免环境退化。[③] 由此，在生态环境遭受损害后，旨在恢复生态环境公共利益的生态环境修复行动是政府行政机关的主要任务。换言之，生态环境修复必须首先由政府行政机关启动。对于中国而言，国家职能和环境保护的性质决定了政府行政机关在环境保护中始终处于主导地位。[④] 长期以来，针对生态环境问题都适用的是行政执法。但"重处罚、轻命令""重违法行为纠正命令、轻损害补救命令"的行政执法机制无法发挥救济生态环境损害的目标，使得实施行政执法后的生态环境功能无法恢复，生态环境被破坏的后果由政府埋单，大气、水、土壤等全民共有资源摆脱不了公地悲剧的陷阱，生态环境本身得不到及时有效的修复治理。由此带来的不利后果是，中国生态环境公共利益总体上处于弱保障状态。从原因来看，中国环境行政权力浮于执行环境法律法规，并未着眼于保障环境生态功能处于良好状态，环境行政责任也仅针对违反行政管理秩序设置，而并未直接针对主体造成环境生态功能损害来设置。为破解既有生态环境修复责任追究制度困境，中国立法者先后开发了环境民事公益诉讼制度和生态环境损害赔偿制度。

---

① ［德］施密特·阿斯曼：《秩序理念下的行政法体系建构》，林明锵等译，北京大学出版社2012年版，第109页。
② 参见陈慈阳《环境法总论》，中国政法大学出版社2003年版，第31页。
③ 参见谭冰霖《环境行政处罚规制功能之补强》，《法学研究》2018年第4期。
④ 参见夏光《论环保的国家意志》，《环境保护》2007年第3期。

从实施主体来看，环境民事公益诉讼制度和生态环境损害赔偿制度存在差异，前者是由环保组织和检察机关启动并由司法机关决定实施的生态环境修复责任追究机制，后者是行政机关利用磋商和解和索赔诉讼方式启动然后由法院审查或者决定实施的生态环境修复责任追究机制。在此意义上，我们可以看到，为了克服行政机关在生态环境修复责任追究方面的"功能性缺失"以及立法者先期旨在通过环境民事公益诉讼制度司法模式救济生态环境损害的"结构性跳跃"，立法者在环境民事公益诉讼制度之外构建生态环境损害赔偿制度，预示着生态环境修复责任追究开始回归政府行政机关，即由行政机关根据需要决定启动磋商和索赔诉讼。总之，生态环境损害赔偿制度的出台在一定程度上改变了中国立法者原先试图以环保组织、检察机关作为生态环境修复责任追究主导者的尝试，重新确立了政府行政机关作为生态环境修复责任追究主导者的制度范式。在此意义上，可以说，生态环境损害赔偿制度是一次重新划分行政机关与司法机关权力界限的有效尝试。与立法者在环境民事公益诉讼制度构建过程中并未充分考虑各权力机构、参与主体之间的角色定位与权力配置问题不同，[1] 生态环境损害赔偿制度实施过程中行政机关、司法机关各归原位，可以起到降低司法审判机关过度介入生态环境损害修复责任追究活动导致的权力重置与角色错位之法律风险的效果。

从域外法制经验来看，生态环境修复亦主要依靠行政模式来实现。欧洲共同体没有通过扩大侵权中的私人权利为生态环境损害设计民事责任，而是选择扩大了政府行政机关在污染防治和生态环境损害救济、生态环境公共利益维护方面的行政权力，相关制度规则体现在欧盟《环境责任指令》和各国就指令制定的各种转化法之中。具体来看，欧盟《环境责任指令》采取了典型的公法方法而非私法的方法，这种方法主要是通过赋予公共行政机关行政权力的方式发挥作用。[2] 对于美国，《超级基金法》将生态环境修复二分为反应行动责任机制和自然资源损害赔偿责任机制。尽管"公民诉讼"在反应行动责任机制和自然资源损害赔偿责任机制中均能发

---

[1] 参见王明远《论我国环境公益诉讼的发展方向：基于行政权与司法权关系理论的分析》，《中国法学》2016年第1期。
[2] 参见［英］马克·韦尔德《环境损害的民事责任：欧洲和美国法律与政策比较》，张一心、吴婧译，商务印书馆2017年版，第253页。

挥一定程度上的作用,① 但两种责任机制的主导实施者均是行政机关,前者是联邦环保署,后者是经过总统授权的政府行政机关受托人。诚如美国公益信托之父萨克斯教授所言,"美国制定法中的公民诉讼条款首先赋予的是行政机关第一序位的执行权力,只有这种行政机关自身没有执行这部法律时才准行提起公民诉讼。这样的条款确保普通公民和环保非政府组织只是作为促进者和刺激行动者站在政府背后,并没有取代或者代替政府作为执法的前沿先锋"②。

总之,行政机关有保障秩序与安全的任务,需要维护既有的安全状态不受侵扰、破坏。当存在造成失序与混乱可能性的因素,且这种威胁已经达到"危险"的程度时,行政权就应当发动。因此,在行政法的概念框架下,生态环境修复所指向的"损害",其实就可以理解为是需要行政权介入、排除的"危险"。实际上,在一些国家和地区的立法中,正是以"危险防止义务"来定位相关污染的整治责任的。③ 根据"权责名相一致"的经典行政法原则,这种将生态环境修复设定为行政机关主要任务(职责)的做法,实际上也授权行政机关享有监管权。

4. 环保组织乃至公民个人的生态环境公共利益补充代表地位

根据公益损失填补理论,除了国家这个当然的公共利益代表之外,个人或者社会团体也可以代表、维护和促进公共利益。④ 行政机关在生态环境修复责任领域作为主导者发挥作用并不意味着其他社会主体,尤其是环保组织,乃至公民个人,将无法在生态环境修复责任追究领域中发挥作用。事实上,行政机关在追究生态环境修复责任时亦时常发生"行政失灵"。这种失灵可以经由公共选择理论得到印证。公共选择学派已经向我们充分揭示了行政机关行为会与公共利益偏离的原理,这是因为行政机构和体系必须由具体的个人运作,而这些个体其实与普通公民一样具有一己

---

① 环保组织(乃至"任何公民")在两种责任机制中发挥的作用不同,在反应行动责任机制中,环保组织可以替代行政机关直接针对污染者提起公民诉讼,而在自然资源损害赔偿责任机制中,环保组织只能针对行政机关提起公民诉讼,无权越位提起自然资源损害赔偿诉讼,但其有权介入行政机关的自然资源诉讼。

② 参见[美]约瑟夫·L.萨克斯《保卫环境:公民诉讼战略》,王小钢译,中国政法大学出版社2011年版,第96页。

③ 参见赵鹏《生态环境损害赔偿的行政法分析:兼论相关惩罚性赔偿》,《政治与法律》2023年第10期。

④ 参见李丹《论环境损害赔偿立法中的环境公益保护——从环境民事公益诉讼的角度》,《法学论坛》2005年第5期。

之利。由此，寄希望于通过柏拉图式"高贵的谎言"实现城邦卫士自己防卫自己的理想始终只是一种遥不可及的神话，无法成为现实。在此意义上，可以说，生态环境公共利益的维护和代表远非仅仅通过修补行政过程的各种传统努力就能解决的，解决问题的关键是我们要抛弃对政府行政机关和职业官僚的完全信任和无限依赖。我们必须正视：行政机关和职业官僚掌握的公权力很有可能并且常常会偏离公共利益的方向。事实上，除了通过政府系统内部权力的分立与制衡来实现对行政权的纠偏目的之外，现代行政法普遍将公众参与和监督作为制约行政权的核心手段之一。具体来看，这种公众参与分为两种：其一，公民事前或者事中参与政府行政机关的决策程序，比如，在生态环境修复方案制定过程中发表意见和建议；其二，诉讼是普通公民参与政府的另一个重要途径。事实上，在很多情形下，诉讼可能是公民真正参与政府过程的唯一形式。①

目前，不少国家开始授权环保组织乃至公民个人（既包括受到环境损害的受害者，也包括普通公众）可以通过诉讼方式参与行政过程。根据目标不同，域外法制经验一般将公民诉讼分为针对行政机关的公民诉讼，以及针对污染者（或者说生态环境损害责任人）的公民诉讼。由于域外经验普遍将针对污染者的公民诉讼定位为替补执行之诉（诉权后位于行政执法权），②至少从目前来看，环保组织乃至公民个人在生态环境公共利益维护方面的角色定位始终是补充性的。

事实上，公民个人在代表公共利益时面临更为明显和突出的失灵问题，也决定了其无法成为生态环境修复责任追究的主导者。一方面，即使立法者选择授权公民个人代表公共利益提起生态环境损害民事诉讼，它也一般倾向于选择将诉权赋予那些私人利益与生态环境公共利益同时受到损害的公民个人，否则极易导致滥诉，浪费司法资源。换言之，如果受损的生态环境公共利益与公民个人的利益损害无法发生牵连，则公民个人无法据此提起生态环境损害民事诉讼。另一方面，立法者试图凭借公民个人代表生态环境公共利益的设想具有不确定性。这是因为，公民个人作为理性经济人，它是否提起诉讼一般以它的私人成本、收益结构作为衡量标准。当提起那些可以维护生态环境公益的诉讼的预期收益（一般公民关心的是

---

① 参见［美］约瑟夫·L.萨克斯《保卫环境：公民诉讼战略》，王小钢译，中国政法大学出版社2011年版，第49页。
② 仅少数国家将环保组织提起的公益诉讼定位为平衡执行之诉，如《法国民法典》第1248条。

私人利益）大于它为此付出的诉讼成本时，则提起诉讼是原告的理性选择，反之，公民个人一般不愿提起诉讼。尤其当受到损害的私人利益十分微小时，公民提起诉讼的可能性会变得很低。因此，可以说，公民个人基于私人利益动机在决定是否起诉以维护生态环境公共利益时，可能不会考虑其行为给他人带来的成本（即负外部性），也不会考虑到其行为的阻滞功能和其他社会价值。① 这会导致公民提起的诉讼数量可能会偏离社会最优状态，② 即在提起诉讼符合社会价值时，无人愿意提起诉讼，而在提起诉讼非最佳选择时，却愿意提起诉讼。③ 事实上，为避免不确定性，不少国家的公民诉讼制度普遍设定了诉前通知的前提。

总之，在各种规制法的实施中，纵使私人实施比公共实施更具有效性和经济性，④ 但是私人实施只能起到补充作用，起核心作用的仍然是行政手段。⑤

二 在磋商和诉讼外选择生态环境修复行政命令的理由

生态环境修复过程的科技专业性、动态复杂性特征，决定了行政机关应当在相应的责任追究过程中发挥"主导者"的作用。然而，这种主导作用借由何种制度工具实现仍须进行功能层面的论证分析。综合域内外有关立法经验，可供行政机关选择适用的具体责任追究制度包括三类，即行政命令、磋商和解，以及索赔诉讼。三种生态环境修复责任追究机制背后的权力运行原理不同，直接导致三种责任追究机制的制度功效存在差异。生态环境修复责任追究机制的选择在本质上是生态环境修复责任追究初始管辖权的配置问题，是立法者如何在行政权和司法权之间做出选择的问题。

---

① See Steven Shavell, "The Fundamental Divergence between the Private and the Social Motive to Use the Legal System", *Journal of Legal Studies*, Vol. 26, No. S2, 1997, pp. 575－612.
② 参见宋亚辉《社会性规制的路径选择》，法律出版社2017年版，第134页。
③ 参见［美］斯蒂文·萨维尔《事故法的经济分析》，翟继光译，北京大学出版社2004年版，第308—309页。
④ 个人或者社会团体维护公共利益的行为，属于法律私人实施的范畴，它除了克服公共执法预算成本的约束以及提高违法行为查获概率之外，还可以促进执法主体依法履行职责。参见陈太清《行政罚款与环境损害救济：基于环境法律保障乏力的反思》，《行政法学研究》2012年第3期。
⑤ 参见［日］田中英夫、［日］竹内昭夫《私人在法实现中的作用》，李薇译，法律出版社2006年版，第166—167页。

由此可知，生态环境修复责任追究机制的选择问题首先便转化为行政权和司法权何者更适合来追究生态环境修复责任。此外，因行政权的运行方式可以是纯粹的高权行政行为，也可以是平等柔性化的合作行政行为，在行政权内部，生态环境修复责任追究机制的选择还要考虑行政命令制度和磋商和解制度之间的功能差异。因此，若要论证生态环境修复行政命令的正当性，还须探究其与行政磋商、司法诉讼相比是否具有制度优势。

(一) 行政权与司法权的功能比较

生态环境的公共利益属性决定了（公共）权力在生态环境保护方面有着无可替代的重要地位，尤其是在生态环境修复责任追究方面始终发挥着关键作用。然而，同属公共权力分支的行政权和司法权在生态环境修复责任追究方面的制度效能并不完全一致，这是由生态环境修复活动的特殊性以及行政权和司法权两种权力各自的特征决定的。仔细观察，对于命令、磋商和诉讼三种制度，较为特殊的是诉讼制度。这是因为，在索赔诉讼过程中，行政权的运行过程不再是行政执法程序，而是被圈定在司法权的诉讼程序运行轨道之中。具言之，有关生态环境修复法律责任的决策权实际上由司法权掌握，行政权此时只起到启动程序和辅助执行的作用。由此，为比较诉讼制度和其他两种制度的功能优劣，有必要在司法权和行政权之间进行比较。一般而言，在行政权和司法权之间，何者的权力特征与生态环境修复的特殊性更契合，则何者更适合来追究生态环境修复责任。

行政机关和法院一样，都是执行法治的国家。对于议行合一的国家，行政权和司法权实质上是同宗的，二者同源于立法权，均是立法权的执行权。诚如德国行政法学者所言，"所有的司法和行政的管辖只是执行权的不同部分"[1]。在德国学者看来，行政权的传统运行方式——行政行为，本身就是以法院的裁判为蓝本，只不过为了能适用于灵活性较大的行政活动做了一些调整——摒弃了一些由于司法特定目的而形成的确定的内容。[2] 由此，从理论上看，行政权和司法权均可以成为实现生态环境法治目标的工具，但两权具有不同的权力属性和运行特征，使得它们与生态环境修复

---

[1] 参见 [德] 汉斯·J. 沃尔夫、[德] 奥托·巴霍夫、[德] 罗尔夫·施托贝尔《行政法》（第二卷），高家伟译，商务印书馆 2002 年版，第 84 页。
[2] 参见 [德] 汉斯·J. 沃尔夫、[德] 奥托·巴霍夫、[德] 罗尔夫·施托贝尔《行政法》（第二卷），高家伟译，商务印书馆 2002 年版，第 100 页。

活动所具有的特殊性之间的兼容程度存在差异。

首先,生态环境修复责任的首要目标是修复受损生态环境,而"生态环境系统本身的复杂性、影响生态环境系统变化的因素的多样性,以及受到科技发展水平的限制,由于人们很难对生态环境系统的结构功能以及修复活动实施所依据的科学依据有一个精确的了解,生态环境修复进程面临诸多不确定性"①。生态环境修复过程具有持续性和适应性的特征,其本质应是一种应对不确定风险的结构性决策过程。由此,生态环境修复必须具备随情势变化而不断调整的能力。在此意义上,行政权相较于司法权更具优势。这是因为,行政行为和司法判决的效力不同。行政行为不能像司法判决那样自己要求既定力的确定,因为一方面它不可以自己提供合法性保证,另一方面作为面向未来的形成手段,还必须具有适应会改变的关系。由此,不同于法院没有撤销和废止其判决或者重新开始诉讼的权力,行政行为具有特殊情形下的自主可撤销性。② 中国行政法学者称此种自主可撤销性为行政行为的自我纠正。自行纠正违法行为是依法行政的应有之义,也是行政机关的法定义务。③ 在域外,这种自我纠正制度被定义为"行政机关的自省"。在风险社会背景下,这种自我纠正、自我反省应当从违法行为扩展至合法行为。以生态环境保护为例,之所以要贯彻自省理念,是因为行政机关针对有关生态环境问题的认识可能发生不断的变化,行政机关因此也必须具有不断修正自己行为的能力。④ 在此意义上,行政机关基于不确定的科学知识作出的行政决定并非不可更改、不可逆转的,其可以基于新获得的知识对已有的行政决定做出修改或补充。而司法程序很难主动进行"自我反省"。由此,在司法判决体系中,法院在面临需要调整修复方案的情形时会陷入两难困境。一方面,如果继续依照原判决实施原修复方案,则难以实现修复环境的目标;另一方面,若法院试图重新作出判决,缺乏明确的依据,这是因为,修复方案的调整是基于修复过程中出现的未知状

---

① 参见王芳《不确定性与脱嵌:环境风险生成中的科技失灵》,《华东理工大学学报》(社会科学版)2016年第4期。
② 在某些条件下当局可以消除其约束力,公民可以请求当局撤销。参见[德]埃贝哈德·施密特-阿斯曼等著,[德]乌尔海希·巴迪斯编选:《德国行政法读本》,于安译,高等教育出版社2007年版,第79页。
③ 参见高鸿《行政行为自我纠正的制度构建》,《中国法律评论》2021年第3期。
④ 参见[意大利]法布里奇奥·弗兰齐亚《命令与控制权:市场的监管》,李媚译,载费安玲主编《罗马法与学说汇纂》(第八卷),中国政法大学出版社2017年版,第301页。

况，这种情形无法认定为事实和法律错误，并不构成重新判决的理由。①

其次，除了成本效益平衡特征以外，生态环境修复的本质是一项具有高度专业性的科学技术活动。对于生态环境修复而言，修复方案应遵循适宜性修复、系统性修复和混合性修复等基本原理才能确保修复效果。具言之，其一，修复应因地制宜，充分考虑拟修复生态环境系统的特性，具体问题具体分析，且不能照抄照搬；其二，修复还须有整体系统思维，根据生物间及其与环境间的共生、互惠、竞争和拮抗关系，以及生态位、生物多样性原理，构建生态环境系统结构和生物群落；②其三，修复方案应考虑到拟修复生态环境系统的自然演替。对于生态环境服务功能期间损失和永久性生态环境损害的计算本身也是一项复杂的科学技术活动，需要结合情形适用影子成本法、虚拟治理成本法、市场意愿调查法等。这些特征决定了生态环境损害救济的过程复杂棘手，对于主导者的专业度要求较高。而行政权素来以专业知识见长，司法权侧重于纠纷解决。③ 行政机关职权范围内的事项一般都具有专门的技术性，因为根据条块及专业分工的庞大行政体系，一个行政机关往往长期与主管领域保持接触，从而形成了较为全面、深入的知识或经验。④ 而法官在司法体制下未经过行政管理历练，没有接受过专业行政知识和技能方面的训练，它们对行政事务的理解仅仅来源于平时审理的案件，而这些途径不能保证法官对于行政事务有足够准确的判断力。⑤ 换言之，法院与行政机关功能上的差异以及运作价值的区别使得二者的机构能力各有所长，法院擅长的是通过对过去发生事实的逻辑分析，严格按照法律程序，将法律规定与原则适用于某一或者某些问题（司法权的微观性，具有个案处理特征），从而做出优先于其他行政机关的判断。行政机关则不仅着眼于现在的事务，还要面向未来不可预知的事务，必须以灵活性态度对待行政管理，在处理问题时具有宏观性，更能从

---

① 参见胡静、崔梦钰《二元诉讼模式下生态环境修复责任履行的可行性研究》，《中国地质大学学报》（社会科学版）2019年第6期。
② 参见董世魁、刘世梁、尚占环、邵新庆、黄晓霞主编《恢复生态学》，高等教育出版社2020年版，第52—57页。
③ 参见王明远《论我国环境公益诉讼的发展方向：基于行政权与司法权关系理论的分析》，《中国法学》2016年第1期。
④ 参见宋亚辉《环境管制标准在侵权法上的效力解释》，《法学研究》2013年第3期。
⑤ 参见李荣珍、王南瑛《论行政首次判断权原则及其司法适用》，《海南大学学报》（社会科学版）2019年第3期。

宏观角度出发不断积累有关生态环境损害救济普遍规则的经验。鉴于此，对于复杂且关涉成本效益考量的生态环境修复问题，行政机关的专业性判定和处断应当居于主要地位。对于这些问题，法院很难替代行政机关作出专业判断。

再次，生态环境修复责任旨在救济的生态环境损害是一种公共利益损害，对其进行救济的过程实际上会涉及复杂的利益平衡问题，包括生态环境公共利益与区域经济发展利益的平衡（比如，过重的责任使污染企业破产，会导致社会福利的损失），生态环境公共利益与公众私人利益的平衡，以及生态环境公共利益与可能责任人之经营自由的平衡等。在英国法体系中，在适用1990年《环境保护法》第ⅡA部分"污染土地机制"时，根据第78N条第3款（e）项规定，若应当履行修复措施通知中所规定相应要求之责任人在支付其所应当承担的修复措施成本后遭受"困难"，则行政机关可以不发送修复通知（行政命令），而自行采取修复措施，并从责任人处追偿。若成本回收会给责任人带去经济困难，也可以不收回成本或者只收回部分成本。由此，前述利益并无绝对的优劣之分，它们之间的冲突本质上是利益所储存的价值发生了抵牾，是两个正当利益优位性选择的问题，因此不能用排除的方法来解决，只能用价值"权衡"的方法来解决。① 尽管法院擅长利益平衡，但并非意味着所有利益冲突均应首先提交给法院处置。司法仅仅是最后一道防线，只能在利益平衡手段用尽之时登场。从各国法制经验来看，立法者确立司法审查机制的目的实际上也是保证能够为第一次平衡发生错误提供矫正的机会。由此，生态环境公共利益与其他正当利益的冲突平衡应当首先交由行政机关来判断，只有当行政机关的判断发生失灵时才启动司法权。

最后，直接以司法权替代行政权的环境司法能动主义不利于环境法治的可持续发展。行政主要表现为国家立法之下"法律执行"行动系统，体现出较强的执行性、主动性特征。在法制运行系统中，行政系统往往占据较大的比例和份额。类似一个庞大的服务企业，那样履行各种国家任务，在行政"治理"空间内，行政机关往往得以积极、自主执行具体的国家事务，具有广泛的裁量权，而很少受到立法的拘束。② 而司法权不同于行政

---

① 参见李启家《环境法领域利益冲突的识别与衡平》，《法学评论》2015年第6期。
② 参见郭武《论环境行政与环境司法联动的中国模式》，《法学评论》2017年第2期。

权，作为国家权力运行系统的后置环节，司法权一般遵循不告不理原则，应以当事人诉请为启动条件，不能自主、积极能动地运作，因而具有明显的被动性特征。否则，就会打破利益平衡而导致公正缺失。若法院展现倾向性立场而失去中立的裁决者地位时，或者基于感性而非理性做出裁决时，则其合法性就会丧失。司法权过于活跃同样可能侵犯其自身的合法性。[1] 由此，若立法者违背司法权力的运行特征强行赋予其生态环境损害救济的主导权，不仅可能使其承受不能承受之重，还会不断侵蚀其权威。或许，"对于中国这样的行政管理大国而言，司法治理绝不可能替代行政管制；但其客观性、中立性可在一定程度上弥补行政治理之不足，形成国家多元治理机制的耦合"[2]。

(二) 命令、磋商、诉讼的功能比较

若不考虑实践中可能发生的偏差，国家生态环境损害赔偿制度改革方案提出的"应赔尽赔"原则，决定了责任人在磋商过程中无法就责任是否成立以及范围多大进行谈判，否则就有可能背离改革方案确立的"应赔尽赔"原则。由此可知，责任人和行政机关之间的磋商只能就履行方式选择（修复方案的选择）和履行期限的选择进行谈判，无法变更责任人本应承担的法律责任，否则就会产生不当处置公共利益的效果。在此意义上，责任人的意思并没有起到关键的作用。事实上，生态环境损害赔偿磋商协议也符合行政协议的界定标准——目前实务界主要采纳的是以职权性为主、公务性为辅的折中标准。[3] 生态环境损害赔偿磋商协议的内容与生态环境主管行政机关的职责密切相关（生态环境修复责任本身是公法责任，其实质应当是行政法律责任），且与行政机关进行磋商的相对人是行政机关履行职责过程中的行政管理对象——相对人应当承担修复责任。鉴于此，笔者认为，生态环境损害赔偿磋商的属性应当是行政磋商而非民事磋商。

主导行政命令制度和磋商和解制度的运行权力均是行政权，只不过行政权在前述两种制度中的具体运行方式不同。在行政命令制度中，行政机

---

[1] 参见胡静《环保组织提起的公益诉讼之功能定位：兼评我国环境公益诉讼的司法解释》，《法学评论》2016年第4期。

[2] 刘艺：《环境正义的司法治理路径探索：六枝特区人民检察院环境行政公益诉讼案评析》，《中国法律评论》2019年第2期。

[3] 参见宋华琳、郭一君《行政协议识别标准的再探讨》，《西北大学学报》（哲学社会科学版）2021年第3期。

第四章　优化中国生态环境修复行政命令制度的逻辑基础

关以一种刚性的方式认定相对人应承担的生态环境修复责任，并在相对人不配合时通过施加行政处罚或者刑事制裁来确保责任的履行。必要时，行政机关也可以通过行政强制实现责任目标。由此，行政命令使行政机关和相对人之间的法律关系趋向于一种"命令—服从"式的高权行政法律关系。而磋商和解制度的诞生背景是公法私法化理念指引下的"行政行为形式选择自由"，因此其核心特征是行政机关以平等法律主体的身份与相对人展开平等对话，就生态环境修复责任的认定和实施达成和解协议。在此意义上，磋商和解制度可以被定性为一种柔性的执法措施。

为了更好地对命令、磋商、诉讼三种制度展开比较分析，本书选择以正义和效率两个指标作为研究基准。其中，正义主要是指程序公正（为方便分析，本书将责任规则的实体公正设置为不变量，假设实体责任均能完全修复受损生态环境），若一项制度的运行程序规范无法保障相对人和利益相关方的程序性参与权利，那么其不仅有损于法治目标的实现，也不利于各方对最终责任认定结果的认可和履行。而效率可以从不同的主体角度考虑二分为行政机关的决策效率和相对人的接受效率，若一项责任认定结论无法及时作出（"迟到的正义"）或无法及时得到履行（"纸面上的责任"），对于生态环境公共利益的维护都是不利的（参见表4-1）。

首先，对于程序公正，索赔诉讼在程序公正方面的价值最高，磋商和解次之，而行政命令最低。这是因为，行政命令属于未型式化的行政行为，其程序要求是最基本的要求，即正当法律程序要求。因此，行政相对人在行政命令实施过程中的程序权利仅能获得最基本的保障。事实上，行政命令更强调相对人服从，尽管其也允许相对人提供证据、发表意见和提出异议，但责任最终认定权由行政机关决定，其意思表示具有单方性。而磋商和解作为一种柔性平等化的执法机制，摒弃了行政机关的单方行政决定，其强调的是双方的平等对话、意思沟通，相对人可以提交对自己有利的事实证据，故更能发挥保障相对人权益的制度效果。目前中国已针对磋商制定了程序规范。但磋商和解终究不是纯粹的司法机制，主导者也不是中立的第三方。因此，相较于磋商和解，索赔诉讼对相对人的程序权利的保障更强。

其次，对于决策效率，行政命令最高、磋商和解次之、索赔诉讼最低。这是因为，在司法过程中，行政机关获取违法信息后，要交由法院处理，无形中多了一个信息传递环节，且审判过程繁杂，延长了处理周期，不利于及时进行修复。① 根据欧盟15个成员国提供的494件案例信息，行政修复措施平均持续12个月。② 而民事公益诉讼，诉讼时间长和诉讼紧迫性之间始终有矛盾，从一审、二审到再审，短则一两年，长则十几年。行政命令制度则具有较高的决策效率，因为其强调行政权的高效运行和单方意志。事实上，值得注意的是，行政命令具有先定力，在相对人不接受的情况下仍具有法律效力，相对人应先修复，对行政命令不服的，再提起行政诉讼。在造成损害或可能造成损害的事件发生后，可以迫使经营者立即采取必要的预防和/或补救措施，保障修复的及时进行，而将责任主体和责任份额的纠纷解决留给漫长的司法机制，从而将效率和公平分开考量，即先修复，再解决责任问题。③ 而磋商和解强调的是相对人和行政机关在责任认定过程中的协商、和解，因此其具有较低的决策效率，双方可能会拖延，进而导致决策"僵局"，致使协商成为行政的"羁绊"④。但由于磋商和解不成可以转向诉讼，且2020年《关于推进生态环境损害赔偿制度改革若干具体问题的意见》第6条为其设置了90日期限，因此磋商和解的决策效率一般会高于索赔诉讼。

最后，对于相对人的接受效率，磋商和解最高、索赔诉讼次之、行政命令最低。相对人对责任认定结果的接受程度和履行意愿与很多因素相关，但其中一个最关键的因素是相对人对责任认定过程的参与程度。一般而言，若相对人参与责任认定过程的程度越高，则其越认可责任认定结论。对于磋商和解，由于双方已经在事前进行了良好沟通，故一旦达成最终的责任和解协议，则相对人对最终结果的接受效率很高，责任决策实施也会相对高效。而索赔诉讼，判决结果并非原被告双方合意，而是双方证据实力对抗的结果，故接受效率会低于磋商和解。行政命令过于强调行政权的高效运行，相对人参与程度不高甚至被忽略，因此相对人接受行政命令结论的意愿不强，实践中行政命令极可能无法得到有效执行。

---

① 参见林潇潇《论生态环境损害治理的法律制度选择》，《当代法学》2019年第3期。
② See European Commission, *REFIT Evaluation of the Environmental Liability Directive*, Brussels, 2016, SWD (2016) 121 final, p. 34.
③ 参见胡静《比较法视野下生态环境损害救济的行政主导实质及其启示》，《比较法研究》2023年第3期。
④ [美] 理查德·B. 斯图尔特：《美国行政法的重构》，沈岿译，商务印书馆2011年版，第168页。

表4-1 不同制度的功能优劣（L、M、S，分别代表程度的高、中、低）

制度指标	公正（程序公正）	效率	
		决策效率	接受效率
行政命令	S	L	S
磋商和解	M	M	L
索赔诉讼	L	S	M

由此，三种责任追究机制在不同维度的功能优劣实际上存在很大区别，我们很难得出何种制度是最佳的生态环境修复责任追究机制的结论。由此，正确的答案可能不是取消某一程序或者无限放大某一程序，而是综合不同的实施程序，并结合生态环境修复的不同情形进行功能匹配，以最大限度地发挥制度协同的功能优势。由此，生态环境修复行政命令制度至少应在特定情形下发挥作用。

综前所述，生态环境修复责任旨在救济的生态环境损害的公益性以及生态环境修复活动具有的高度技术性特点，决定了行政命令救济能够在生态环境损害救济中发挥重要的功能。生态环境修复责任追究机制的选择涉及公权力的初始配置问题。一般而言，行政权和司法权是国家公权力体系的重要组成部分，是为实现国家治理进行的技术性分工，是国家机关正常运作的客观要求，因此两者之间的关系是现代任何一个国家政治社会生活中都不可避免的问题、重大范畴。具体到生态环境修复责任追究领域，生态环境修复责任追究初始管辖权的配置关乎国家权力架构和环境法治效益。只有厘清司法权和行政权各自属性、功能特点，并结合生态环境修复责任追究的实际需要进行妥当匹配，才是国家环境治理体系和治理能力现代化的根本进路。在配置生态环境修复责任追究的初始管辖权时，立法者应处理好行政权和司法权之间的关系，以及行政权不同运行方式之间的关系。

第四节 具备完善生态环境修复行政命令制度的基础条件

重构或者优化生态环境修复行政命令制度应当考虑该制度与宏观社会

背景的兼容性以及是否存在可资借鉴的成熟制度经验。本节内容从国家权力分立结构、转型期的社会背景、生态文明体制改革，以及域外法制经验四个视角出发，探究构建生态环境修复行政命令制度的可行性。其中，与国家权力分立结构契合、与中国转型时期的社会现实相符以及与生态文明体制改革的精神相兼容，为制度重构或者优化奠定了相应的背景条件，而域外各国立法普遍青睐生态环境修复行政命令制度的法制经验可以为优化中国生态环境修复行政命令制度输送制度养分。

一 生态环境修复行政命令与国家权力分立结构相契合

权力在人类社会发展过程中占据着重要地位，权力运行和权力制衡结构的变迁是受社会发展规律制约的，但权力制衡结构发展、变化也有其自身规律。无论如何，一国权力结构内部应当保持一种合理的平衡状态。如果一个走向现代化的国家，其权力内部结构失去合理分工、配置和制衡，就很难科学运用权力运行自身规律和权力最佳资源的配置力量推动社会进步，反而会导致社会发展失序、失衡和腐败。[①] 无限制的权力必然会走向堕落与腐败。尽管现代政治学理论已经表明，对权力的制约可以有很多方法，但通过权力内部的分立与制衡来实现控制权力滥用的方法是最为根本和最基础性的方法。从古希腊亚里士多德的《政治学》到17—18世纪的卢梭、洛克、孟德斯鸠等，再到美国费城制宪，通过权力分立实现权力制约的思想逐渐诞生和发展，最终体现为现代民主国家的设计理念。可以说，无论是三权分立国家，还是议行合一国家，都始终奉"权力的分立思想"为圭臬，将政治权力划分为不同的分支并强调通过宪法在不同政治权力之间形成一种有序的互动关系。然而，受制于不同国家不同的经济基础和政治传统，权力的分立与互动在不同国家和地区也呈现出不同的样态。总体上来看，权力的分立和互动可以区分为两种类型，即功能性分权和组织性分权。两种分权范式之间最大的区别在于权力观念和分权目标存在差异。具言之，功能性分权奉行的是积极权力观下的有为政府，旨在提高公权力的运行效率，是集中统一领导下的组织内分权，是过程性分权；而政治性分权的权力观念是

---

① 参见刘俊杰《当代中国权力制衡结构研究》，中共中央党校出版社2012年版，第6页。

消极权力观下的有限政府，其目的是防治公权力专断和滥用，主张将政治权力一分为三，是一种组织性分权。① 政治性分权的典型例证是美国的三权分立。这种权力分立理论可以较好地实现防止权力专断或滥用，但它也容易出现权力间难以平衡的僵局，如立法权和行政权之间打架，导致效率低下，美国行政机关关门或者停摆是常态。或许正是这种权力制约理念的存在，使得美国行政机关的执法程序呈现典型的司法保障特征。具言之，在反应行动机制中，行政机关与相对人的执法和解协议一般需要经过司法审查，行政机关较大额的罚款也需要通过民事诉讼程序解决；在自然资源损害赔偿制度中，行政机关与相对人达成的和解协议也需要申请司法确认。

与美国强调政治性分权不同，中国强调的是功能性分权。这种权力分立思想突出体现在党的一系列报告中，比如，党的十七大报告、党的十八大报告和党的十九大报告均指出，要建立健全"决策权、执行权和监督权既相互制约又相互协调的权力结构和运行机制"。这种分权机制侧重于权力在决策流程中的不同作用，而组织性分权侧重于不同权力、适用于不同事务。若从根源探究，中国之所以采取这种功能性分权范式的主要原因，实际上是中国特有的经济基础和历史传统。从经济基础看，中国奉行以公有制经济为主导的经济制度，这就要求我们必须优先强调行政权力的效率，只有通过有为政府积极行使行政权力才能实现公有制的经济发展目标；从历史传统看，封建大一统思想和现代社会以来中国的政治传统，导致中国政治结构和统治权力的组织均趋向于集中化。

诚如有学者所言，中国存在强大的执政党，执政党的意识形态以及党的利益等潜在因素通过一些正式和非正式的手段贯通于形式上存在分工的司法权和行政权。② 由此，对于执政党而言，只要能够实现"决策权—执行权—监督权"这三种权力相互制约又相互协调，则（公共）权力运行的效率就能得到最大程度的保障，执政党的合法性就能得到证成和维持。由此可知，中国的权力机构关注权力的功能是决策、执行还是监督，这种权力分立的功能性视角为权力的适度混合，甚至是不同权力之间的替代提供了正当性。换言之，行政机关可以代替司法机关行使司法权，而司法机关

---

① 参见陈国权、皇甫鑫《功能性分权：中国特色的权力分立体系》，《江海学刊》2020年第4期。
② 参见彭涛《司法权与行政权的冲突处理规则》，《法律科学》（西北政法大学学报）2016年第6期。

亦可以在特定情形下承担起行政权的任务。① 然而，在法治国时代，这种权力间的混合和替代只能是例外情形，须由法律明确规定。诚如有学者所言，随着社会生活的复杂化，对于行政权和司法权的性质不能做简单的定性，应从具体实践中去定义其性质，即行政权和司法权的绝对边界正在弱化。② 事实上，在中国法治语境下，从宪法架构和法治实践的角度考虑，中国行政机关（行政权）和人民法院（司法权）之间的常态关系是：二者独立行使职权，相互尊重；司法依照法定程序和权限监督和支持行政，前者如司法对行政行为的审查，后者即行政机关申请法院强制执行行政行为；行政和司法互动合作，共同预防和化解争议，提高法治效益。③ 由此，司法权在中国一般的功能应当定位为监督权，只有在例外情况下（在法律有明确规定时）才能作为执行权。据此，借助司法的公共政策形成功能，④ 使司法机关成为规制的替代者，⑤ 司法权主导实施生态修复责任追究机制的做法，存在逾越司法权和行政权的基本功能边界之虞。这种司法越位甚至错位现象，极有可能会伤害中国正在建立的环境法治，影响现有的国家权力配置格局，甚至会动摇公正生态环境司法的价值追求。然而，此种质疑随着《民法典》的出台在一定程度上已经逐渐得到消解。其实，2020年《民法典》第1234条和第1235条的引入，以法律形式奠定了中国司法权作为执行权（替代行政权）参与生态环境修复责任追究的合法性基础。

随着环境国时代的来临，执政党业已认识到生态环境的重要性，并将生态环境定性为最普惠的民生福祉和新时期基础性的国家任务。这就意味着（公共）权力应该在生态环境公共利益的维护和增进方面发挥更大的作用。生态环境修复责任追究是（公共）权力发挥生态环境公共利益维护作用的重要制度载体，甚至可以说是不可或缺的制度手段。由此，司法机关和行政机关在生态环境修复责任追究方面该如何发挥作用呢？换言之，立

---

① 前者如《行政复议法》第11条和第30条规定的行政机关的最终裁决权，后者则如《行政诉讼法》第77条规定的行政处罚变更权以及《民事诉讼法》第251条规定协助执行通知。参见彭涛《司法权和行政权的冲突处理规则》，《法律科学》（西北政法大学学报）2016年第6期。
② 参见张树义、梁凤云《现代行政权的概念及属性分析》，《国家行政学院学报》2000年第2期。
③ 参见张坤世《司法权与行政权：中国法治语境下的关系定位》，《社科纵横》2020年第7期。
④ 参见［美］米尔伊安·R. 达玛什卡《国家和司法权力的多种面孔——比较视野中的法律程序》（修订版），郑戈译，中国政法大学出版社2015年版，第126—130页。
⑤ 参见何江《论环境规制中的法院角色：从环境公益诉讼的模式选择说开去》，《北京理工大学学报》（社会科学版）2020年第1期。

法者应在决策权、执行权、监督权的分析框架中，就生态环境修复责任追究为行政机关和司法机关各配置何种权力角色呢？一般而言，司法机关的常态是作为监督权的行使者，其主要作用在于对行政机关的权力进行控制和支持，而行政机关主要承担的是法律执行的角色，是典型的执行权。由此，行政权应当成为生态环境修复责任的主导权力，而司法权的作用在于监督和支持行政机关的行政权行使过程合法、合理。尽管《民法典》第1234条和第1235条的规定已经明确授权司法权追究生态环境修复责任，但不能由此反推行政权不再发挥作用。笔者以为，从国家权力配置的角度来看，除非《宪法》明确将生态环境修复责任追究的权力排他性地授予司法机关，否则行政机关应当具有实施生态环境修复责任追究机制的权力。事实上，根据《宪法》第26条和第89条规定，行政机关承担"国家环境保护职责"，该职责应包括生态环境损害发生时要求责任人对受损环境进行修复。这与司法机关的任务在于纠纷解决形成鲜明对比。然而，立法者并未就《民法典》第1234条和第1235条中确立的司法权与行政权的关系作出解释，二者在追究生态环境修复责任领域的关系是替代还是补充仍不得而知。诚如有学者指出，这些条文本身也具有解释为公法规范的可能性，即公法责任条款，其实质是行政权的司法运行方式。[①] 由此，只要立法者能明确生态环境修复行政命令制度代表的行政权与生态环境损害赔偿诉讼和环境民事公益诉讼代表的司法权之间的适用关系，当前法制框架并不阻碍行政权继续在生态环境修复责任追究方面发挥作用。

综前所述，作为一个实行社会主义公有制的大陆法系国家，中国有着适合生态环境修复行政命令制度成长的权力制衡基因和体制优势。一方面，中国虽然否定了西方三权分立机制在中国适用的可能性，但并未彻底否认分权的价值及其在中国政治体制中适用的必要性。在集权和公有制经济的催化下，中国的权力分立结构呈现出功能性分权特征——决策权、监督权和执行权。[②] 尽管中国功能性分权的制度框架为司法权补充行政权追究生态环境修复责任奠定了合法性基础，但其并非要完全取代行政权发挥作用。只要二者适用关系明确，衔接机制合理，生态环境修复行政命令制

---

① 参见吕忠梅、窦海阳《以"生态恢复论"重构环境侵权救济体系》，《中国社会科学》2020年第2期；胡静《土壤修复责任的公法属性：目的和工具面向的论证》，《湖南师范大学社会科学学报》2020年第5期。

② 参见陈国权、皇甫鑫《功能性分权：中国特色的权力分立体系》，《江海学刊》2020年第4期。

度可以也应当成为实现生态环境修复责任追究的主导力量之一。另一方面，行政权在表达、维护、促进公共利益方面的作用，是任何其他机构都不能比拟和无法取代的，因而在公益保护上承担着最直接的、最主要的责任。① 这一点在生态环境公共利益维护方面亦适用。对于中国这样的行政管理大国而言，司法治理绝不可能替代行政管制，强大的行政力量和管制传统仍然是中国行政体制的优势所在。尽管缺乏规范约束的行政命令可能会侵犯相对人的权益，但其也是保障行政权专业化和及时性运行的关键，能够最大限度地发挥中国行政体制的优势，提升行政效能，迅速应对转型期频发的生态环境风险。

二 生态环境修复行政命令与中国转型期社会现实相符

中国目前正处于向"福利国家"模式迈进的关键转型时期，因此政府在社会发展过程中发挥着主导作用，其不仅需要延续传统的秩序行政职能，还需要在给付行政的范围和深度方面不断扩展。② 身处"福利国家"模式时期的中国，包括生态环境问题在内的一系列社会问题和经济问题开始涌现，呈现出频率高、影响广的特点。此时，仅仅凭借司法机关利用司法权对个案进行被动的利益平衡与调整，显然并不能及时有效地回应社会需要，对国家和社会进行管理，也无法在生态环境公共利益方面起到最佳的保护效果。这是因为，针对不特定对象反复适用的规则，司法机关一般是无能为力的。此外，受制于有限的司法资源和自身专业知识的局限性，司法机关在处理生态环境问题时经常会遭遇迟延。而行政机关身处社会治理的第一线，其行政权因为具备灵活多变、监管范围广、效率高和专业性强的特点，更能妥善地处理大量且具有共性的生态环境问题。因此，立法者应当在"福利国家"模式时期加强运用行政权，以及时回应公众需求，并及时有效地解决各类生态环境问题。而在行政权的运行方式中，行政命令制度的决策效率最强，最能契合及时高效行政的要求。由此，生态环境修复行政命令制度可以很好地契合中国当前处于"福利国家"的转型社会现实，能及时高效地回应保障生态环境公共利益的需要。尽管生态环境修复行政命令的单方行政决定性质具有典型的高权特征，但此缺陷并不能掩

---

① 参见袁立《公共治理困境与公法学的理性回应》，《北方法学》2021 年第 2 期。
② 参见王敬波《福利国家与中国行政法发展的新趋势》，《国家检察官学院学报》2012 年第 5 期。

盖其在公共利益维护效率方面的优势。

转型期的另一特征是风险社会的降临。风险具有不确定性和主观性，导致风险社会治理的难度加大。生态环境风险是现代风险社会中的重要组成部分。中国身处转型社会时期，当前面临的生态环境风险具有高度的多样性和复杂性。其表现形式十分复杂：大气污染、水污染、土壤污染、水土流失、自然灾害、荒漠化、生态系统退化、海洋环境问题、新型污染物、农村环境问题、气候变化、突发性环境污染事故、环境社会性群体事件等都有关系。同时，造成这些问题的来源也十分复杂：工农业生产、资源开发、城乡居民生活、物流交换、国内外贸易等都相关。这些活动所涉及的主体也非常多：各级决策者、生产企业、社会大众、资源开发者等都有涉及。生态环境修复本身也是一项科学技术活动，因此其实施过程可能会带来新的不确定性生态环境风险。面对如此复杂多样、循环升级的生态环境风险现实，防范化解生态环境风险便成为各级党政领导干部工作中最重要的组成部分，成为美丽中国建设进程中不可忽略的难题。诚如习近平总书记所言："要把生态环境风险纳入常态化管理，系统构建全过程、多层级的生态环境风险防范体系。"[1] 其中，构建多元共治的生态环境治理体系是关键任务。所谓的多元共治不仅是指政府系统内部各权力分支的协同配合，还要求政府以外的企业、社会组织乃至普罗大众都共同参与治理。从政府系统内部各项权力分支配合的维度来看，行政权应当是主导力量。这是因为立法权和司法权在应对现代生态环境风险时往往力有不逮。从立法权的角度来看，相较于瞬息万变的社会现实，立法总有滞后，并且法律规定本身的原则性也决定了其在应对现实中的风险时需要执行者进行具体的解释。一个典型的例证是：尽管中国当前生态环境领域的立法以超常规的速度在进行，但其仍然无法跟得上现实社会的发展需求。从司法权的角度来看，大陆法系国家"法官造法"面临的正当性质疑，以及当前法官受知识逻辑和经验的限制，导致他们在面对风险社会中加速翻新的市场事件和秩序时常常无所适从。[2] 由此，司法权很难应对生态环境风险治理难题。然而，行政权具有灵活多变、监管范围广、效率高和专业性强的特点，能妥善应对生态环境风险难题。值得注意的是，相对人和行政机关的合作仅

---

[1] 中共中央宣传部、生态环境部编：《习近平生态文明思想学习纲要》，学习出版社、人民出版社2022年版，第46页。
[2] 参见胡德明《风险社会中的司法权能：司法改革的现代化向度》，《现代法学》2005年第5期。

是理想中的状态,现实中相对人与行政机关对立是常态。生态环境修复行政命令一般以行政机关单方意思表示为基础,故只要经过法定的程序,行政机关即可动用强制权力要求相对人履行修复义务。因此,构建生态环境修复行政命令制度是现代社会应对风险的必然要求。

总之,生态环境修复行政命令制度的最大优势在于其决策效率,而这种决策效率是转型期中国应对生态环境风险、迈向"福利国家"模式的必备要件。至于生态环境修复行政命令制度本身的高权特征、反合作行政特征,立法者可以通过范围限定和适法性控制的方式得以限制,我们大可不必因噎废食、全盘否定。

三 生态环境修复行政命令契合生态文明体制改革精神

根据 2015 年中共中央、国务院印发的《生态文明体制改革总体方案》可知,中国生态文明体制改革的目标是到 2020 年构建起产权清晰、多元参与、激励约束并重、系统完整的生态文明制度体系,推进生态文明领域国家治理体系和治理能力现代化,努力走向社会主义生态文明新时代。生态文明体制改革涉及生态环境治理的方方面面,但其中包含一项核心内容,即构建以改善环境质量为导向,监管统一、执法严明、多方参与的环境治理体系,着力解决污染防治能力弱、监管职能交叉、权责不一致、违法成本过低等问题。为此,国家机构改革整合相关部门职责,成立了自然资源部和生态环境部,并对二者的职责进行了明确划分。

比较自然资源部和生态环境部的职责可知,自然资源部的主要职责是统一行使全民所有自然资源资产所有者职责,主要通过用途管制、调查监测评价、确权登记、有偿使用、合理开发利用等管制职权来实现。此外,为了确保自然资源价值的保值增值,立法者将国土空间宏观政策修复也交由自然资源部主导实施。而生态环境部的主要职责是统一负责生态环境监督执法,并负责环境污染防治监督管理——制定大气、水、海洋、土壤、噪声、光、恶臭、固体废物、化学品、机动车等的污染防治管理制度并监督实施。此外,生态环境部在生态保护政策修复工作中发挥指导协调和监督作用。由此,自然资源部和生态环境部的职责边界基本清晰,后者负责与包括自然资源在内的整体生态环境问题有关的统一监督执法,前者则负责通过制度措施保障自然资源的合理开发利用。这种清晰的职权划分在实践中有利于指导案件裁判。在王某某与西安市自然资源和规划局行政争议案件中，法院认为，《土壤污染防治法》第7条第2款规定的自然资源主管部门的职责（在其职责范围内对土壤污染防治工作实施监督管理）仅属于宏观意义上的普适性、基础性职责，并非原告指向的履行特定行政查处义务的职责。根据自然资源主管部门的职责范围可知，其并无查处排放污水污染土壤行为的法定职责。因此，本案原告申请被告履行的查处、恢复土地原状职责实际上不属于被告的职责范围，故原告申请被告履行法定职责的理由不能成立，应当判决驳回原告的诉讼请求。[①] 事实上，在该案中，原告正确的做法是申请生态环境主管部门依法履行职责。这种职责划分是生态文明体制改革目标实现的重要组成部分。然而，在包括自然资源在内的生态环境遭受损害之后，目前两大行政机关的职权划分仍不清晰。根据生态环境部的职责描述来看，其负责牵头指导实施生态环境损害赔偿制度，因此国家是否意在确立由生态环境部排他地行使生态环境损害赔偿权利（职责）的规则，目前仍不得而知。在实践中，各地生态环境损害赔偿制度改革方案的规定也五花八门，自然资源部门、生态环境部门、农业农村部门均可能成为生态环境损害赔偿制度中的权利人。

重构或者优化生态环境修复行政命令制度将在一定程度上有利于明确各方职责。目前自然资源部门和生态环境部门"三定"方案中有关行政职责的规范表述相对原则、笼统，在实践中可能会引发法律解释和适用难题。因此，通过在单行环境法律法规中明确主管机关在发生生态环境损害时作出行政命令的行政职责，可以有效区分不同主管部门的职责边界，有利于实现生态文明体制改革的目标。此外，相较于生态环境损害赔偿制度，重构生态环境修复行政命令制度也将有利于提高行政规制效能，确保行政机关积极履行职责。这是因为，生态环境修复行政命令制度是羁束性行政行为，除法律明确规定，否则行政机关无选择余地，不执行即构成不依法履行职责，将面临行政公益诉讼的压力。而在生态环境损害赔偿诉讼中，法院一般不会审查行政机关是否履行了职责。由此，可能导致行政机关放弃履行行政职责，转而采取诉讼方式追责，从而导致行政效能弱化。

[①] 在该案中，原告向被告西安市自然资源和规划局邮寄申请书，其履责申请指向排放污水污染土壤的违法行为，要求被告对第三方排放污水污染土壤的行为进行查处，责令恢复土地原状。参见《王某某与西安市自然资源和规划局其他一审行政判决书》，西安铁路运输法院行政判决书〔2020〕陕7102行初572号。

总之，重构或者优化生态环境修复行政命令制度将在一定程度上契合生态文明体制改革旨在实现的"明确部门职责、提升规制行政效能"的目标。

四　具备优化生态环境修复行政命令制度的法规范基础

中国存在重构生态环境修复行政命令制度的规范基础。在中国生态环境修复责任追究制度体系中，生态环境修复行政命令制度已经占有一席之地。尽管既有行政命令规范条款未得到良好适用，并且既有规定在内容和效果上均有不少欠缺，导致其未能发挥应有作用，[1] 但这些规范的确为中国重构生态环境修复行政命令制度奠定了良好基础。未来立法者只需要增加若干生态环境修复责任规范条款或对既有生态环境行政命令规范进行适当修改即可，理论上既无障碍，规范上也无须铺陈，这种制度体系与中国当前旨在救济公益的公法体系相协调和契合。[2] 事实上近年来，中国《土壤污染防治法》和《长江保护法》均专章规定了生态环境修复。

本章小结

在中国立法者先后确立环境民事公益诉讼并授权行政机关通过磋商和解或者索赔诉讼方式实现生态损害救济目标的现实制度背景下，探究立法者是否应当引入生态环境修复行政命令制度，实际上就是要从理论层面和现实层面展开论证中国当前引入生态环境修复行政命令制度的逻辑基础。对域外生态环境修复责任制度的分析表明，行政命令制度在救济生态环境损害（即追究生态环境修复责任）时并不具有内在缺陷，之所以当前"生态环境修复行政命令制度"无法发挥有效作用，主要原因在于"立法和监管的自我设限"。因此，理论上中国具备重构或者优化生态环境修复行政

---

[1] 参见李挚萍《行政命令型生态环境修复机制研究》，《法学评论》2020年第3期；徐以祥《论生态环境损害的行政命令救济》，《政治与法律》2019年第9期。
[2] 参见巩固《生态损害赔偿制度的模式比较与中国选择——〈民法典〉生态损害赔偿条款的解释基础与方向探究》，《比较法研究》2022年第2期。

命令制度的可欲性。生态环境修复法律责任的行政法律责任属性（实质是第一性行政法律义务）以及行政命令制度与生态环境修复过程之间良好的兼容性，决定了当前中国重构或者优化生态环境修复行政命令制度具备正当性基础。在正当性分析之外，生态环境修复行政命令制度的确立还应当兼顾必要性和可行性。从必要性的角度出发，我们需要回答，其一，由行政机关实施生态环境修复责任追究机制是否必要？其二，磋商和诉讼这两种新型制度工具是否足以完全替代传统行政命令制度在追究生态修复责任方面发挥作用？通过论证分析，本书对这些问题做出了初步解答。一方面，生态环境的公共利益属性决定了行政机关是生态环境公共利益的最佳和首要的代表者，其他主体（包括检察机关、环保组织乃至公民个人）只能起到补充代表的地位，因此行政机关应当成为生态环境修复责任追究的主导者。另一方面，如果以程序公正、决策效率、接受效率为指标对备选的三项制度进行成本—效益分析，可以发现，磋商和解与索赔诉讼相较于行政命令制度，具有一些功能劣势。

值得注意的是，必要性不能自动推出可行性。生态环境修复行政命令制度的建立健全可否成为现实，还有必要进行现实可行性分析。本章从中国国家权力分立结构、转型期的社会背景（福利国家、风险社会）、生态文明体制改革、既有生态环境行政命令制度的规范基础等视角出发，深入探究了重构中国生态环境修复行政命令制度的可行性。其中，与国家权力分立结构契合、与中国转型时期的社会现实相符以及符合生态文明体制改革精神、既有生态环境行政命令的规范基础，为制度引入奠定了背景条件。同时，域外立法普遍青睐并确立生态环境修复行政命令的法制经验亦能为制度重构提供了佐证。然而，不可忽略的是，行政命令制度的高权行政行为属性使其具有了传统高权时代行政法理论的深刻烙印（即强调公权力优越、公益优先、国民对行政的服从关系，行政行为的先定力，行政手段的强制性以及公民权利的有限性），此种高权特征的确与现代行政法强调的平等理念、合作治理精神不相契合。因此，中国在重构或者优化生态环境修复行政命令的制度设计时尽量消除行政命令制度的这些弊端，着力实现程序公正与行政效率的均衡。

第五章 中国生态环境修复行政命令制度的体系化构建

从既有研究成果来看，有关生态环境修复行政命令制度的国内研究尚处于起步阶段，成果数量较少，且相对分散，缺乏系统性。除极少数研究以外，[①] 已有研究侧重于笼统地探究行政命令与生态环境修复之间的"目标—手段"契合性，简单论证重构或者优化中国生态环境修复行政命令制度的适宜性，在实施程序方面一般仅略微提及"行政代履行或者责令赔偿"，对中国生态环境修复行政命令制度的微观制度设计缺乏关注。第四章已经论证了中国当前重构或者优化生态环境修复行政命令制度的逻辑基础（正当性、必要性和可行性），本章将深入探究具体的制度优化方案。生态环境修复行政命令制度不仅内容纷繁复杂（涵盖损害调查评估，修复决定的作出、实施和调整，以及修复效果的验收评估等），其自身也可能与其他多元生态环境修复责任制度、公法制裁存在功能上的竞争或者协同关系。因此，对生态环境修复行政命令制度的重构或者优化应当采取体系化的规范建构视角。总体上看，中国生态环境修复行政命令制度的规范重构应着重考虑两个方面问题，其一，从规范进路、核心程序、保障机制入手，完善生态环境修复行政命令制度的实体法依据和程序法规范；其二，明确生态环境修复行政命令制度在多元生态环境修复制度体系中的合理定位、适用边界，以及其与公法制裁的衔接机制。

---

① 参见谌杨《生态环境损害的行政命令型救济研究》，知识产权出版社2022年版，第四、第五章。

第一节　推动生态环境修复行政命令制度的法制建设

生态环境修复行政命令制度的法制化建设实际上是一种型式化、制度化的过程。通过法制化建设，中国生态环境修复行政命令制度将具备一种稳定性的要素，这种稳定性乃是制度发挥效力的前提条件。只有制度化，才会使公众对生态环境修复行政命令制度具有一种概观的可能性，也只有构筑完整的制度框架，才能促进公众对此种行政手段的理解和接受。具言之，生态环境修复行政命令的法制建设须重点考虑三个问题，一是生态环境修复行政命令制度的规范进路选择，二是生态环境修复行政命令的实体法规定，三是生态环境修复行政命令的程序控制。

一　生态环境修复行政命令制度的规范进路选择

法制化的首要任务是明确生态环境修复行政命令制度的规范进路。尽管理论上行政机关在行政法律规范存在漏洞时，有义务通过法律解释或者类推适用的方式进行漏洞填补，[1] 但目前行政法漏洞填补理论的不成熟，加之"依法行政原则"（不少行政机关将其理解为依实体法行政）的拘束，以及行政机关依法填补漏洞时的问责空白，使行政机关一般不愿意也没有能力实施漏洞填补。因此，在实践中，尽管既有责令行为规范仅能适用于"应急性修复"，但行政机关一般不太愿意在个案中将其扩展至"修复性修复"，或者通过行政立法权制定法律规范以实现对漏洞的一般填补。从当前和长远来看，相对可行的方案是对生态环境修复行政命令制度进行规范立法，为行政机关提供明确的执法依据。总体上看，有三种生态环境修复行政命令制度的规范化方案：其一，修订《环境保护法》，增加"生态环境部门责令生态环境修复"规定。之后，修订单行法，统一规范用

---

[1] 参见侍海艳《行政法漏洞的填补：行政执法的研究视角》，博士学位论文，南京师范大学，2020 年，第 4 页。

语，规定"责令生态环境修复"条款。① 其二，借鉴法国经验，制定《生态损害综合预防与救济法》，规定"生态环境损害修复"专章，明确行政机关实施生态环境修复行政命令的程序规则。② 其三，仿照《生态环境行政处罚办法》，在厘清各类生态环境行政命令规范特征的基础上制定《生态环境行政命令实施办法》。③ 笔者认为，第一种方案中的单行法和第二种方案中的专门立法都属于实体法，受限于法律文本结构，不宜规定事无巨细的程序性规范，更何况专门化立法进程至今尚付阙如。

相较而言，第三种方案更可行。其一，专门的程序法规则不受实体法的结构限制，可以规定较为细致的程序法规则。从依法行政的角度来看，这将有助于约束修复性行政命令的实施，并且事先完备的程序规范安排也能为法院审查修复性行政命令是否合法、合理提供可靠的参照系。其二，将《生态环境行政命令实施办法》与《生态环境行政处罚办法》并列，有利于改变当前行政命令附属于行政处罚的格局，将行政命令从行政处罚制度中独立出来，为促成二者在维护生态环境秩序时的分工与配合奠定基础。其三，生态环境修复行政命令和其他生态环境行政命令的制度目标虽有不同，但程序相似，可纳入统一的程序规则。有学者可能会质疑，"增补一种命令形式是否意味着要随之重构一套程序？""贸然引入新程序会涉及立法成本、体系臃肿等问题。"但从现实来看，行政命令在中国行政法体系中尚不是一种型式化行政行为，中国目前并不存在一套成型的行政命令程序。

一般而言，程序立法仰赖于实体法的先行修正，缺少实体法的程序法似如"无源之水"，容易面临法律适用困境。此外，通过实体法确立生态环境修复行政命令的一般规范，可以为通过制定专门《生态环境行政命令实施办法》实现漏洞填补提供实体性法律依据。因此，本书建议，立法者应当同时采纳第一种和第三种方案，即在《环境保护法》和各单行生态环境法律中就生态环境修复行政命令类型做出一般设定的同时，专门制定《生态环境行政命令实施办法》，该办法应当对生态环境修复行政命令制度运行过程中的基本程序做出具体规定。

---

① 参见康京涛《生态修复责任的法律性质及实现机制》，《北京理工大学学报》（社会科学版）2019年第5期。
② 参见竺效《论生态损害综合预防与救济的立法路径：以法国民法典侵权责任条款修改法案为借鉴》，《比较法研究》2016年第3期。
③ 参见胡静《我国环境行政命令体系探究》，《华中科技大学学报》（社会科学版）2017年第6期。

二 生态环境修复行政命令制度的实体法规定

从生态环境损害救济的实际需要来看，有必要创设的可以被用以救济生态环境损害的行政命令应当包括三种类型，即责令消除环境风险、责令修复受损生态环境，以及责令赔偿生态损失。其中，责令消除环境风险是指通过责令相对人采取措施消除"损害风险状态"转化为"损害结果状态"的可能性。有学者对消除环境风险行政命令的适用范围应否被限定为"重大风险"提出疑问，[①] 主张采用区分的方式对待重大风险和一般风险。[②] 责令修复受损生态环境，是指责令相对人直接修复受损等生态环境，或者替代修复异地以实现生态环境损害的等量填补。直接修复适用于受损生态环境具有修复可能性（技术上可能、经济上可能），而替代修复是指由于某些客观原因导致无法或者不宜在生态环境损害事件的发生地开展原地修复，因而采取的在其他地点进行生态环境修复（以提供与受损生态环境的状态和功能相当的替代性生态环境）或者以其他方式开展生态环境保护工作。而责令赔偿生态损失是指责令相对人采取货币赔偿等方式对生态环境损害进行等量填补。结合本书研究目的，生态环境修复行政命令应当是指责令修复受损生态环境，主要包括责令直接修复受损生态环境和责令替代修复受损生态环境。

（一）责令直接修复受损生态环境

从理论上看，只要生态环境危害行为造成的生态环境损害具备技术上的修复可能性，行政机关即应向责任人作出"责令修复受损生态环境"的行政命令。然而，行政机关在作出"责令修复生态环境"的行政命令时还应当考虑生态环境损害的修复成本问题。在域外立法例中，立法者不仅会以"重大"作为启动生态环境修复行政命令的限定条件，[③]

---

① 《最高人民法院关于审理环境民事公益诉讼案件适用法律若干问题的解释》第1条之所以将预防性环境民事公益诉讼的适用范围限定为"重大风险行为"，是为了避免其被滥用而对经济发展与科技进步造成负面影响。参见张旭东《预防性环境民事公益诉讼程序规则思考》，《法律科学》（西北政法大学学报）2017年第4期。
② 比如，对于重大风险，可以责令相对人停止建设、恢复原状，而对于一般风险，则适宜责令放缓建设，并组织专家论证，根据论证结果决定是否责令相对人停止建设、恢复原状等。参见谌杨《生态环境损害的行政命令型救济研究》，知识产权出版社2022年版，第189页。
③ 参见胡静《比较法视野下生态环境损害救济的行政主导实质及其启示》，《比较法研究》2023年第3期。

还会要求行政机关作出责令直接修复受损生态环境行政命令的适用条件应同时满足"技术可能性"和"经济可能性"。笔者认为，中国立法者不仅应借鉴2017年《生态环境损害赔偿制度改革方案》和《最高人民法院关于审理生态环境损害赔偿案件的若干规定（试行）》将生态环境损害赔偿制度启动条件限缩为"严重影响生态环境后果"的做法，以"重大不利影响"作为启动生态环境修复行政命令的阈值条件。同时，与"责令替代修复受损生态环境"行政命令不同，行政机关在作出"责令直接修复受损生态环境"行政命令时还应判断直接修复是否具有"技术可能性"和"经济可能性"，并说明理由。因此，除了就行政命令启动条件作出说明以外，责令直接修复受损生态环境行政命令还应包括：要求相对人按照经过专家论证和公众参与的修复方案自行或者委托他人开展修复工作；行政机关对修复效果进行评估、验收所采用的评价标准；不履行命令面临的惩罚。

（二）责令替代修复受损生态环境

生态环境修复行政命令既可适用于直接修复，也可适用于替代性修复。直接修复是指在原生态环境及其向公众或其他生态系统提供服务的能力尚未遭到永久性破坏的前提下，行政机关直接责令违法企业采取人工措施对受损的生态环境及生态系统服务能力加以恢复。这种恢复形式具有基础性、直接性，目的是尽可能恢复生态环境及其生态系统服务的原有状态和功能。替代修复是指在原生态环境及其生态系统服务功能遭受永久性损害，或者原地进行直接性恢复的技术难度和边际成本过高无法满足成本效益原则的情况下，责令违法企业通过替代项目承担责任的方式。① 广义的替代修复包括两种类型，一是异地修复，即在生态环境损害事件发生地以外的其他地区开展的同类型的修复。② 比如，异地补种树木。二是狭义的替代修复，对于某些难以直接修复或者因生态环境自净能力而无须修复的生态环境损害（比如，对于濒危野生动物损害、污染或者非法采砂对水体造成的损害等），可由修复责任人开展其他的生态环境保护工作作为替代，以折抵其造成的损害。替代修复的具体方

---

① 参见谭冰霖《环境行政处罚规制功能之补强》，《法学研究》2018年第4期。
② 《欧盟环境责任指令》附件Ⅱ中提到的"补救性补救"概念，即是在其他的替代地点采取补救措施。

式多种多样。① 比如，对于非法采砂造成的水体损害，行政机关可以责令责任人进行增殖放流或者造林固堤；对于野生动物损害，可以责令责任人修建动物栖息地。有学者指出，适用替代修复能使责任人通过多种方式亲身践行生态环境修复工作，其效果优于直接要求其缴纳赔偿金。②

在中国司法修复制度构建中，替代性修复已经成为一项典型的制度选择。《最高人民法院关于市理环境民事公益诉讼案件适用法律若干问题的解释》第20条第1款和《生态环境损害赔偿管理规定》第9条第3款均有类似规定。但是，由于司法解释和部门规章本身没有准确界定替代性修复概念的内涵和外延，导致司法实践中适用替代性修复时会发生偏离生态环境恢复目标的现象。③ 比如，在司法实践中，替代性恢复的履行方式仅限于在判决被告承担生态环境修复费用时作为一种资金用途来表述。④ 实践中的生态环境修复费用可能会"名不副实"，甚或演变成筹集资金治理环境污染的借口，导致逐渐偏离生态环境修复目标。事实上，通过行政命令制度追究生态环境修复责任可以有效避免这种弊端，因为行政命令制度的可执行性要求决定了行政机关在作出"责令替代修复受损生态环境"行政命令时，应明确异地修复地点的选择和替代修复方式的选择。具言之，行政机关应明确告知责任人开展替代修复的时间、地点、具体的修复方案以及评价修复工作是否符合要求的验收评价标准。同时，与"责令直接修复受损生态环境"同理，行政机关应同时明确告知责任人不履行行政命令会面临的公法制裁。

然而，由于替代性修复在适用时具有高度的灵活性，其不应被滥用。换言之，替代性修复并非在所有情形下均适用。为了限定替代性修复的适

---

① 有学者指出，替代修复包括三种。其一，促进更优守法，比如责令违法企业在法定要求之上，通过污染减量化、循环利用和无害化处理等方式，全面减少环境有害物质的排放。其二，促进公众福祉的替代性恢复责任，比如责令违法企业采取措施弥补公众健康和周围生态系统服务功能的损失。其三，促进环境整体价值的替代性恢复责任，比如，最高人民法院环境资源审判庭提出的替代性修复方式——同地区异地点、同功能异种类、同质量异数量、同价值异等级等情形，以及总量控制模式下责令违法企业购买或清缴一定倍率的环境容量交易指标。参见谭冰霖《环境行政处罚规制功能之补强》，《法学研究》2018年第4期。
② 参见蔡唱《民法典时代环境侵权的法律适用研究》，《法商研究》2020年第4期。
③ 参见王小钢《生态环境修复和替代性修复的概念辨正：基于生态环境恢复的目标》，《南京工业大学学报》（社会科学版）2019年第1期。
④ 参见福建省南平市中级人民法院判决书，〔2015〕南民初字第38号民事判决书。

用条件，可以考虑明确不能适用替代性修复的情形。比如，有学者指出，对于责任人存在较高环境风险或者较高亏损风险的生产经营企业并有可能影响后期修复资金投入，或者修复责任人存在怠于履行生态环境修复义务的不良记录等失信行为的，应直接适用"责令赔偿生态损失"的行政命令，要求相对人进行金钱赔偿。对此，可以借鉴欧盟《环境责任指令》，其在生态环境修复之外规定了一种金钱赔偿的方法，但此方法相较于直接或者替代修复，仅是一种次优选择。责任人应优先承担修复责任，仅在修复责任不可行时，才应进行金钱赔偿。此处的不可行既包括事实上再无修复的可能，还包括修复成本与收益之间的"明显不成比例"。事实上，立法者亦可借鉴美国法中的联结性规定。①

三 生态环境修复行政命令制度的程序法控制

通过程序实现对行政权力的控制目标，是实现法治国家和社会正义的不可或缺的重要途径。行政命令的程序规制目的是确保行政权力在法律认可的框架内运行，防止行政权力对相对人合法权益构成不利影响。生态环境修复行政命令并非直接对行政相对人施加制裁，但其以行政处罚和行政强制执行为保障，自然会对行政相对人构成实质影响，是一种典型的不利性行政决定。由此，生态环境修复行政命令应当被纳入程序法控制的轨道。从长远来看，为了体现法律规范的严肃性、权威性和可行性，有必要从程序法视角出发建构一套体系化且有可操作性的生态环境修复行政命令程序规范。但从短期来看，在缺乏一般行政程序法的现实背景下，生态环境修复行政命令的程序控制任务可以交由正当法律程序原则承担。

（一）权宜之计：正当法律程序原则的要求

行政命令在中国目前尚不是一种型式化的行政行为，对于行政命令的实施程序，立法者也没有制定专门的规定。目前，中国尚未制定统一的行政程序法，因此行政命令也缺乏一般性行政程序法制的约束。然而，这并不意味

---

① "联结性"最早由美国环保署《补偿环境项目政策》提出，系指"违法行为与补偿项目之间的合理关系"，只有当替代项目的设计有助于"减少未来发生类似违法行为的可能性""减少本案违法行为对公众健康或生态环境的负面影响"或"减少违法行为对公众健康或生态环境可能造成的总体性危害"三个目的时，方可视为存在合理联结。See Interim Revised EPA Supplemental Environmental Projects Policy Issued, *Federal Register*/Vol. 60, No. 90/Wednesday, May 10, 1995/Notices, p. 24858。

着行政机关能够随心所欲,可以使用专横的实施程序。事实上,行政程序既要避免形式化、僵硬化,也应当符合公正标准,同时具有效率性和公正性。对于非型式化的行政行为,此处所谓的公正标准实际上就是正当法律程序原则。① 按照一般行政法理,"正当(法律)程序并不是一个与时间、地点和形势不相关的技术性概念,它是灵活的,要求我们根据不同的情况提供适当的程序保障"②。但正当程序原则并非毫无规律可循。从相关行政法理论和实践来看,正当程序原则的稳定性体现为"最少程序原则",即国家在作出不利行政行为时,应当附有"最低程序保障措施"。对此问题,学界和实务界都有过详细讨论。王名扬认为:"无论具体程序差别如何,一个非正式程序的裁决,除了完全依赖物质的观察、科学测验和计算作出决定以外,一切对当事人不利的决定,必须包括最低限度的程序保障:事先得到通知的权力,口头或者书面提出意见的机会,决定必须说明理由,做决定的人必须没有偏见。"③ 日本学者盐野宏认为,正当的行政程序至少应该包括:告知和听证、文书阅览、理由附记、处分基准的设定和公布四项原则。④ 叶俊荣认为,最低限度正当程序保障有"听证说"(告知与听证)和"独立裁决者说"两种观点。⑤ 王锡锌从"最低限度的公正"理念出发认为,当行政机关为相对一方提供的正当程序保障的基本要求或最低标准应当包括以下三方面的内容:告知相对一方有关的事实和权利;为相对一方提供有效的听证机会;主持程序活动的决定者必须是独立的。其中,相对一方的听证权是最重要的,甚至被认为是正当程序的最低限度要求。⑥ 2004年国务院《全面推进依法行政实施纲要》也明确规定"……行政机关作出对行政管理相对人、利害关系人不利的行政决定之前,应当告知行政管理相对人、利害关系人,并给予其陈述和申辩的机会;作出行政决定后,应该告知行政管理相对人依

---

① 正当法律程序被理解为宪法中的未列举权利。具言之,虽然中国宪法未将正当程序权作为一项权利在文本中明白加以宣示,但是可以从其他权利条款中归纳、推导出来。因此正当程序权属于宪法中"未真正列举之权利"范畴。它与其他列举的权利一样,都属于宪法权利范畴。参见侍海艳《行政法漏洞的填补:行政执法的研究视角》,博士学位论文,南京师范大学,2020年,第21页。
② 参见杨登峰《行政行为程序瑕疵的指正》,《法学研究》2017年第1期。
③ 王名扬:《英国行政法》,北京大学出版社2007年版,第116—123页。
④ 参见[日]盐野宏《行政法》,杨建顺译,法律出版社1994年版,第191页。
⑤ 参见叶俊荣《环境行政的正当法律程序》,翰芦图书出版有限公司2001年版,第84—86页。
⑥ 参见王锡锌《正当法律程序与"最低限度的公正":基于行政程序角度之考察》,《法学评论》2002年第2期。

法享有申请行政复议或者提起行政诉讼的权利。对重大事项，行政管理相对人、利害关系人依法要求听证的，行政机关应组织听证。行政机关行使自由裁量权的，应当在行政决定中说明理由"。综前所述，只要行政决定实质上对相对人构成不利影响，行政行为即应受到正当法律程序的拘束，并且按照一般行政法理，作出决定的行政机关应履行最基本的"告知""说明理由"程序。此外，正当程序是一项权利，行政相对人或利害关系人不仅有权要求行政机关提供正当的程序保障，也可以请求司法机关介入，以实现自己的正当程序权利。

由此，尽管当前法律未就生态环境修复行政命令作出程序规定，但行政机关在实施生态环境修复行政命令时应当遵循正当法律程序原则。由此，国家环境保护部监察局对《环境行政处罚办法》的解释存在一定的谬误。[①] 依此解释，即使环境行政主管部门在实施环境行政命令过程中未遵循告知、听证等最基本程序，亦符合法律规定。显然，如此解释实与正当法律程序原则的要求相悖，无法约束和控制权力。然而，依托于正当法律程序原则来控权仅是一种权宜之计。从域外经验来看，除了一些国家针对生态环境修复确立了一整套详细的程序规则以外，各国行政法对行政命令的基本实施程序也做出了一定的规定。例如，美国针对非正式程序裁决在其《联邦行政程序法》第555节（e）款中规定："利害关系人在任何行政程序中所提出的申请、请求或其他书面的要求，遭到全部或者部分拒绝时，必须给予迅速的通知，除非是维持原先已经做出的拒绝，或者拒绝的理由是不言而喻的以外，在发出的通知中必须同时简单地说明理由。"中国台湾"行政程序法"亦规定：行政处分的方式可以采用书面、言辞或其他方式为之；书面行政处分应送达行政相对人，书面以外行政处分应以其他方式通知或使其知悉；做成限制或者剥夺自由或者权利之行政处分前给予相对人陈述意见的机会。[②]

总之，无论是制定具体的生态环境修复行政命令程序规则，还是通过一般程序法来控制，相对于援用正当法律程序原则而言都更具优势，有利于提升规则确定性。

[①] "环境行政主管部门作出环境行政命令的，应当告知当事人申请复议和提起诉讼的权利；但环境行政主管部门在做出环境行政命令前，可自行决定是否进行告知、听取陈述申辩、听证。"参见环境保护部环境监察局编《环境行政处罚办法释义》，中国环境科学出版社2011年版，第30页。

[②] 参见胡晓军《行政命令研究：从行政行为形态的视角》，法律出版社2017年版，第171页。

(二) 远期方略：生态环境修复行政命令的程序规则

长期以来，程序规范不健全在一定程度上导致既有生态环境行政命令未能在生态环境修复责任追究问题上展现出应有的制度生命力。寄希望于制定一部《行政程序法》来控制生态环境修复行政命令，并非最佳选择。原因在于，统一《行政程序法》的出台相对困难，且行政命令内部不同类型行政命令行为之间存在很大差异，"提取公因式"的方法可能会忽略生态环境修复行政命令的一些特殊性。由此，对生态环境修复行政命令进行程序控制的最佳方略是制定一套统一的生态环境修复行政命令程序规则。总体上看，生态环境修复行政命令制度的程序法构建需要遵循的基本原则是在效率和公正之间追求平衡，"松密结合"。一方面，为了避免生态环境修复行政命令对行政相对人权益的侵犯，有必要将其纳入基本的程序框架内，进行严密控制；另一方面，针对生态环境修复行政命令制度，立法者不宜制定特别细致的程序控制规则，否则将有损该制度的适应性和灵活性，进而降低效率。此外，针对不同类型的生态环境损害类型，生态环境修复行政命令的程序机制也应有繁简之分。对于事实清楚、法律依据明确、对当事人权益影响不大、受损生态环境修复难度和成本不大的情形，应当适用简易程序，避免过于复杂化的实施程序造成行政资源的巨大损耗。此时，行政机关可以不经特别调查，直接依法作出行政命令，此种行政命令对相对人的影响较小，如行政机关要求相对人采取增殖放流的方式修复受损的水生态环境，要求相对人采取补植树木的方式修复受损森林生态环境。简易程序可以由一名行政机关的执法人员进行，可以口头作出，但其应遵循基本的程序要求：告知相对人相关事项，当场听取相对人意见；在相对人要求行政机关提供书面决定的，行政机关不得拒绝。

除个别情形适用简易程序以外，其他案件应当适用一般程序。参照域外立法经验，结合中国实际，生态环境修复行政命令的一般程序应包含以下制度内容。

1. 生态环境修复行政命令的作出程序

作出程序是首要且最为关键的步骤。行政机关在获知生态环境损害的信息之后，应当进行事实调查——按照法定程序和标准判断是否启动生态环境修复、确定责任人、选择合理修复措施，并作出行政命令。该程序主要涉及以下问题。

其一，生态环境修复行政命令程序的启动标准。生态环境修复行政命令的启动方式既可以是依职权启动，也可以是依申请启动。但申请启动权一般仅赋予特定组织，从欧盟的立法经验来看，欧盟倾向于赋予环保组织请求行政机关实施生态环境修复行政命令的权利。无论是依职权还是依申请，鉴于法制资源的有限性，只有达到一定阈值条件的生态环境损害才要进行生态环境修复，因此一旦进入行政机关决策窗口中的生态环境损害不符合法定的阈值条件，则行政机关有权不作出生态环境修复行政命令。欧盟及其成员国立法均普遍将需要修复的生态环境损害界定为"严重的生态环境损害"，美国《超级基金法》第106条守法命令适用的前提是"紧迫且重大的损害"，其第107条也将可救济的自然资源损害界定为"可测量的损害"。此外，由于行政机关的执法资源有限，在同时面临多种需要进行修复的生态环境损害时，其应当有权决定优先修复的生态环境损害。① 由此，中国立法者应当明确行政机关需要作出生态环境修复行政命令的损害是严重的且可修复的生态环境损害，并通过制定专门指南的方式来确定阈值条件，将一些轻微的生态环境损害排除在需要通过生态环境修复进行救济的对象的范围之外。

其二，修复目标或修复标准。根据完全赔偿原则，行政机关在确定修复标准时须考虑三种修复类型，具体包括："基础性修复"（将受损生态环境恢复至基线条件）、"补偿性修复"（恢复生态环境修复期间的功能损失）和"补充性修复"[赔偿从损害发生之时到基本修复已经完全达到效果时的期间自然资源和（或）服务功能损失而采取的任何措施]。然而，完全以生态环境损害发生前的生态环境基线作为生态环境修复的目标并不合理，实际上也不可行。这是因为，基线很难获得，且正常情况下生态环境也会发生自然演替。此外，将所有受损生态环境均修复至原初状态可能也不符合成本效益原则，这在荷兰《土壤保护法》第38条第1款的修改历史中得到印证。② 由此，对于拟修复受损生态环境的修复目标选择，应

---

① 参见《欧盟环境责任指令》，第7条第3款。
② 荷兰1987年《土壤保护法》第38条第1款规定了多功能性定义，要求将土地恢复至所有使用功能的程度，或者至少尽可能多使用功能的程度。随后，荷兰政府发现该标准过高，只有8%的土壤恢复达到了该水平，因此对1987年《土壤保护法》进行了修改，采用单一功能而非多功能方法来定义修复目标，多功能性方法仅适用于新污染，即1987年以后造成的污染。但即使是新污染，采用多能方法也受限于第38条第1款规定的环境、技术和财务等方面的考虑。若存在特殊的环境、技术或者财务因素导致多功能性修复目标不可行的或者不现实，此时允许相对人使用隔离、密封和监控措施。参见［英］马克·韦尔德《环境损害的民事责任：欧洲和美国法律与政策比较》，张一心、吴婧译，商务印书馆2017年版，第334页。

当属于行政机关的裁量权，中国立法者应当授权行政机关结合受损生态环境的规划法目标（包括当前用途和预期用途）、可能的自然恢复情况、技术可行性、成本效益等多种因素进行综合考虑。比如，在英国污染土地修复机制中，立法者已明确规定，应当将受污染土地恢复到某一水平以使其可以应用于某一特定或者某几种特定的最终用途，而非将其恢复至可以应用于所有用途。①

其三，修复措施方案的最终决定权。尽管生态环境修复行政命令具有单方行政决定的特征，但为了确保潜在责任人对最终决定的可接受性，提高修复决定的接受效率，域外立法一般规定，法律应确保潜在责任人的选择机会，即潜在责任人可以主动或者应行政机关的要求按期依规定提交生态环境修复措施的建议方案。② 如果潜在责任人不提交，则行政机关有权按照法律规定的要求（通常是技术标准）自行决定拟采取的生态环境修复措施。在最终生态环境修复方案确定以后，行政机关应向潜在责任人作出生态环境修复行政命令，并载明最终的生态环境修复方案。③ 为了促进相对人与行政机关的合作，中国生态环境修复行政命令制度亦应赋予相对人提交初步生态环境修复方案的机会，只有在相对人不愿提交时，行政机关方可自行选择。此外，中国还应借鉴欧盟《环境责任指令》附件Ⅱ，将"综合考量＋成本收益"方法确立为行政机关选择具体修复措施的依据。④ 对此，荷兰《土壤保护法》提供了更具体的判断标准。如果修复成本达到1万荷兰盾，但比其他替代方案高9倍即构成不成比例；如果修复成本达到1亿荷兰盾，但替代方案比它低出1.5倍则构成不成比例。⑤

其四，生态环境修复措施的选择应着重保障利益相关方的权利以及公众参与。在域外立法例中，拟采取生态环境修复措施具体指向的土地权利人以及环保组织一般被赋予就修复方案发表意见的权利。在法国，一旦行

---

① See Monika Hinteregger (ed.), *Environmental Liability and Ecological Damage in Europeax*, Law Cambridge University Press, 2008, pp. 437－438.
② 参见英国《环境损害预防和修复规则》（2015年）第18条第1款。
③ 参见英国《环境损害预防和修复规则》（2015年）第20条第2款。
④ 综合考量方法是指对于可供利用的修复方案应结合多种因素进行综合评估，比如措施的技术可行性、成功的可能性、每种方案预计将受损自然资源和服务功能恢复至基线条件的程度和赔偿"期间损失"的程度，以及修复方案的成本。成本收益方法意指如果两种或更多的修复方案均可取，应选择成本效益最佳的修复方案。
⑤ See C. Vander Wilt, "Multifunctionality of Soil, the Rise and Fall of a Dutch Principle", *Environmental Liability*, Vol. 6, No. 1, 1998, p. 18.

政机关和责任人就修复措施达成共识且咨询程序完成之后，行政机关应将修复计划提交给一个或几个有关环境、技术和健康风险的地方委员会，以获得他们的审查和批准。在生物多样性损害案例中，行政机关还应将拟议的修复计划以及前述地方委员会的建议提交给专门的与自然、地形和自然场址有关的委员会。部分国家法律还规定，行政机关亦可自由决定要咨询的主体范围。[1] 笔者认为，公众参与虽然有利于促进行政决策的民主化和科学化，但过频、过繁的公众参与也会给相对人和主管行政机关带来过度负担，因此公众参与的范围应做一定的限制，不能无限扩大，具体范围可以设定为：环保组织，拟修复受损生态环境的权利人，以及涉案行政机关。对于生态环境修复费用较大情形，法律应规定采取听证的方式。

其五，生态环境修复方案应当随着情势变化而不断调整。在域外立法例中，行政机关一般有权在修复实施过程中因情势变化需要自行调整修复措施。比如，在英国法中，在生态环境修复实施的过程中或者修复措施结束以后，行政机关可以向运营者发送要求采取进一步修复措施的通知。[2] 在法国法中，运营者应履行行政机关要求采纳的修复措施，并将修复实施情况报告给行政机关，行政机关在任何时候均有权通过行政命令的形式要求运营者采取补充修复措施。至于这新的修复措施要求，行政机关有义务再次进行咨询。欧盟《环境责任指令》并未涉及行政机关变更修复措施的问题，但欧盟法院 2010 年的一项判决确认了该问题，并赋予行政机关以特定的程序性义务。[3] 中国也应当明确采纳前述规定。此外，还存在一些不宜进行修复特殊情形（比如，修复不符合成本效益原则，或者修复措施的实施会带来更大的环境问题），应当保留行政机关对此享有裁量权。

其六，在主管行政机关决定作出生态环境修复行政命令，并且确定了

---

[1] 英国行政机关必须向利益相关者和拟修复措施将要占用之土地的所有权人进行咨询，其亦可依个案自行决定其他须咨询的人。参见英国《环境损害预防和修复规则》（2015 年）第 20 条第 1 款（b）项。

[2] 参见英国《环境损害预防和修复规则》（2015 年）第 22 条。

[3] 法院认为，行政机关有权改变已经批准和采取的修复措施，以及决定任何必要的额外的修复措施。但法院同时强调，行政机关在作出决定时应负有特定的程序性义务，其一，仅能在听取利益相关人（尤其是负有采取修复措施责任的运营者）的意见后，才能作出决定；其二，行政机关若要实质性修改其已经同意过的修复措施方案，应考虑指令附件二第 1.3.1 条的标准，并防止运营者为新的修复措施负担极不成比例的成本（相比于已同意的修复措施而言）。See Case C-378/08 Raffinerie Mediterranee（ERG）SpA, Polimeri Europa SpA and Syndial SpA v. Ministero dello Sviluppo economico and Others [2010] ECR I-01919, paras. 51 – 64。

最终的修复方案之后，行政机关应当向相对人发送正式的生态环境修复行政命令决定通知。生态环境修复行政命令是作为型行政命令，因此，为了保证生态环境修复行政命令的可执行性，参照英国法的经验，[①] 决定通知应当明确载明以下内容：生态环境损害事件起因及危害结果，拟定修复目标和预期结果，必须采取的损害修复措施及理由，修复措施的期限，修复期间应采取的额外监测或调查措施，项目管理、报告和验收规则，以及相对人的异议权（比如，行政复议和行政诉讼）。

2. 生态环境修复行政命令的实现程序

行政机关作出的生态环境修复行政命令一经送达行政相对人后便具有了强制性法律效力，其实现有两种途径：一是行政相对人主动履行行政命令所设定的义务。此时，行政相对人有可能自行或委托专业的第三方实施修复措施，行政机关将承担监督管理角色，其责任在于监督修复措施的实施，并对修复效果进行验收和评估。二是由行政机关自行或通过强制行政相对人履行或者达到与履行相同的效果。一般而言，行政相对人有可能明确拒绝或在期限届满后不实施生态环境修复措施。此外，还存在一些紧急情况或责任人无法识别的情形，也不宜等待责任人修复。对于这些情形，有必要引入强制执行机制。《行政强制法》针对"将危害交通安全、造成环境污染或者破坏自然资源"的情形概括授权行政机关实施代履行，可以涵盖生态环境修复行政命令的代履行。事实上，域外各国也普遍采用了有着成熟制度经验的行政代履行制度作为代实施机制，即行政机关可替代责任人实施修复。比如，《英国环境损害预防和修复规则》（2015年）第23条授权行政机关代为实施修复措施；德国《环境损害法》第8条还授权行政机关在紧迫情形下无须作出行政命令便可实施"即时强制"（即自行紧急代为实施修复措施）；荷兰《环境责任法》亦授权行政机关决定自行采取修复措施，并且如果情况紧急，行政机关可以决定该行政决定立即生效；在美国《超级基金法》中，如果环保署无法与相对人达成和解，其有权发布单方行政守法命令或者寻求法院的司法强制令。如果相对人不遵守行政守法命令或者司法强制令，环保署可使用《超级基金法》项下信托基金自行采取清理行动。[②] 依照"污染者负担原则"，在代履行完成之后，行

[①] 参见英国《环境损害预防和修复规则》（2015年）第20条第2款。
[②] 当然，对于无法识别潜在责任方或环保署自行决定不采取协商和解的情形，其亦可自行采取清理行动。

政机关可以通过成本收回程序收回其支出的各种成本。

中国立法者亦应确立生态环境修复行政命令的代履行制度。但中国法上的行政代履行制度自确立以来就一直不被执法人员看好，导致使用频率极低。根据广东省地级市公布的相关数据显示，2018年只有一件代履行案件。究其原因，一是因为目前代履行规定的本身规则过于粗糙和原则化。[1] 二是理应成为代履行制度启动前提的生态环境修复行政命令制度在中国现行环境法体系中始终并未得到明确。也正是在此意义上，笔者建议，为了提高生态环境修复责任目标的实现效率，中国立法者在确立生态环境修复行政命令一般规则的同时，应当进一步完善可以作为其代实施机制的行政代履行规则，明确代履行的适用条件，启动方式，催告，代履行人的选择，费用确定、缴纳、追偿，以及权利救济等规则。[2] 对于一些特殊的紧迫情形，"即时强制"亦可在行政机关未作出行政命令时启用。

3. 生态环境修复行政命令的异议程序

生态环境修复行政命令虽然并未直接形成或者处分相对人的权利与义务，但其法律效果是为责任人施加了修复受损生态环境的法律义务，对相对人的权益实际上构成了直接影响。这种影响一方面体现在生态环境修复行政命令对行政相对人设定了作为的义务，直接限制了行政相对人的自由与权利的行为；另一方面体现在行政相对人如拒不履行生态环境修复行政命令将会受到更为不利的行政处罚或者行政强制执行。正是在此意义上，从相对人的角度来看，生态环境修复行政命令的本质实际上是一种负担性行政行为。由此，法律应当允许行政相对人在不服生态环境修复行政命令设定的义务内容时提出异议。[3] 事实上，允许责任人对生态环境修复行政命令提出异议是各国的普遍选择。比如，英国允许责任人在收到修复责任通知和修复措施决定通知之日起28日内向国务大臣提出申诉，[4] 并且按照法律规定，修复措施通知在申诉期间应暂停执行，除非国务大臣或负责审

---

[1] 参见竺效、丁霖：《论环境行政代履行制度入〈环境保护法〉：以环境私权对环境公权的制衡为视角》，《中国地质大学学报》（社会科学版）2014年第3期。

[2] 唐绍均、康慧强：《论环境行政代履行费用追偿的淆乱与矫正》，《重庆大学学报》（社会科学版）2023年第2期。

[3] 在2020年最高人民法院在其审理的一起再审案件中已经明确表明，生态环境主管部门作出的责令改正违法行为决定书，会对相对人的权利义务产生实际影响（相对人的经营权），故相对人可以提出复议或诉讼。参见最高人民法院行政裁定书，〔2021〕最高法行申2757号。

[4] 参见英国《环境损害预防和修复规则》（2015年）第27条第7款。

理申诉的人员作出了相反指示。① 在法国,责任人可在收到决定通知之日起2个月内向行政法院提出申诉。这是一种与越权诉讼相对应的完全诉讼,行政法官可以修正或者推翻系争的行政决定。在荷兰法中,不仅责任人,而且利益相关方均有权在6个星期内就行政决定提出异议,② 异议途径包括向行政部门提出申诉和直接向行政法院提出异议诉讼。然而,在美国《超级基金法》中,潜在责任人不享有针对环保署发出的单方行政命令的抗辩权,无权要求法院对单方行政命令进行司法审查,因此被要求进行清理行动的潜在责任方只能将其准备对该命令提出的抗辩转移至后续成本追偿案件中,如能有效证明对污染场地的清理行动不符合国家应急计划的要求,则可免于承担成本责任以及怠于履行行政命令的罚款责任。③ 由此,尽管在反应行动行政命令实施期间美国《超级基金法》并不允许相对人提出异议,但在反应行动费用追偿诉讼中有权异议。如此规定实际上是美国国会的刻意为之,即国会预期通过禁止异议来提高行政命令的实施效率。

从域外法经验可知,各国普遍规定了生态环境修复行政命令的异议程序,但因为有权提出异议的时间阶段不同可以区分为两种模式,一是在命令作出和实施环节即允许异议,至于异议期间是否停止执行,则因国别而异;二是不允许在命令作出和实施过程中异议,但可以在成本回收程序中提出异议。之所以各国规定有如此区别,是因为各国对生态环境修复行政命令实施效率的重要性的看法不同。美国法之所以规定生态环境修复行政命令不能受到司法审查,是因为该命令的使用阶段主要是反应行动,并非自然资源损害赔偿,因此更突出其应急性特征。

在中国行政法体系中,行政复议和行政诉讼是相对人对行政决定提起异议的两种法定权利,分别对应于非诉讼法上的申诉权利和诉讼法上的申诉权利。④ 由此,我们须探讨,生态环境修复行政命令可否归入行政复议和行政诉讼的范围?

首先,对于行政诉讼的受案范围,中国采取了概括加排除的规定方法。换言之,确定一个行为是否属于行政诉讼的受案范围,一方面需要我

---

① 参见英国《环境损害预防和修复规则》(2015年)第21条第6款。
② 荷兰《统一行政法》规定,对于适用该法第3.4条公共参与程序达成的行政决定,仅对决定草案发表了评论意见的相关方可起诉;对未使用该程序达成的行政决定,可要求司法审查的利益相关方限于对决定提出了异议的主体。
③ 参见张辉《美国环境法研究》,中国民主法制出版社2015年版,第416页。
④ 参见胡晓军《行政命令研究:从行政行为形态的视角》,法律出版社2017年版,第203页。

们论证该行政行为是否属于"具有国家行政职权的机关和组织及其工作人员的行政行为";另一方面,我们还要论证该行政行为不属于法律及司法解释明确排除的可诉性行政行为。① 笔者认为,生态环境修复行政命令具有可诉讼。其一,生态环境修复行政命令是经法律授权的行政机关针对受损生态环境向行政相对人发送的要求其采取修复措施的行政决定,故其属于"具有国家行政职权的机关和组织及其工作人员的行政行为",并且由于生态环境修复行政命令一般因特定生态环境损害事件而启用,因此其符合具体行政行为的概念定义。其二,生态环境修复行政命令并非法律及司法解释明确排除的行政行为类型。事实上,中国法律实践中已经出现了大量针对生态环境行政命令的诉讼案件,最高人民法院关于规范行政案件案由的两次通知亦分别使用了"行政命令"和"行政处理"的规范表达,以及检察机关在行政公益诉讼中主张行政机关不履行生态环境修复行政命令职责的诉讼请求,均在一定程度上佐证了可以将生态环境修复行政命令纳入行政诉讼范围。

其次,对于行政复议的受案范围。如果行政相对人不服生态环境修复行政命令,可以将其归为《行政复议法》第6条兜底条款中的规定,"认为行政机关的其他具体行政行为侵犯其合法权益的"。

总之,相对人可以通过行政复议或行政诉讼对生态环境修复行政命令提出异议。由于生态环境修复涉及公共利益,本书建议,立法者还应当将前述异议权利扩展至相关的利益第三方,包括修复措施所在场地的权利人、环保组织,甚至是参与了行政决定公共评议程序的第三人。

最后,值得注意的是,中国行政法体系就"复议、诉讼期间不停止执行"原则设定了一项例外。笔者认为,在生态环境修复行政命令领域,为了实现在企业经营能力保护和生态环境修复行政效率之间保持平衡,该原则可以继续适用,但应当进一步明确其"例外"的具体情形。笔者建议,对于责任不明晰、对地方就业等公共福利支出承担重要职责的责任企业的财务能力无法全额支付修复费用等情形,可以停止执行。此外,为了从根源上减少异议的发生频率,立法者还可以授权行政机关根据实际情况就生态环境修复责任的履行(包括履行方式和履行期限)达成和解协议,这将有利于促进相对人对行政命令的接受,进而减少异议。

---

① 参见胡晓军《行政命令研究:从行政行为形态的视角》,法律出版社2017年版,第198—199页。

4. 生态环境修复行政命令的成本收回程序

生态环境修复过程一般会产生一系列成本支出，主要包括评估损害和选择生态环境修复措施方案的成本，实施必要预防和修复措施的成本（包括代履行费用），以及其他附属成本，例如生态环境信息数据收集成本，以及监测和监管成本等。根据"污染者负担原则"，应当由责任人负担这些成本支出。欧盟《环境责任指令》明确了"污染者负担原则"，行政机关可以要求责任人支付这些成本。① 并且，对于未及时报告行政机关自身享有责任抗辩理由的责任人，也有权在修复措施完成后收回相应成本。② 但以何种程序收回成本，指令授权成员国自由裁量。③ 各国基于不同的法制传统采纳了不同程序。英国采纳了财产抵押制度；④ 法国采取了"环境押金+民事诉讼"双轨制度；⑤ 不同于《土壤保护法》下政府通过民事诉讼向污染者和受益人求偿修复费用，荷兰《环境管理法》下的费用求偿是通过行政法下的强制支付命令［即荷兰法中的令状（writ）制度⑥］来实现的；⑦ 而德国是在无因管理和不当得利的框架下通过民事诉讼收回代履行费用。⑧ 目前，中国代履行费用通过申请法院强制执行，其弊端在于无法保障相对人的异议权。本书建议采纳成本回收民事诉讼程序，⑨ 但为避免责任逃逸和财产转移，行政机关有权在修复

---

① 参见欧盟《环境责任指令》第8条第1款。
② 参见欧盟《环境责任指令》第8条第3款。
③ See Lucas Bergkamp, Barbara Goldsmith (eds.), *The EU Environmental Liability Directive: A Commentary*, Oxford: Oxford University Press, 2013, p. 318.
④ 参见英国《环境损害预防和修复规则》（2015年）第27条。
⑤ See European Commission-DG, *Environment Implementation Challenges and Obstacles of the Environmental Liability Directive: Final Report*, 16 May 2013.
⑥ 行政机关可通过令状（writ）收回成本。See United Nations Economic Commission for Europe, *Study on the Possibilities for Nongovernmental Organizations Promoting Environmental Protection to Claim Damages in Relation to the Environment in France, Italy, the Netherlands and Portugal*, 2015, p. 15, available at: https://www.unece.org/fileadmin/DAM/env/pp/a.to.j/AnalyticalStudies/TFAJ_Study_env_damage_final.pdf.
⑦ 《欧盟环境责任指令》并没有规定政府求偿的具体方式是通过民事诉讼还是行政手段。但根据荷兰《环境管理法》第17章第16（2）条以及荷兰《一般行政法》第4：114条规定，行政机关通过行政法下的强制支付命令进行费用追偿。参见刘静《论生态损害救济的模式选择》，《中国法学》2019年第5期。
⑧ 参见胡静、崔梦钰《二元诉讼模式下生态环境修复责任履行的可行性研究》，《中国地质大学学报》（社会科学版）2019年第6期。
⑨ 理论上，《民法典》第1234条和第1235条可以成为行政机关收回修复成本费用支出的诉讼依据。

启动或完成前，动用行政强制措施或要求责任人提供财务保证（比如，设定财产担保）。如此有助于责任人参与修复过程，促进其与行政机关的"公私合作"①。

为了进一步完善生态环境修复行政命令的成本收回程序，立法者还应明确以下几个问题。首先，行政机关在启动成本收回程序之前应进行成本收益分析，如果实施成本与可收回益之间不成比例或责任人无法确认，行政机关有权决定不收回或仅收回部分成本。其次，拟收回成本应包括修复过程中涉及的各类成本，但不宜纳入行政公务人员的工资支出，除非为了实施生态环境修复额外聘请了人员。此外，对于责任人经常以缴纳了环保税、行政罚款或刑事罚金为由主张减轻或不承担修复费用的主张，不宜认可。这些费用与生态环境修复支出的性质有别，不宜混淆。环保税是责任人就利用环境容量支付的对价补偿，行政罚款和刑事罚金是国家对责任人违法行为的公法制裁，而修复费用是对责任人造成的生态环境损害的填补。再次，由于生态环境修复所需资金规模巨大以及责任人生产行为的社会性，立法者应建立健全生态环境修复的社会化机制，积极发展保险和基金等机制以分散成本。最后，对于多个责任人之间的成本追偿，法律应允许对成本支出承担超额责任的责任人向其他责任人追偿。

第二节 构筑生态环境修复行政命令制度的保障机制

在生态环境修复行政命令制度实施过程中，行政机关是作出行政命令的一方，潜在责任人是行政命令的接受方（行政相对人），其他利害关系人和普通公众是行政命令实施的参与者和监督者，倘若行政机关和行政相对人存在怠于履职或者履责的情形，将会使行政命令制度难以发挥应有的功效。原因在于，法律实施并非法律规范逻辑的自然推演，其与执法的经验、意愿和能力密切相关；执法者的自由裁量、当事人之间的交易对执法过程亦会构成影响。因此，生态环境修复行政命令制度有可能会发生失

---

① See Lucas Bergkamp, Barbara Goldsmith (eds.), *The EU Environmental Liability Directive: A Commentary*, Oxford: Oxford University Press, 2013, p. 174.

灵，此时立法者就有必要构筑相应的保障机制。

一 对行政机关怠于或者恣意行为的保障机制

行政机关及其执法人员不仅受到公共利益的拘束，还会受到自身利益、行政机关的部门利益等的影响。由此，本应作为公共利益代表者和捍卫者的行政机关经常会因为寻求自身的非正当利益而偏离社会公共利益。[①]生态环境修复行政命令是法律公共实施机制，行政机关在生态环境修复行政命令运行过程中发挥主导性作用，可能发生执法失灵问题，主要包括两类：一是行政机关不作为，即针对特定生态环境损害事件怠于（未能或者未能及时作出）启动行政命令。二是行政机关恣意作为，即行政机关在作出生态环境修复行政命令的过程中存在违法恣意情形。比如，未按照法定程序或者基本正当法律程序原则的要求实施生态环境修复行政命令，导致相对人的程序权利受损；在实施过程中对生态环境公共利益处置不当——行政机关作出的行政命令无法有效修复或者填补已经造成的生态环境损害。为了在实践中对行政机关的行为进行有效监督、制约，降低行政机关怠于或者恣意履职的可能性，有必要构筑相应的监督保障机制。

对于行政机关罔顾生态环境公共利益的情形，首先应当发挥检察机关的法律监督作用。一方面，发挥检察建议在督促行政机关依法作出生态环境修复行政命令过程中的监督作用。基于有效指导行政机关履行生态环境修复行政命令作出职责的考虑，有必要进一步完善检察建议的相关程序性规则（比如，采纳宣告送达方式）。并明确检察建议的具体格式和内容等。[②] 另一方面，对于行政机关怠于或者恣意作出生态环境修复行政命令的行为，检察机关亦可依法提起行政公益诉讼。值得注意的是，检察机关与社会公众之间属于"委托代理机制"，仍然可能会发生代表失灵问题，因此有必要适度扩展生态环境修复行政命令相关行政公益诉讼的原告资格范围，纳入社会组织甚至普通公民。[③]

相对人在监督行政机关怠于或者恣意行为方面亦能发挥作用。对于行

[①] 参见张方华《回归国家治理的公共性：我国公共利益和政府利益的关系研究》，南京师范大学出版社2019年版，第111页。
[②] 参见谌杨《生态环境损害的行政命令型救济研究》，知识产权出版社2022年版，第234—235页。
[③] 参见沈岿《检察机关在行政公益诉讼中的请求权和政治责任》，《中国法律评论》2017年第5期。

政机关侵犯相对人权益的情形，相对人有权提起行政复议和行政诉讼。

二 对责任人无能力或者拒不履行的保障机制

在生态环境修复行政命令制度实施过程中，责任人可能在主观意愿或者客观能力方面存在抵触，不履行生态环境修复行政命令为其设定的公法义务。前者是指责任人虽然有能力履行，但出于主观上的抗拒态度而拒绝履行；后者是指责任人因为自身能力不足（主要是经济能力不足）客观上无法履行义务的情形。事实上，在部分生态环境损害案件中，责任人有时是个人或者个体经营者，其往往缺乏经济能力而无力履行生态环境修复行政命令。此时，为确保及时修复受损生态环境，有必要设定相应的保障机制。由于责任人在无能力履行和拒不履行两种情形中的主观恶性有明显区别，笔者认为，应当区分两种情形构造保障机制。

首先，责任人确无能力履行行政命令情形。如果行政机关经调查认定责任人确无能力履行生态环境修复行政命令，行政机关可以要求责任人通过公益劳动代偿和适用工资费用长期扣除等替代履行规则，同时根据生态环境修复的紧迫性程度，在符合整体生态环境修复规划的前提下，考虑采用社会化填补机制、政府兜底救济制度。

其次，责任人拒不履行行政命令情形。按照一般行政命令的原理，行政命令不同于以直接限制人身自由和财产的物理状态效果的行政强制，也不同于以剥夺人身自由和财产的惩罚性行政处罚，更不同于以授益性为特征的行政给付。一般而言，行政命令是要求行政相对人自觉履行作为或者不作为的义务，这就意味着行政机关并不直接利用实力干预行政相对人的人身或者财产权益，而是通过行政机关的权威性宣示，督促和期待相对人按照要求履行行政机关设定的义务。由此，行政命令从根本上说并不具有直接的强制力与约束力，行政命令的实现基于行政相对人的自觉履行，一旦行政相对人不履行行政命令，则行政机关只能借助于强制执行或者行政处罚来实现行政命令的目标。[①] 笔者建议，按照基础性行政决定和保障性行政决定的关系理论，可以引入行政强制（包括代履行和划拨存款等）和行政处罚制度。其中，行政强制代履行主要适用于"责令直接或者替代修

---

① 参见胡晓军《行政命令研究：从行政行为形态的视角》，法律出版社2017年版，第164页。

复生态环境"行政命令,①而划拨存款主要适用于"责令赔偿生态损失"行政命令。

由于生态环境修复命令是不同于行政处罚的一种基础性行政行为,有必要对责任人违反生态环境修复行政命令的行为设定罚则。然而,在中国目前环境法体系中,生态环境行政命令并非独立的行政行为,一般附属于行政处罚,并且法律实践中的"行政机关责令修复"也多规定在行政处罚决定书中。笔者认为,立法者有必要将生态环境修复行政命令独立于生态环境行政处罚之外,并在二者之间设置妥当的衔接机制,以在相对人和行政机关之间塑造一种和谐关系。具言之,立法者应当保持二者在适用时的递进关系,不宜直接以行政处罚替代行政命令或者同时配置"行政命令+行政处罚"。原因在于,简单并用极有可能导致"重处罚而轻改正"的后果,生态环境修复行政命令的救济性功能因此会被弱化,最终仅处于附随地位。② 同时,为了避免行政机关制裁裁量空间的缺漏、避免直接以拒不改正作为相对人主观过错施加行政处罚的不妥当之处,行政机关在作出生态环境修复行政命令时,可以同时施加警告处罚,但不得施加罚款处罚。当然,如果情节严重,法律可以授权行政机关同时作出罚款或其他行政处罚决定。对于相对人拒不执行生态环境修复行政命令的情形,行政机关可提起生态环境损害赔偿诉讼,并施加升级行政处罚,相较于先前的警告处罚,升级处罚应是罚款。参照域外经验,立法者可以考虑引入按日计罚,③并在必要时设定行政刑罚。④

---

① 在目前行政强制法体系中,如果相对人拒不执行行政机关作出的"责令直接或者替代修复生态环境"符合《行政强制法》第 50 条的适用前提,但其不符合《行政强制法》第 52 条的适用前提,因为第 52 条明确将即使强制的适用范围限定为与修复生态环境具有根本性差异的"清除污染物"。对此,有学者指出,可以考虑通过法律修改或者司法解释的方式将"责令直接或者替代修复生态环境"纳入即时强制的范围。参见谌杨《生态环境损害的行政命令型救济研究》,知识产权出版社 2022 年版,第 267 页。
② 参见薛艳华《环境行政命令与环境行政处罚的错位与匡正——界分基准与功能定位的视角》,《大连理工大学学报》(社会科学版) 2019 年第 6 期。
③ 法国对责任人的命令违反行为处以 6 个月的监禁和罚款。法国法还允许法院延迟作出判决并责令责任人履行修复性命令,且可以施加按日计罚。See European Commission-DG, *Environment Implementation Challenges and Obstacles of theEnvironmental Liability Directive: Final Report*, 16 May 2013, pp. 118 – 119。
④ 关于责任人违反命令行为的刑罚规则,请参见英国《环境损害预防和修复规则》(2015 年) 第 34 条。

最后，可以考虑引入环保信用奖惩制度。"信用监管是指监管机关对市场主体的信用信息进行收集、评价，并在此基础上采取分类监管或给予相应奖励、惩戒，以促进监管目的实现的监管方式。"① 自环境保护部于2013年发布《企业环境信用评价办法（试行）》以来，中国环保信用监管制度一直处于发展过程，但相较于近年来发展较快的其他领域的信用监管制度，其仍然具有较大的制度完善空间。笔者认为，中国环保信用制度建设可以考虑将"拒不履行生态环境修复行政命令的违法行为"作为企业整体环保信用评价的重要指标之一（行政机关可以根据不同企业的信用等级采取分类监管措施和相应的奖惩措施），或者通过将"拒不履行生态环境修复行政命令的违法行为"纳入失信名单（黑名单制度）以启动环保信用奖惩措施。值得注意的是，环保信用奖惩制度的实效在一定程度上依赖对相对人生态环境修复行政命令履行情况的掌握，因此法律应同时确立生态环境修复行政命令文本及其履行结果的依职权信息公开制度。

第三节　厘清生态环境修复行政命令制度的适用边界

生态环境修复行政命令制度属于生态环境损害救济体系的重要组成部分，主张优化生态环境修复行政命令制度并非意在排斥其他已经制度化的生态环境修复责任追究机制。鉴于生态环境修复行政命令制度存在功能局限，更可行的方案是基于体系化的视角，② 厘清生态环境修复行政命令制度的适用边界，明确多元生态环境修复责任追究机制的适用关系。从内部视角来看，立法者有必要在生态环境修复行政命令制度、生态环境损害赔

---

① 参见孔祥稳《作为新型监管机制的信用监管：效能提升与合法性控制》，《中共中央党校（国家行政学院）学报》2022年第1期。
② 环境法体系化是环境法学的基本理论命题，近年来成为环境法学界关注的重点。参见杜群《环境法体系化中的我国保护地体系》，《中国社会科学》2022年第2期；刘长兴《生态环境修复责任的体系化构造》，《中国法学》2022年第6期。中国生态环境修复责任追究制度体系是生态文明建设在自然保护领域的一项重要制度成果，环境法体系化发展应当系统回应这一具有中国特色并具其时代意义的改革实践。

偿磋商、生态环境损害赔偿诉讼，以及环境民事公益诉讼等制度之间构建有序的协同机制。从外部视角来看，生态环境修复行政命令还应当与公法制裁（包括行政处罚和刑事责任）实现妥当衔接。

一 生态环境修复行政命令与多元修复制度的协同

责任的性质与责任的追究机制不宜混淆。生态环境修复责任的公法责任属性决定了其责任追究机制具有二元性，既可以是行政权主导下的行政机制，也可以是司法权主导下的司法机制。其中，行政机制既可以是传统的行政执法机制，即本书所谓的生态环境修复行政命令制度，也可以是新型的行政磋商和解制度。

（一）生态环境修复责任追究机制的二元结构特征

传统行政执法机制是追究生态环境修复责任的最基本选择。不同于以权利为核心的私法，公法以权力为轴心，其本质是公共权力（行政权）的行使与制约。这也决定了公法责任的实现过程高度依赖行政权的有效运行。早期阶段，行政权的运行方式仅限于行政机关的传统行政执法机制——行政机关依照法律授权使用最传统之行政决定来识别和维护生态公共利益，这些机制的本质是一种"命令—服从"的控制模式。在传统行政法体系框架中，可用来追究生态环境修复责任的最传统行政决定可能是"行政命令"和"行政罚款"。尽管目前生态公共利益损失尚不是环境行政罚款的计算标准，[①] 但根据《生态环境行政处罚办法》第 41 条规定，"违法行为所造成的环境污染、生态破坏程度及社会影响"是计算罚款的重要裁量因素之一。由此，环境行政罚款可以在一定程度上弥补生态公共利益损失。然而，行政处罚和行政命令的法律性质存在根本差异，生态环境修复责任追究机制应是行政命令。尽管现行环境行政法律责任条款中有很多行政命令型生态环境修复机制，包括"责令恢复原状""责令限期采取治理措施""责令改正"等，但这些行政命令并未明确涵盖生态环境修复，且欠缺相应的程序性规则，导致行政机关不愿扩张解释或者类推适用。由此，至少当前尚未完善的传统行政执法机制，无法承担生态环境修

---

① 参见刘长兴《论行政罚款的补偿性：基于环境违法事件的视角》，《行政法学研究》2020 年第 2 期。

复责任追究任务。① 事实上，这也是近些年中国立法者在生态环境修复责任追究机制方面转向司法机制的制度诱因之一。但从理论上看，传统行政机制在追究生态环境修复责任方面具有制度优势，不仅有利于发挥行政权的效率优势，还能满足生态环境修复责任实现过程的专业性要求，为各国立法所青睐。近年来，中国亦有不少学者主张完善行政命令制度的观点。

在传统行政执法机制之外，行政机关利用磋商和解制度或者司法机制追究生态环境修复责任亦具有正当性、合理性。在现代行政法体系中，行政机关和潜在责任人的法律关系由原先的"命令—服从"关系日益转变为平等化的法律关系，这是行政机关据以借道司法机制追究生态环境修复责任的正当化理由。随着公法私法化的发展，一系列私法调整机制及相关理念被引入公法领域，特别是私法的平等理念、契约理念、自愿理念、诚信理念、和解理念等。公法私法化的本质特征是以私法手段来完成公共目标，属于实质上的行政。在此背景下，行政权的运行方式发生了根本转变，从传统高权式的"命令—服从"模式转变为现代平等式的"对话—商谈"模式。② 在新模式中，行政机关和潜在责任人的法律地位平等，用来追究生态环境修复责任的机制也变得更加柔性化，转变为磋商和解与索赔诉讼。磋商和解与索赔诉讼制度的合理性除了可以在行政模式的变迁中得到说明，也可以在功能层面获得证成。磋商和解与索赔诉讼这两种生态环境修复责任追究机制相较于传统行政执法机制具有一些制度优势。

其一，相较于行政命令，磋商和解更能确保相对人遵从由协议表达的行政公意，这在一定程度上解决了传统执法行为模式回应性不足的问题。

在传统行政法体系中，行政机关拥有超越私人的公权力特权，无须经私人同意便可单方面对其课予义务、赋授权利、下命禁止，并与其形成不平等、不对称、不可转换及不相互惠的等级化法律关系。③ 行政机关被赋予公权力的功能在于决定，而非合意。此时，在高权行政的传统行为模式下，相对人只是行政权的作用对象及行政程序的客体。生态环境修复行政命令是典型的公权力行为模式，体现为高权行政模式中典型的"命令—服

---

① 将行政命令附属于行政处罚中，导致行政命令只适用于违法行为所致生态环境损害，强调生态环境损害行为的"合法/非法"标准实际上人为限制了行政权行使的范围，不利于生态环境损害的及时补救。
② 参见陈可《行政民主化发展的路径选择》，《中国行政管理》2005年第7期。
③ 参见王必芳《论法国行政契约的特点——从我国行政程序法行政契约章的立法设计说起》，《台北大学法学论丛》2017年总第102期。

从"关系。尽管现代社会强调的公众参与制度设计已经在一定程度上缓和了"命令—服从"关系，但其仍不能使相对人分享行政决定权。为了软化高权行政中的强制和对抗，现代行政法不断革新，促生了一种新的行政行为模式——行政协议。不同于强制性的、单向度的行政命令机制，在行政协议中，行政机关和利益相关方可通过信息交流、理性协商方式理解彼此立场，并在相互倾听和交流的基础上，调整各自诉求，有利于寻求共识和合意。行政协议通过赋予相对人在高权行政中以主体性，使其能够分享行政决定权，由此被塑造成为一种旨在强化行政机关与相对人之间意愿交流的行为机制。但行政协议没有拓展高权行政原本所及的领域，其仍然是行政权的表达形式。换言之，相对人对行政决定权的分享是有限的，可能仅限于履行方式和期限。

行政协议根据适用目的不同，可以区分为程序介入型协议和公务转移型协议。根据程序介入型协议在行政中的作用方式，它还可以进一步分为替代性协议和补充性协议。[①] 由于生态环境损害赔偿磋商和解的目标与传统行政执法行为的目标相一致，均是实现修复受损生态环境、救济生态环境公共利益，故生态环境损害赔偿磋商和解是替代性行政协议，是对原有环境行政执法行为（具体行政行为）的直接替代，一旦磋商和解协议目标实现后行政程序即告终结。这种替代性协议的例子还有行政强制执行协议，它是指在强制执行活动中介入以替代原有的行政强制执行行为，并在协议内容履行完毕后终结行政执行活动的行政协议。

生态环境修复实际上是一项同时融合自然规律和社会规律的系统工程。因此，损害调查、修复责任分配、修复方案设计、修复措施选择以及修复活动的监管和效果验收等，均有赖于行政机关和利益相关方的精诚合作。相较于生态环境修复行政命令，磋商和解更能为讨论、推进生态环境修复公共事务提供合作平台。

其二，索赔诉讼和行政命令之间的最大区别不是结果不同，而是取得此种结果的程序规则有别。当行政机关以民事索赔权进入司法场域，其权力的运用方式也随之发生了重大转变，其角色也同时发生了转变——从一种权力的拥有者（决定机关）一跃成为权利的诉请者（法定原告）。这种转变并非要剥夺和削弱行政权，而是试图将整个行政权的

---

① 参见徐键《功能主义视域下的行政协议》，《法学研究》2020年第6期。

运行过程暴露在司法这个相对透明的系统下。事实上，接受行政机关和社会各界的广泛监督，行政权的运行会更加公开化、透明化、规范化。① 此外，在披上司法外衣之后，还能增强最终结果的合法性和权威性，通过民事诉讼程序的"过滤"和"担保"，无疑可以增强结果公信力。在当前人们普遍对行政机关实施环境法律的态度与能力保持高度怀疑和不信任的社会背景下，② 对行政权施加"制衡"和"保护"的司法机制可能更符合现实需要。

综前所述，生态环境修复责任追究机制既可以是行政机制（包括行政命令和磋商和解），也可以是司法机制。二者的核心差异是对生态环境修复责任成立、范围和实施等问题享有首次判断权的主体不同。行政机制实际上是以行政为中心，行政机关享有首次判断权，而司法权借助司法审查框架负责制衡行政权的违法或不当运行。司法机制以法院为中心，行政机关是生态环境修复责任追究过程的启动者，有关修复责任是否成立、范围大小等，则由法院决定。但两者共同之处在于国家权力因素的干涉和当事人自主权的限制。（1）对于司法机制，国家权力仍享有主导权，即使走到诉讼阶段，即使责任最终以判决形式作出，其实施也仍应由行政机关主导。（2）行政机关启动司法机制是其法定职责，并且行政机关在司法机制运行过程中不得自由处分公共利益。值得注意的是，尽管行政机关是生态环境修复责任追究的主导者，但这不意味着其他主体不能发挥作用。

（二）生态环境修复责任追究机制整合的原理与路径

目前，可被用来追究生态环境修复责任的机制不仅包括行政机制（行政机关的行政命令、磋商和解），还包括司法机制（行政机关发起的生态环境损害赔偿诉讼、检察机关和环保组织发起的环境民事公益诉讼）。可以预期，如果没有明确的适用关系规则，多元生态环境修复责任追究机制并存势必会引发制度资源浪费，甚至导致规则冲突。由此，研究多元机制的整合原理与路径，尤为迫切。

1. 整合不同生态环境修复责任追究机制的基本原理

生态环境公共利益是多主体或多群体利益、多层次利益的组合，其实现断然不能通过单一途径或者单一方式来实现，通过多元途径或者机制来

---

① 参见王树义、李华琪《论我国生态环境损害赔偿诉讼》，《学习与实践》2018年第11期。
② 参见陈海嵩《国家环境保护义务的溯源与展开》，《法学研究》2014年第3期。

保护是必然选择。① 纵观域外法制经验可知，不仅责任机制的启动主体应多元，可供主体选择的责任追究机制也呈现出多元化特征。"只有建立生态公共利益的多重保护机制，形成'西方不亮东方亮'的效果，才能确保环境公益保护不出现大的漏洞。"② 由此，生态环境损害的公共利益属性决定了生态环境修复责任追究机制可以也应当选择复合模式，而非单一模式。在此意义上，中国当前"司法与行政双轨并行"的机制设计具有合理性。然而，具备同一功能目标的生态环境修复责任追究机制的"多元化"不宜演变为"无序化"，否则不同责任追究机制之间"缺乏协调""叠床架屋"，容易导致主体身份冲突、法律制度实施成本增加，浪费法制资源，甚至影响到法律的安定性和权威性。事实上，目前已有部分地方法院不支持行政机关弃用行政机制而启用司法机制来追究生态环境修复责任。③

生态环境修复责任追究机制的整合应当遵循两项基本原理。一是国家权力的合理分工原理。生态环境修复责任的公共性特征决定了作为国家公权力分配核心的行政权和司法权均应当在利益维护方面发挥重要作用。可以说，生态环境修复责任的追究必然涉及"两权"的互动问题。尽管"在国家权力结构中，行政权与司法权虽然同属执行权"④，二者具有同宗性，但"职能分工要求国家决定应当尽可能正确，为此应当由其专业能力与案件最接近的国家机关负责做出"⑤。总体而言，在公共利益维护过程中，"司法权的立场和功能根据行政权的变化而进行相应的调整"，但二者"趋向于建立适当的平衡关系"，并且这种平衡关系得以建立应符合两个条件：一是行政权优先，司法权是对行政权的补充；二是司法权与行政权要相互尊重，发挥好各自的专长，又不会越权。⑥ 换言之，司法权对于公共利益的能动适应是有限的，其应是在行政权救济不足或无法救济的地方发挥能

---

① 参见张艳蕊《民事公益诉讼制度研究：兼论民事诉讼机能的扩大》，北京大学出版社2007年版，第12页。
② 胡静：《环保组织提起的公益诉讼之功能定位：兼评我国环境公益诉讼的司法解释》，《法学评论》2016年第4期。
③ 甘肃省高级人民法院主张，"永登县农林局不能作为原告提起公益诉讼，建议农林局依据《森林法》第44条通过行政执法权救济生态环境损害"。参见甘肃省高级人民法院民事裁定书，〔2017〕甘民终505号。
④ 孙笑侠：《司法权的本质是判断权：司法权与行政权的十大区别》，《法学》1998年第8期。
⑤ 〔德〕汉斯·J. 沃尔夫、〔德〕奥托·巴霍夫、〔德〕罗尔夫·施托贝尔：《行政法》（第二卷），高家伟译，商务印书馆2007年版，第331页。
⑥ 参见王明远《论我国环境公益诉讼的发展方向：基于行政权与司法权关系理论的分析》，《中国法学》2016年第1期。

动，而不能以"能动司法"之名行替代行使行政权之实。① 从域外经验来看，除极少数国家，生态环境修复责任追究主要依赖于传统行政执法机制，司法机制仅作为补充。对于中国，从司法机制转向行政机制的趋势已经开始出现。一方面，司法机制在判决和执行方面的各种困境犹存，凸显了生态环境修复责任追究回归行政机制的必要性；另一方面，生态环境损害赔偿制度中的前置磋商制度在实践中的大量适用，也从侧面论证了行政权相较于司法权在生态环境修复责任追究过程中的优越性。② 由此，生态环境修复责任追究机制的整合应当遵循宪法框架下国家权力的合理分工与有效配置原理，努力构建一种"行政权主导、司法权辅助"的协同机制，以节省宝贵的环境司法资源，避免行政机关"避权卸责"。

实现公共利益并不是紧守一条线不放，而是应当在法定的范围内以最小的成本创造出最大的收益。任何一项制度的运行都会存在成本，其对于制度目标的实现也会产生积极的正向收益。法制资源的有限性决定了生态环境修复责任追究机制整合应当遵循的另一项重要原理是"最佳制度成本效益"。在生态环境修复责任追究领域，行政命令、磋商和解以及司法机制（即索赔诉讼，包括生态环境损害赔偿诉讼和环境民事公益诉讼），各自在机制运行过程中的实施成本和效益有别。不同责任追究主体在维护生态公共利益方面的意愿和能力，不同责任追究机制的运行原理（主要是适用程序的复杂程度），是影响不同追究机制制度实施成本效益的关键因素。一般而言，行政机关比环保组织、检察机关更有能力维护生态公共利益，也更专业，并且已经固化的法定行政权约束机制也有利于督促其履行责任追究职责；相较于磋商、诉讼，行政命令更具效率优势，但其过于刚性，容易遭受相对人的抵制，也存在缺乏程序控制的问题；磋商更利于行政机关和潜在责任人之间平等关系的形塑，促进执法的可接受性，但在缺乏公众参与规则的保障下，其易背离"应赔尽赔"原则；司法机制的程序公正保障能力虽有利于实现生态环境修

---

① 参见张辉《环境行政权与司法权的协调与衔接：基于责任承担方式的视角》，《法学论坛》2019年第4期。

② 在2019年7月26日的生态环境部新闻发布会上，生态环境部法规与标准司司长介绍生态境损害赔偿制度改革情况。据其总结，2018年1月以来，在全国已办结的206件案件中，以磋商方式结案的有186件，占结案总数的90%以上，磋商的比例要远大于诉讼。参见生态环境部《去年以来办理生态环境赔偿案424件，涉案金额近10亿》，http://www.jwview.com/jingwei/html/07-26/247404.shtml。

复正义、对行政权施加直接控制等，但其运行周期长的特点亦与生态环境修复责任的紧迫性存在矛盾等。由此，一种相对可行的策略是，根据不同责任追究机制在成本效益方面的差异，针对不同类型的生态环境损害事件做出妥当的类型化安排。

2. 不同生态环境修复责任追究机制的具体整合路径

在"国家权力合理分工原理"和"最佳制度成本效益原理"的指引下，多元生态环境修复责任追究机制的整合可采取如下路径。

首先，构建"行政主导、司法补充"的救济规则。行政权在表达、判断、维护和促进生态环境公共利益方面的作用，使得行政机关在识别和维护生态环境公共利益方面更具优先性，是检察机关和环保组织无法比拟和替代的，因此行政机关在生态环境公共利益维护方面承担着最直接、最主要的责任。在域外立法例中，除法国以外，几乎所有国家均一致认为，应将环保组织界定为生态环境修复责任追究过程中的辅助者；[1]除巴西以外，也很难找到允许检察机关直接追究生态环境修复责任的立法例。总之，无论从理论面向还是实践面向观察，生态环境修复责任追究应当优先适用行政机关主导的责任追究机制，环保组织发起的环境民事公益诉讼以及适用顺序上相对后位的检察机关发起的环境民事公益诉讼均应当作为补充机制。对此，目前司法解释已经有所涉及，但既有规则仍有不足。其一，《关于检察公益诉讼案件适用法律若干问题的解释》第13条设定了诉前30日公告程序，环保组织环境民事公益诉讼优先于检察机关环境民事公益诉讼。但该司法解释并未涉及环境民事公益诉讼与生态环境损害赔偿磋商、诉讼以及生态环境修复行政命令制度之间的适用关系。其二，根据《关于审理生态环境损害赔偿案件的若干规定（试行）》第16—18条规定，生态环境损害赔偿诉讼优先于环境民事公益诉讼。但这些规定是否可用来协调法院先受理或审理环境民事公益诉讼而生态环境损害赔偿诉讼后提起的情形，仍有疑问。事实上，中国目前没有为环保组织提起环境民事公益诉讼设定前置条件，法院也没有向

---

[1] 域外各国普遍仅授权环保组织请求行政机关行动或针对行政机关提起行政公益诉讼，印度环保组织诉前须遵循60日公告程序。荷兰尽管并未限制环保组织的起诉条件，但其仅允许环保组织收回其已支出修复措施费用，且环保组织应进行诉前磋商。参见荷兰《民法典》第3编第305a条第2项规定："第（1）款中的法人，在本案情况下，如果没有尽力采取行动与被告磋商以达成诉讼所要求的结果，则不享有诉讼资格。"

行政机关通知案件受理情况的义务，故行政机关可能先提起诉讼，此时是否适用中止规则存疑。① 此外，该规定也并未明确环境民事公益诉讼和生态环境损害赔偿磋商的适用关系，② 以及生态环境修复行政命令、生态环境损害赔偿磋商与索赔诉讼的适用关系。

对此，立法者应当积极借鉴美国法经验，在"行政主导、司法补充"规则的指引下，明确要求检察机关和环保组织在提起环境民事公益诉讼前均应当履行诉前通知的程序义务——给予主管行政机关在一定期限内勤勉执法的机会。只有在行政机关不作为的情形下，环境民事公益诉讼方可被提起。但是，如果行政机关启用生态环境损害赔偿诉讼，则环保组织和检察机关可否提起环境民事公益诉讼？笔者以为，立法者虽不宜赋予二者诉讼权利，但应借鉴美国自然资源损害赔偿制度中赋予环保组织参与权（参与自然资源损害赔偿诉讼）的做法，保障其程序介入权。事实上，在行政机关启动行政命令和赔偿磋商的情形中，传统的行政法体系已经赋予检察机关和环保组织适当参与责任追究过程的权利。此外，对于行政机关故意通过程序拖延方式阻碍生态环境公共利益维护或者在各类责任追究机制中滥用职权的情形，法律还应当赋予检察机关（乃至于环保组织、公民）提起行政公益诉讼的权利。诚然，如果我们将环境民事公益诉讼作为补充行政机关执法的手段，则其与生态环境损害赔偿诉讼的适用范围可以一致，这在一定程度上可以避免"两诉"在适用范围上的纠缠不清。③ 换言之，立法者应当取消当前生态环境损害赔偿制度改革方案为生态环境损害赔偿诉讼设定的适用条件——"分级""划区""兜底"④，进一步扩展至所有达到法定救济阈值的"生态环境损害"。

这种"行政主导、司法补充"原理也应当体现在行政机关主导的行政

---

① 从体系解释的角度来看，由于《关于审理生态环境损害赔偿案件的若干规定（试行）》第18条独立于第16条和第17条，故第16条和第17条的关系可做两种解释。（1）第17条仅适用于第16条规定的情形，即法院中止审理民事公益诉讼的审理规则的前提是，提起环境民事公益诉讼是在生态环境损害赔偿诉讼受理后或审理过程中。（2）第17条独立成文，即无论是环境民事公益诉讼在先还是生态环境损害赔偿诉讼在先，法院均先中止审理民事公益诉讼。
② 参见冷罗生、李树训《生态环境损害赔偿制度与环境民事公益诉讼研究：基于法律权利和义务的衡量》，《法学杂志》2019年第11期。
③ 参见李树训、冷罗生《反思和厘定：生态环境损害赔偿制度的"本真"——以其适用范围为切口》，《东北大学学报》（社会科学版）2020年第6期。
④ 2017年《生态环境损害赔偿制度改革方案》和2020年《生态环境损害赔偿管理规定》的规定类似。

(执法）机制和行政机关启动的司法机制之间。具言之，只有在行政机关充分利用行政机制之后仍不能完成生态环境修复责任追究目标时，法律才允许行政机关启用司法机制——提起生态环境损害赔偿诉讼。此方案有明确的法理基础和域外立法例作为支撑。对于前者，尽管一套有序的公法制度体系值得尊重，但权力分立与制衡原理要求司法权有权力也有义务对行政权施加约束。后者的典型是荷兰法上的"侵犯性检验标准"。事实上，目前中国已有地方为司法机关受理生态环境损害赔偿诉讼设定了行政执法的前置条件——已经对相对人施加了行政处罚。[1]

其次，行政机关在行政命令和行政磋商之间裁量适用。一般而言，行政命令相较于磋商更具效率优势，而磋商更有利于行政机关和潜在责任人之间平等关系的形塑，促进执法结果的可接受性。行政磋商的本质是行政协议，是行政机关"运用平等协商之司法手段的行政权行使之新样态"，因此根据相对人在磋商过程中对作出最终行政决定发挥的作用程度的强弱，磋商可以分为两种，一是弱磋商，即相对人和行政机关仅对责任的履行方式和期限进行谈判，但责任是否成立和责任的范围不允许磋商；二是强磋商，即相对人和行政机关不仅对如何履行责任进行磋商，还可以就责任是否成立以及责任的大小进行谈判。从严格意义来看，弱磋商仍属于行政命令制度，而强磋商是对行政命令的完全替代。由此，为了促进相对人对行政命令的接受，生态环境修复行政命令制度的程序规范设计中应当确立弱磋商，即允许相对人和行政机关就命令内容的履行方式和期限进行谈判，如此可以弱化行政命令的刚性和威权特征。对于强磋商，由于涉及对生态环境公共利益的处分，法律应当明确规定其适用条件。一般而言，根据现有证据无法完全确认相对人修复责任或者非经重大成本支出无法证明相对人责任时，行政机关可以与相对人就责任在何种范围上成立以及具体履行方式和期限等问题进行磋商。如此规定有利于节省程序成本支出，并确保受损生态环境得到及时修复。

值得注意的是，生态环境损害赔偿磋商协议并非纯粹的民事协议或含有公法元素的民事协议，其法律属性是行政权的柔性运行方式，符合行政协议的定义。因此，与生态环境修复行政命令和生态环境修复司法判决的

---

[1] 参见《上海市高级人民法院关于审理政府提起生态环境损害赔偿民事案件的若干意见（试行）》第5条。

实施可以借助"申请法院强制执行"不同,① 当前有关磋商协议的争议解决机制亟待修正,② 相应的制度发展方向应是回归行政法框架。具言之,不履行磋商协议的保障机制应当采取与行政命令制度类似的方案,而非与民事判决相同的方案。对于实施修复行为的责任内容,行政机关可选择代履行,而对于赔偿损失的责任内容,行政机关应当向法院申请强制执行。如此,才能符合行政磋商的柔性行政执法方式属性,才能契合磋商协议的行政契约性质。③

由此,为了确保生态环境修复责任目标及时实现,一种可能的方案是结合生态环境损害的现实情形匹配两种制度。如果特定损害属于相应修复责任容易认定(如损害事实清楚、因果关系明晰、责任人明确等)的情形,则行政机关应适用行政命令制度(融入了"弱磋商");而如果损害属于相应修复责任难以认定或非经重大成本支出无法认定的情形,此时行政机关更适合启动强磋商。"责任认定难易程度"的标准具有不确定性,因此在实践中应当赋予行政机关裁量权,由其自由判断何种生态环境损害符合此标准,然后据此选择适用命令或磋商。此外,对于情况紧急的生态损害,立法者还应授权行政机关直接启用行政命令,这也是域外各国立法的普遍选择。应当承认的是,这种裁量式的生态环境修复责任追究机制还须进一步完善,尤其是行政命令缺乏程序控制、磋商公众参与不足等问题。在其尚未健全时,司法机制仍将在过渡期内发挥重要作用。

综前所述,生态环境修复责任追究机制整合的基本方向应是"行政主导、司法补充"。对于特定生态损害发生后,如果达到法定阈值标准需要启动生态环境修复责任追究机制,则行政机关应根据损害类型在行政命令或者磋商制度之间优先选择适用。在行政机制无法实现修复目标时,行政机关可考虑以诉讼追究责任。至于行政机关起诉是否符合阈值标准,由法院判断。换言之,法院在审理行政机关提起的诉讼时,应依法审查行政机

---

① 根据《行政强制法》第 50 条和一些生态环境单行法律的规定,若命令内容是实施生态环境修复行为,行政机关可实施代履行,而后就代履行费用申请法院强制执行;若命令内容是赔偿生态环境损失,则行政机关可以向法院申请强制执行。同时,根据《民事诉讼法》第 236 条规定,对于责任人不履行修复判决者,当事人可以申请法院强制执行。《关于审理环境民事公益诉讼案件适用法律若干问题的解释》(2020 年修正)第 32 条亦有类似规定。
② 根据《关于审理生态环境损害赔偿案件的若干规定(试行)》(2020 年修正)第 21 条规定,目前方案是"申请司法确认—申请法院强制执行"。地方实践还有采纳公证/仲裁的方案。
③ 参见程玉《生态环境损害索赔权的法律性质与规范调适》,《法制与社会发展》2022 年第 5 期。

关是否用尽行政机制。就检察机关和环保组织的角色而言，二者在追究生态环境修复责任过程中应承担补充功能，只有在行政机关怠于履行职责时（不启用行政命令、行政磋商和索赔诉讼）才能直接通过环境民事公益诉讼途径进行补救。此外，未来立法者还应赋予环保组织提起行政公益诉讼的诉讼资格以及遵守诉前通知程序的义务。为实现不同生态环境修复责任追究机制的有序衔接和优化适用，可参照图 5-1 的思路进行制度设计。

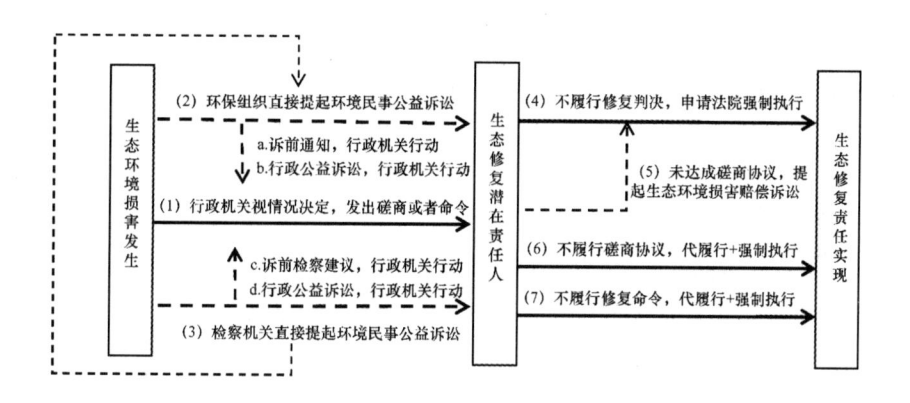

图 5-1 多元生态环境修复责任追究机制的整合方案

二 功能视角下生态环境损害法律责任的适用与衔接

从外部视角观察，为明确生态环境修复行政命令的适用边界，还应立足于整体主义维度思考其在生态环境损害法律责任体系中的功能定位。责任的外在表现形式或者说制度功能与责任本身不宜混淆。预防、救济（赔偿或者补偿）、惩罚并非法律责任本身，而是因法律责任而让主体承担否定性法律后果的形式，是承担法律责任的结果，或者说是法律责任能够发挥的功能或者作用。从责任根据的角度看，法律责任不是主体必须履行的义务，而应是这一义务发生的原因和根据（承责基础）。[①] 当事人承担某种法律责任的基础是其所属的部门法所保护的法益。作为环境法律责任体系的"新成员"，生态环境损害法律责任的承责基础是对生态环境公共利益可能受损或者实际受损所应作的有效预防和必要补救，以及为避免未来同

---

① 参见李拥军《法律责任概念的反思与重构》，《中国法学》2022 年第 3 期。

样行为再次发生进行的最佳威慑（或者惩罚）。在此意义上，生态环境损害法律责任与生态环境公共利益、生态环境保护义务相匹配，可以统摄一系列与生态环境损害预防、救济、惩罚有关的责任形式，既包括生态环境修复等新设责任形式，也包括传统部门法中能够发挥类似功能的责任形式，比如民法上的惩罚性赔偿、行政法上的责令消除污染，以及与刑事责任相关的复绿补种等。由此，围绕生态环境损害预防、补救、惩罚等功能而存在的诸多传统部门法中的责任承担方式，以及诸多新创设的责任承担方式，均可以被纳入生态环境损害法律责任的概念范畴，它们共同构成了旨在救济生态环境损害的法律责任体系。

总体上看，根据功能差异，生态环境损害法律责任可分为三类，即修复性责任、惩罚性责任和预防性责任。其中，修复性责任，主要目的是修复受损生态环境，填补违法行为造成的生态损害，根据修复目标和方式不同，这类责任方式可能是直接修复、补偿修复、赔偿修复。惩罚性责任，主要目的是惩罚违法者或者犯罪人的违法行为，以实现对违法者或者犯罪人的特别震慑和对其他主体的一般震慑，限制或者禁止违法行为的再次发生，这类责任方式主要是人身自由处罚、金钱处罚等。而预防性责任，其主要目的是通过为违法者或者犯罪人施加一定的责任承担义务，以预防生态环境损害的再次发生或者将要发生，这类责任方式有：禁止违反者或者犯罪人从事特定职业、参加社会募捐等社会性活动、改进企业合规计划，停止侵害、消除危险，以及以停止侵害为基础的禁止令等。由于这三类责任承担方式的功能不同、各有分工，故在逻辑上应确立三类责任方式在个案中的顺位规则。笔者认为，顺位规则应包括三个方面。一是三类责任方式之间的顺位，在个案中，当事人、执法者和司法者应分别依次考虑这三类责任承担方式，当然，由于功能有别，在同一个案中，三类责任承担方式往往并存适用。二是每一类责任承担方式项下具体责任承担方式之间的顺位，这取决于不同责任承担方式之间的功能是否发生重叠，如果功能不会发生重叠，则可并存适用，如果功能重叠，应确立顺位规则。例如，在修复性责任体系中，直接修复和补偿修复之间的功能重叠，应确立直接修复优先适用的规则。三是执行层面的顺位，如果责任人无能力履行全部生态环境损害法律责任时，立法者须考虑优先适用何种法律责任承担方式的问题，考虑到环境生态损害法律责任的最本质目标是修复受损生态环境，立法者应确立修复性责任优先于惩罚性责任和预防性责任的顺位规则。

在当前生态环境损害法律责任体系中，最复杂者当属惩罚性责任。原因在于，惩罚性责任不仅分散于传统的公法体系中（包括行政处罚、刑罚），还进一步扩展至民法体系中（即惩罚性赔偿）。实践中，同一法律事实同时触动不同法律部门的责任构成要件，以及不同法律部门在特定法律事实问题上存在的包容性现象，导致惩罚性生态环境损害法律责任的聚合现象不可避免。具言之，在特定生态环境损害案件中，同一被告可能会因同一生态环境损害法律事实而承担多重惩罚性生态环境损害法律责任的问题，由此引发威慑过度的问题。笔者认为，在协调多重生态环境损害惩罚性法律责任的适用关系时应严格遵循公法上的比例原则。

生态环境损害在一定程度上具有天然的道德正当性。因此，造成生态环境损害的行为主体往往是为社会生产各种必需生活、生产用品，为社会创造就业的法律主体，例如各类企事业单位。随着人类社会的发展，人们认识到生态环境的重要性，开始探寻通过法律责任或者说法律制裁手段来惩戒这些造成生态环境损害的企业单位，预期通过威慑的方式改进企业的生产模式。一般来说，虽然越严厉的责任规则、越高额的金钱支付、越长的自由刑罚期限，越能"激励"企业向善，但法律责任规则的威慑效力也具有边际效应。过重责任可能成为压垮企业的稻草，进而影响到企业承载的基本社会福利供给任务，间接造成社会福利的不当减损。换言之，法律责任的设计，不仅要考虑到对企业的边际震慑效力递减规律，还要结合国情设定妥当的成本效益规则：生态环境损害法律责任的总和给企业施加的边际总成本应相当于因法律责任给社会造成的边际总收益的减少额。事实上，从程序正义的角度来看，立法者也应赋予造成生态环境损害的法律主体享有一种挑战法律责任总和是否过重的异议权利。如果说国家能够随意设定企业单位应当承担的法律责任而企业无权异议、必须遵从的话，无疑是不符合基本法理的，即权利与义务对等原则。换言之，法律制裁亦应符合正义原理。中国法律格局经历了"诸法合体"到"部门法分立"，形成了对企业单位违法行为的民事法、行政法和刑事法三部门的制裁体系。这种部门分立化的制裁在司法实践中容易导致制裁聚合，以及严厉性和效果的失衡等问题。对同一生态环境损害而言，行为人可能需要就其违法行为所致损害同时承担民法中的惩罚性赔偿、行政法中的罚款和刑事法中的罚金，为实现制裁效果的不枉不纵、比例适当，立法者要考虑三部门法中的制裁的协同适用。对于部门法分立可能导致制裁的严厉性和效果失衡的问题，主要是因为在一般人的认知中，"刑事罚金也只不过是换了一种程序的破财免灾"，如果设定了惩罚性赔偿，有可能让人认为"更加严厉的制裁在刑罚之外"，有违法律体系制裁的严厉性分工，打破本应遵循的制裁阶梯。①

那么，从制度设计的角度看，我们应如何赋予责任人就责任总和过重提出异议的权利呢？目前立法者虽然确立了一些责任衔接机制，②但这些规则或者适用范围局限于（罚款、罚金），或者彼此之间存在不一致（综合考虑并非折抵），有必要进一步优化惩罚性生态环境损害法律责任的适用与衔接规则。笔者认为，可以考虑借助公法上的比例原则，并赋予法院审查责任是否违反比例原则的义务，责任人亦享有提出异议的权利。一旦被告认为其承担的法律责任总和过重，在后位诉讼程序中可向法院提出异议，法院不得再径直以"刑事责任和行政责任不影响民事责任"为由判定被告承担的法律责任总和合法合理。③如此规定是否合理，还须在法理层面探讨。由于公法责任的本质是国家通过公权力对相对人侵害公共利益的行为施加的一种法律制裁，其结果是对当事人权利的剥夺，因此须时刻警惕国家权力在制裁领域的滥用。由此，受到制裁的单位和个人在认为国家权力为其施加的法律责任过重时，理应享有异议权，主张"罚过不相当"。从本质来看，这种异议权的理论基础是公法中久负盛名的"比例原则"。大陆法系国家奉行的"比例原则"由最初的一项专门用于警察法领域的行政法原则，逐步上升为一项行政法基本原则，最终成为适用于所有公法领域的具有宪法位阶的基本法律原则。④比例原则在刑法领域的适用主要包括两种情形，一是"只有在具有不得不使用刑罚进行处罚的法益侵害或者威胁的时候，才可以将该行为作为犯罪，动用刑罚手段进行制裁"⑤；二是我们更熟知的"罪刑相一致原则"或者"罪刑均衡原则"。在行政法领

---

① 参见李洁《单位主体制裁体系的碎片化缺陷及其修复》，《西南政法大学学报》2017年第2期。
② 具言之，《行政处罚法》第28条明确了行政处罚与刑罚之间的折抵规则（仅限于行政罚款与刑事罚金折抵，以及拘留与拘役、自由刑的折抵），并在《关于审理生态环境侵权纠纷案件适用惩罚性赔偿的解释》第10条第2款中明确了人民法院综合考虑"惩罚性赔偿责任、罚款、罚金"的规则。
③ 《民法典》第187条的适用前提是民事责任应当是因私人利益损害导致的，因为本条的主要目的是避免私人利益淹没在国家利益或者公共利益的洪流之中，即不能因国家追究犯罪人的刑事责任和行政责任而忽略对私人利益损害的填补，但民法中规定的生态修复责任指向公共利益，故该条的适用前提并不存在。
④ 比例原则开始扩张适用于民法领域。参见郑晓剑《比例原则在现代民法体系中的地位》，《法律科学》（西北政法大学学报）2017年第6期。
⑤ 参见黎宏《日本刑法精义》，中国检察出版社2004年版，第32页。

域,"罚过相当"是适用比例原则的典例,即"行政罚款之种类与额度,应当符合目的适当性、手段必要性以及限制妥当性之原则"。因此,对于法定的行政犯罪,比例原则亦应发挥作用——最终给犯罪人施加的刑事责任不仅要与罪过相当,还须抵扣已施加的行政制裁。可以说,比例原则可以也应当适用于全部法律责任领域。这和比例原则的思想是高度融合的。比例原则的核心思想是禁止过度,其功能或者说价值即在于矫正国家权力和私人权利之间的失衡状态,通过对国家权力的行使条件、行使方式进行比例限制,确保私人权利不被过度侵犯。具体到惩罚性生态环境损害责任问题,国家固然可以基于"充分威慑"的需要为违法者或者犯罪人施加多次惩罚性法律责任(一次威慑可能失灵,须施加二次、三次威慑),但这些法律责任的本质均是国家权力基于维护公共利益之目标而对私人基本权利施加的干涉,只有在整体上受到比例原则的拘束,方能契合实质正义。

在适用比例原则的过程中,有必要考虑的一个关键问题是责任人对广义修复性责任(包括修复责任和赔偿责任)的承担可以在何种程度上减轻或者免除惩罚性责任?① 对此,笔者认为,立法者应予以认可,在决定惩罚性责任时应注重发挥积极修复的法效果。② 具言之,不仅行政机关在行政处罚和法院在判决刑事责任时应考虑责任人在承担修复责任时的态度和已经履行的程度,③ 在责任人就其应承担整体惩罚性责任是否符合比例原

---

① 比如,在贵州玉屏湘盛化工有限公司污染土壤环境案中,被告湘盛公司不仅被要承担民事责任(危险处置费60.3万元,修复费用230万元,以及生态环境期间服务功能损失127.19万元),其还因被施加了行政罚款处罚(合计25万元),以及相应的刑事责任(罚金20万元)。参见贵州省遵义市中级人民法院民事判决书,〔2016〕黔03民初字第520号;贵州省玉屏侗族自治县人民法院刑事判决书,〔2016〕黔0622刑初字第68号。同样,在江苏省环保联合会与德司达(南京)染料有限公司环境污染民事公益诉讼案中,被告在被要求赔偿环境修复费用2428.29万元之前已经因犯污染环境罪被判处罚金2000万元。参见江苏省南京市中级人民法院民事判决书,〔2016〕苏01民初1203号;江苏省扬州市中级人民法院刑事裁定,〔2016〕苏10刑终185号。在两案中,被告均以其已经承担行政处罚或刑事责任为由主张减轻或免除民事责任。
② 参见张辉《论生态环境损害赔偿义务人"认赔"的刑事法律效用》,《现代法学》2021年第6期。
③ 比如,《生态环境行政处罚办法》第41条将"当事人改正违法行为的态度和所采取的改正措施及效果"作为行政机关行使生态环境行政处罚裁量权的考量情节。《关于办理环境污染刑事案件适用法律若干问题的解释》(法释〔2023〕7号)第6条规定:"实施刑法第338条规定的行为,行为人认罪认罚,积极修复生态环境,有效合规整改的,可以从宽处罚;犯罪情节轻微的,可以不起诉或者免于刑事处罚;情节显著轻微危害不大的,不作为犯罪处理。"实践中,有些地方直接以生态环境修复费用的50%至1倍作为确定刑事罚金的基准。参见《江苏省高级人民法院关于环境污染刑事案件的审理指南(一)》第19项。

则提出异议的司法案件中，法院也应考虑修复性责任的承担和履行情况。实践中，有部分法院甚至直接以生态环境修复费用的50%至1倍作为确定刑事罚金的基准。除了适当减轻责任，对于一些特定的违法责任人（企业），还应考虑是否有必要确立"合规不起诉""合规不处罚"制度。①

最后，在多元生态环境损害法律责任分散于各部门法的背景下，程序衔接问题会更复杂。从长远看，一个可供立法者思考的方案是，在当前大力推进的环境资源案件跨区域集中管辖和归口审理的背景下，应积极探索环境司法三审合一机制，争取在一个程序内同时解决同一生态环境损害触发的多重法律责任问题。②

本章小结

围绕生态环境修复行政命令制度的体系优化问题，本章重点解决了三个制度构建层面的问题：其一，从立法进路、实体规则和核心程序入手，完善生态环境修复行政命令制度的法制化进程。当前对生态环境修复行政命令进行程序控制的最佳方略是：在《环境保护法》和各单行环境法中就生态环境修复行政命令做出原则规定的同时，制定专门的《生态环境行政命令实施办法》，系统设定生态环境修复命令的发布程序、实施程序、异议程序、成本收回程序和制裁程序。其二，针对行政机关和行政相对人不履职或者不履责的情形，构筑生态环境修复行政命令的保障机制。对于行政机关不依法履职的情形，可以通过检察行政公益诉讼和相对人的权利救济机制进行保障。对于责任人不积极履责的情形，应区分情形对待。其中，对于责任人确无能力履行的情形，应考虑引入公益劳动代偿和工资费用长期扣除、社会化填补、政府兜底救济等制度；对于责任人拒不履行行政命令情形，可以考虑设定保障性决定（行政处罚＋行政强制），同时采用环保信用奖惩制度。其三，在多元生态环境损害救济体系中明确生态环境修复行政命令制度的定位。一是明确多元生态环境修复责任机制的整合原理及其指引下的具体整合路径。整合原理包括"国家权力合理分工原

---

① 对此，可以借鉴美国自然资源损害赔偿中的约定不起诉制度。
② 参见程玉《生态损害法律责任体系化的规范进路》，《湖湘法学评论》2023年第1期。

则""最低制度成本效益原则",具体的整合路径则是构建一种"行政主导、司法补充"的救济规则。具言之,以行政命令/行政磋商作为首位追究机制,在用尽行政机制不能完成责任追究目标时,行政机关可以发起索赔诉讼。相较于行政机关主导的机制而言,环境民事公益诉讼制度是补充机制。至于行政命令和行政磋商,行政机关可视情况自由决定,基本判断标准是责任认定的复杂程度和生态环境修复的难易程度。二是基于责任功能维度探讨生态环境损害法律责任的适用与衔接机制。具言之,修复性责任应优先于惩罚性责任的适用。而对于各类惩罚性责任,立法者应在实体层面确立公法上的比例原则,并在程序上赋予法院审查义务和责任人异议权。同时,立法者还须考虑确立以修复性责任减轻或者免除惩罚性责任的机制。最后,从长远来看,相对更可行的方案是依托三审合一机制整合修复性、惩罚性和预防性三类生态环境损害法律责任。

结　论

在社会价值结构日趋多元化的背景下，多元共治因具有平衡多元主体之间利益、提升行政管理效率等特点，开始成为中国建设现代化生态环境治理体系的新理念。然而，生态环境多元共治并非意在彻底摧毁秩序法理念下的行政法体系，将行政机关从生态环境治理的战场中撤离，并将代表和维护生态环境公共利益的重任完全交由社会公众和法院。诚然，社会公众和法院的介入，有助于打破行政机关作为管制者与被管制者之间的利益勾连，修补"民主进程的失灵"，但也会进一步诱发社会治理效率的降低，以及权力分立与制衡的法治隐忧。事实上，从域外法制经验来看，行政机关利用行政权的方式维护生态环境公共利益仍然是主流的制度设计。只不过随着"公法私法化"理念往纵深化方向的发展，行政机关和相对人的关系不再是传统行政法体系中的"命令管制"，而是更加平等的"沟通协作"关系，行政机关履行生态环境治理职责可以采取更加柔性化的协商和解方式。

具体到生态环境修复责任领域，域外立法者普遍选择授权行政机关利用行政命令和协商和解的方式来追究生态环境修复责任。对于中国而言，起初立法者寄希望于通过公众（环保组织）和法院——即环境民事公益诉讼制度追究生态环境修复责任。但随后，立法者意识到环保组织的代表性和实际能力的不足，先后确立了检察机关环境民事公益诉讼和生态环境损害赔偿制度，将生态环境修复责任的追究机制转向法律的公共实施。生态环境损害赔偿制度的正式确立，意味着行政机关开始主导生态环境修复责任追究机制，并且行政机关的主导性主要体现为生态环境损害索赔诉讼启动前必经的磋商和解程序。此时，我们不禁要思考的问题是：在行政权应发挥生态环境修复责任追究主导作用的体系中，仅依靠行政权的柔性行使方式是否足够？传统行政执法机制中的刚性行政命令是否还有适用的空

结 论

间？在域外普遍保留生态环境修复行政命令制度适度适用空间的背景下，本书以生态环境修复行政命令制度为研究对象，具有理论和现实意义。

在研究生态环境修复行政命令制度之前，有必要对其基础理论进行探究。按照行政法理，行政命令是一种独立于行政处罚、行政强制的基础性行政决定，其中心价值是"通过强制性命令要求相对人履行行政法上的义务"，但其实施离不开行政处罚和行政强制执行的保障作用。生态环境行政命令是行政命令在生态环境领域的具体适用，其主要包括两种基本类型，一是"纠正违法行为"；二是"消除危害后果"。生态环境修复行政命令即消除危害后果类行政命令，具体包括应急性修复行政命令和修复性修复行政命令两种。有关生态环境修复行政命令法律属性的理解，应当从不同的角度进行观察。从相对人的角度观察，生态环境修复行政命令是救济性行政命令行为；从行政机关的角度观察，生态环境修复行政命令是行政机关主动履行自身生态环境监管职责的行为。生态环境修复行政命令是行政命令制度在生态环境修复领域的具体适用，故其运行过程需要同时兼顾行政命令的运行原理以及生态环境修复作为一项科学技术活动的特殊性。值得注意的是，尽管行政命令制度在生态环境修复领域中可以发挥有效的作用，但其在实践中亦面临诸多局限。

通过对域内外生态环境修复行政命令制度进行规范和实践层面的考察可知，域外均或多或少保留了生态环境修复行政命令制度的适用空间，但各国对其适用范围以及与其他修复制度的衔接问题的处理方案并不一致。对于中国而言，生态环境修复行政命令制度存在两方面的现实困境，直接制约了行政机关选择利用刚性行政命令以实现生态环境修复责任目标。一方面，从生态环境修复行政命令制度的内部来看，中国立法层面目前尚未确立专门的生态环境修复行政命令制度，不仅实体法依据不明，程序法规范也尤为欠缺，导致相关制度供给严重不足。另一方面，从外部制度衔接的角度来看，生态环境修复行政命令制度不仅与其他多元修复制度工具之间缺乏有序衔接，其与包括行政处罚在内的公法制裁之间也缺乏合理衔接。这些问题是优化中国生态环境修复行政命令制度的关键挑战。

通过论证分析，在当下中国优化生态环境修复行政命令制度的逻辑基础包括四个方面。首先，生态环境修复行政命令制度在域外的普遍适用表明中国确立生态环境修复行政命令制度至少具有一定程度的可欲性。其次，生态环境修复责任属性与行政命令运行原理契合决定了以生态环修复行政命令制度追究生态环境修复责任具有正当性。再次，相较于索赔磋商、司法机制，以行政命令追究生态环境修复责任具有的制度功能优势，为优化生态环境修复行政命令制度奠定了功能上的必要性基础。最后，基于中国国家权力分立结构、转型期的社会背景、生态文明体制改革实践经验，当下中国优化生态环境修复行政命令制度具有充分的可行性基础。然而，行政命令制度的高权行政行为属性使其具有传统行政法理论的深刻烙印（即强调公权力优越、公益优先、国民对行政的服从关系，行政行为的先定力，行政手段的强制性以及公民权利的有限性），其威权特征与现代行政法强调的平等理念、合作治理精神不相契合。因此，中国未来立法者在重构或者优化生态环境修复行政命令制度时，有必要尽量消除行政命令制度的这些弊端，应尽量实现程序公正与行政效率的均衡。

对中国生态环境修复行政命令制度的优化应当采取体系化的视角。在生态环境修复行政命令制度的体系优化过程中，三个问题至关重要。一是生态环境修复行政命令制度的法制化；二是生态环境修复行政命令制度的保障机制；三是生态环境修复行政命令与其他多元生态环境修复制度之间以及公法制裁的衔接机制。对于这些问题，本书得出如下初步结论：其一，对生态环境修复行政命令进行适法性控制的最佳方略是在《环境保护法》和各单行环境法中就生态环境修复行政命令做出原则规定的同时，制定专门的《生态环境行政命令实施办法》。在设计生态环境修复行政命令制度的具体程序规则时，立法者有必要借鉴域外经验，系统设定生态环境修复命令的发布程序、实施程序、异议程序、成本收回程序和制裁程序。其二，生态环境修复责任属于行政法律责任，其追究机制具有二元性。责任追究机制的整合应当遵循"国家权力合理分工原则""最低制度成本效益原则"，并构建一种"行政主导、司法补充""行政机关自由裁量适用行政命令和行政磋商"的适用规则。其三，对于行政机关和责任人不履职或者不履责的情形，应当根据不同情形配置不同的保障机制。其四，立法者应当在生态环境修复行政命令和行政处罚之间设定前置衔接机制，并通过比例原则和折抵规则来协调修复费用、行政罚款和刑事罚金、惩罚性赔偿金。其五，立法者有必要纠正当前环境恢复性刑事司法的过度发展，并重新确立行政机关在生态环境修复责任领域的主导权。

参考文献

一 中文参考文献

（一）中文译著

［德］埃贝哈德·施密特-阿斯曼等著，［德］乌尔海希·巴迪斯编选：《德国行政法读本》，于安等译，高等教育出版社2006年版。

［德］哈特穆特·毛雷尔：《行政法学总论》，高家伟译，法律出版社2000年版。

［德］汉斯·J.沃尔夫、［德］奥托·巴霍夫、［德］罗尔夫·施托贝尔：《行政法》（第二卷），高家伟译，商务印书馆2002年版。

［德］卡尔·拉伦茨：《法学方法论》，陈爱娥译，商务印书馆2003年版。

［德］克里斯蒂安·冯·巴尔：《大规模侵权损害责任法的改革》，贺栩栩译，中国法制出版社2010年版。

［德］罗伯特·阿列克西：《法律论证理论：作为法律证立理论的理性论辩理论》，舒国滢译，中国法制出版社2002年版。

［德］施密特·阿斯曼：《秩序理念下的行政法体系建构》，林明锵等译，北京大学出版社2012年版。

［法］古斯塔夫·佩泽尔：《法国行政法》（第十九版），廖坤明、周洁译，国家行政学院出版社2002年版。

［美］米尔伊安·R.达玛什卡：《司法和国家权力的多种面孔——比较视野中的法律程序》（修订版），郑戈译，中国政法大学出版社2015年版。

［美］理查德·B.斯图尔特：《美国行政法的重构》，沈岿译，商务印书馆2011年版。

［美］约瑟夫·L.萨克斯：《保卫环境：公民诉讼战略》，王小钢译，中国政法大学出版社2011年版。

［日］交告尚史、［日］臼杵知史、［日］前田阳一、［日］黑川哲志：《日本环境法概论》，田林、丁倩美译，中国法制出版社2014年版。

［日］盐野宏：《行政法总论》，杨建顺译，北京大学出版社2008年版。

［英］哈特：《法律的概念》，张文显、郑成良、杜景义、宋金娜译，中国大百科全书出版社1996年版。

［英］马克·韦尔德：《环境损害的民事责任：欧洲和美国法律与政策比较》，张一心、吴婧译，商务印书馆2017年版。

(二) 中文著作

曹明德：《生态法新探》，人民出版社2007年版。

陈慈阳：《环境法总论》，中国政法大学出版社2003年版。

陈清秀：《行政罚法》，法律出版社2016年版。

谌杨：《生态环境损害的行政命令型救济研究》，知识产权出版社2022年版。

程玉：《生态损害法律责任实施机制的选择》，中国社会科学出版社2021年版。

冯汝：《环境法私人实施研究》，中国社会科学出版社2017年版。

韩德培主编：《环境保护法教程》（第8版），法律出版社2018年。

胡晓军：《行政命令研究：从行政行为形态的视角》，法律出版社2017年版。

贾峰等编著：《美国超级基金法研究》，中国环境出版社2015年版。

李波：《公共执法与私人执法的比较经济研究》，北京大学出版社2008年版。

梁上上：《利益衡量论》（第2版），法律出版社2016年。

宋亚辉：《社会性规制的路径选择》，法律出版社2017年版。

王江：《生态环境修复法治研究》，中国社会科学出版社2019年版。

王名扬：《王名扬全集② 法国行政法》，北京大学出版社2016年版。

王名扬：《王名扬全集① 英国行政法、比较行政法》，北京大学出版社2016年版。

翁岳生编：《行政法》（上），中国法制出版社2009年版。

叶必丰：《行政行为原理》，商务印书馆2019年版。

余凌云：《行政法讲义》，清华大学出版社2010年版。

张辉：《美国环境法研究》，中国民主法制出版社2015年版。

张艳蕊：《民事公益诉讼制度研究：兼论民事诉讼机能的扩大》，北京大学出版社2007年版。

张越：《英国行政法》，中国政法大学出版社2004年版。

(三) 论文

曹实:《行政命令地位和功能的分析与重构》,《学习与探索》2016 年第 1 期。

陈国权、皇甫鑫:《功能性分权:中国特色的权力分立体系》,《江海学刊》2020 年第 4 期。

陈太清:《行政罚款与环境损害救济:基于环境法律保障乏力的反思》,《行政法学研究》2012 年第 3 期。

冯洁语:《公私法协动视野下生态环境损害赔偿的理论构成》,《法学研究》2020 年第 2 期。

巩固:《环境民事公益诉讼性质定位省思》,《法学研究》2019 年第 3 期。

巩固:《生态损害赔偿制度的模式比较与中国选择——〈民法典〉生态损害赔偿条款的解释基础与方向探究》,《比较法研究》2022 年第 2 期。

郭武:《论环境行政与环境司法联动的中国模式》,《法学评论》2017 年第 2 期。

胡静:《比较法视野下生态环境损害救济的行政主导实质及其启示》,《比较法研究》2023 年第 3 期。

胡静:《环保组织提起的公益诉讼之功能定位:兼评我国环境公益诉讼的司法解释》,《法学评论》2016 年第 4 期。

胡静:《土壤修复责任的公法属性:目的和工具面向的论证》,《湖南师范大学社会科学学报》2020 年第 5 期。

胡静:《我国环境行政命令实施的困境及出路》,《华中科技大学学报》(社会科学版) 2021 年第 1 期。

胡静:《我国环境行政命令体系探究》,《华中科技大学学报》(社会科学版) 2017 年第 6 期。

胡静、崔梦钰:《二元诉讼模式下生态环境修复责任履行的可行性研究》,《中国地质大学学报》(社会科学版) 2019 年第 6 期。

黄海华:《行政处罚的重新定义与分类配置》,《华东政法大学学报》2020 年第 4 期。

黄锫:《行政执法中责令改正的法理特质与行为结构》,《浙江学刊》2019 年第 2 期。

康京涛:《生态修复责任的法律性质及实现机制》,《北京理工大学学报》(社会科学版) 2019 年第 5 期。

冷罗生、李树训:《生态环境损害赔偿制度与环境民事公益诉讼研究:基于法律权利和义务的衡量》，《法学杂志》2019 年第 11 期。

李琳：《法国生态损害之民法构造及其启示：以损害概念之扩张为进路》，《法治研究》2020 年第 2 期。

李启家：《环境法领域利益冲突的识别与衡平》，《法学评论》2015 年第 6 期。

李荣珍、王南瑛：《论行政首次判断权原则及其司法适用》，《海南大学学报》（社会科学版）2019 年第 3 期。

李孝猛：《责令改正的法律属性及其适用》，《法学》2005 年第 2 期。

李挚萍：《行政命令型生态环境修复机制研究》，《法学评论》2020 年第 3 期。

刘长兴：《论行政罚款的补偿性：基于环境违法事件的视角》，《行政法学研究》2020 年第 2 期。

刘长兴：《生态环境修复责任的体系化构造》，《中国法学》2022 年第 6 期。

刘静：《论生态损害救济的模式选择》，《中国法学》2019 年第 5 期。

刘卫先：《我国生态环境损害补救路径的整合》，《暨南学报》（哲学社会科学版）2020 年第 10 期。

刘艺：《环境正义的司法治理路径探索：六枝特区人民检察院环境行政公益诉讼案评析》，《中国法律评论》2019 年第 2 期。

吕忠梅、窦海阳：《修复生态环境责任的实证解析》，《法学研究》2017 年第 3 期。

吕忠梅、窦海阳：《以"生态恢复论"重构环境侵权救济体系》，《中国社会科学》2020 年第 2 期。

马强伟：《德国生态环境损害的救济体系以及启示》，《法治研究》2020 年第 2 期。

彭涛：《司法权与行政权的冲突处理规则》，《法律科学》（西北政法大学学报）2016 年第 6 期。

彭中遥：《论政府提起生态环境损害赔偿诉讼的制度空间》，《华中科技大学学报》（社会科学版）2021 年第 4 期。

彭中遥：《生态环境损害救济机制的体系化构建：以公私法协动为视角》，《北京社会科学》2021 年第 9 期。

沈百鑫：《环境损害的修复责任制度初探：以水体损害修复责任的中德比

较为视角》，《清华法治论衡》2014 年第 2 期。

侍海艳：《行政法漏洞的填补：行政执法的研究视角》，博士学位论文，南京师范大学，2020 年。

谭冰霖：《环境行政处罚规制功能之补强》，《法学研究》2018 年第 4 期。

藤祥志：《"责令改正"的独立性原理探讨》，《公法研究》2010 年第八辑。

王灿发、王政：《生态环境修复法律责任性质辨析》，《南京工业大学学报》（社会科学版）2023 年第 5 期。

王贵松：《论行政处罚的制裁性》，《法商研究》2020 年第 6 期。

王贵松：《行政裁量收缩论的形成与展开：以危险防止型行政为中心》，《法学家》2008 年第 4 期。

王明远：《论我国环境公益诉讼的发展方向：基于行政权与司法权关系理论的分析》，《中国法学》2016 年第 1 期。

王锡锌：《正当法律程序与"最低限度的公正"：基于行政程序角度之考察》，《法学评论》2002 年第 2 期。

王小钢：《生态环境修复和替代性修复的概念辨正——基于生态环境恢复的目标》，《南京工业大学学报》（社会科学版）2019 年第 1 期。

相焕伟：《协商行政：一种新的行政法范式》，博士学位论文，山东大学，2014 年。

谢玲：《生态损害行政矫正的概念厘定及功能界分》，《重庆大学学报》（社会科学版）2020 年第 5 期。

徐键：《功能主义视域下的行政协议》，《法学研究》2020 年第 6 期。

徐肖东：《基础行政决定上的升级行政处罚制度构建：以〈行政处罚法〉的修改为契机》，《浙江学刊》2020 年第 4 期。

徐以祥：《论生态环境损害的行政命令救济》，《政治与法律》2019 年第 9 期。

薛艳华：《环境行政命令与环境行政处罚的错位与匡正：界分基准与功能定位的视角》，《大连理工大学学报》（社会科学版）2019 年第 6 期。

杨登峰：《行政行为程序瑕疵的指正》，《法学研究》2017 年第 1 期。

张宝：《生态环境损害政府索赔权与监管权的适用关系辨析》，《法学论坛》2017 年第 3 期。

张宝：《生态环境损害政府索赔制度的性质与定位》，《现代法学》2020 年第 2 期。

张宝:《我国环境公益保护机制的分化与整合》,《湖南师范大学社会科学学报》2021年第2期。

张辉:《环境行政权与司法权的协调与衔接:基于责任承担方式的视角》,《法学论坛》2019年第4期。

赵鹏:《生态环境损害赔偿的行政法分析——兼论相关惩罚性赔偿》,《政治与法律》2023年第10期。

竺效:《论生态损害综合预防与救济的立法路径——以法国民法典侵权责任条款修改法案为借鉴》,《比较法研究》2016年第3期。

二 外文参考文献

(一) 著作

Afshin Akhtar-Khavari & Benjamin J. Richardson, *Ecological Restoration Law: Concepts and Case Studies*, Routledge, 2019.

Gerrit Betlem, *Civil Liability for Transfrontier Pollution: Dutch Environmental Tort Law in International Cases in the Light of Community Law*, Springer, 1993.

J. M Van Dunne, Jan-Willem Meijer, *The Duty of Care in Contract and Tort: Selected Eassays on Contract, Construction Law, Tort, Environmental Liability, Jurisprudence*, Maastricht: Shaker, 2006.

Lucas Bergkamp (ed.), *The EU Environmental Liability Directive: A Commentary*, Oxford: Oxford University Press, 2013.

Marie-Louise Larsson, *The Law of Environmental Damage: Liability and Reparation*, Leiden: Brill, 1999.

Michiel Heldeweg & René Seerden, *Environmental Law in the Netherland*, Kluwer Law International, 2012.

Monika Hinteregger (ed.), *Environmental Liability and Ecological Damage in European Law*, Cambridge University Press, 2008.

Peter Wettersten (ed.), *Harm to the Environment: The Right to Compensation and the Assessment of Damages*, Oxford: Clarendon Press, 1997.

Stuart Bull et al., *Environmental Law*, ninth edition, Oxford: Oxford University Press, 2017.

Thomas F. P. Sullivan et al., *Environmental Law Handbook*, Bernan Press, 2017.

Wilde Mark, *Civil Liability for Environmental Damage*, Kluwer Law International, 2002.

(二) 论文

R. J. Hobbs, D. A. Norton, "Towards a Conceptual Framework for Restoration Ecology", *Restoration Ecology*, Vol. 4, No. 2, 1996.

Berthy Van Den Broek, Liesbeth Enneking, "Public Interest Litigation in the Netherlands: A Multidimensional Take on the Promotion of EnvironmentalInterests by Private Parties Through the Courts", *Utrecht Law Review*, Vol. 10, No. 3, 2014.

Clewell AF, "Ecology Restoration Ecology and Ecological Restoration", *Restoration Ecology*, Vol. 1, No. 3, 1993.

Craig H. Allen, "Proving Natural Resource Damage Under OPA 90: Out with the Rebuttable Presumption, in with APA-Style Judicial Review?", *Tulane Law Review*, Vol. 85, 2011.

Eckard Rehbinder, "Implementation of the Environmental Liability Directive in Germany", *Environmental Liability*, Vol. 15, No. 5, 2007.

Eric Biber, "Which Science? Whose Science? How Scientific Disciplines Can Shape Environmental Law", *The University Chicago Law Review*, Vol. 79, No. 2, 2012.

Giselda Durigan et al., "Legal Rules for Ecological Restoration: An Additional Barrier to Hinder the Success of Initiatives", *Revista Árvore*, Vol. 34, No. 3, 2010.

Gordon Johnson, "Paying the Piper: Comments on Liability for Natural Resourc Injury: Beyond Tort", *Albany Law Journal of Science & Technology*, Vol. 6, 1996.

Julie Foulon, "Recent Developments in French Environmental Law: Recognition and Implementation of Ecological Damage in French Tort Law", *Environmental Law Review*, Vol. 21, No. 4, 2019.

Karen Bradshaw, "Settling for Natural Resource Damages", *Harvard Environmental Law Review*, Vol. 40, 2016.

Rik Mellenbergh, "Soil Protection Law and Reclaiming Soil Decontamination Costs in the Netherlands", *Journal for European Environmental and Planning Law*, Vol. 3, 206.

R. M. Acrory, "Reforming Regulatory Sanctions: A Personal Perspective", *Envi-*

ronmental Law Review, Vol. 11, No. 2, 2009.

Sanne H. Knudsen, "The Long-term Tort: in Search of a New Causation Framework for Natural Resource Damages", Northwestern University Law Review, Vol. 108, 2014.

Steven Shavell, "The Fundamental Divergence Between the Private and the Social Motive to Use the Legal System", Journal of Legal Studies, Vol. 26, No. S2, 1997.

Taylor Simon, "Extending the Frontiers of Tort Law: Liability for Ecological Harm in the French Civil Code", Journal of European Tort Law, Vol. 9, No. 1, 2018.

Ungureanu Ciprian, "General Considerations on the Elements of Civil Liability in the Environmental Law", European Journal of Law and Public Administration, Vol. 6, No. 2, 2019.

Vander Wilt, "Multifunctionality of soil, the Rise and Fall of a Dutch Principle", Environmental Liability, Vol. 6, No. 1, 1998.

索 引

B

保障性行政决定　　55,56,60,85—87,
　155,166,218

C

成本收回程序　　212,214,216,236,240
程序公正　　23,25,185,187,197,
　226,240
初始管辖权　　179,187

F

法律公共实施　　88,89,168,217
法秩序恢复功能　　65

G

公法私法化　　52,81,85,185,222,238
公共利益代表性　　172,173
国家权力合理分工　　227,236,240

J

基础性行政决定　　55,57,60,63,72,
　73,78,85—88,93,155,166,218,239
接受效率　　23—25,84,185—187,
　197,209
决策效率　　23—25,84,85,88,185—
　187,192,194,197

S

社会技术原理　　39,40,53,80
生态环境修复行政命令　　3—10,12—
　19,21—25,52—55,68,72,73,76—83,
　85,87—96,99,101—104,108—112,
　114—118,120,125,126,130,136,137,
　140,143,145—153,155—157,159,160,
　162,163,166—168,179,180,187,188,
　191,192,194—202,204,206—214,
　216—223,227—229,231,236,239,240
生态科学原理　　27,34—36,39—41,
　53,79,80
首次判断权　　48,182,224
司法修复　　3—6,10,12,20,23,27,
　49—55,85,90,91,136,143,151,159,
　162,203

X

行政修复　4—6,12,48,50,52,53,
　143,151,162,186
行政主导、司法补充　227,228,230,
　237,240

Y

义务具体化功能　63,167

Z

责令赔偿生态损失　9,201,204,219
责令修复生态环境　9,110,201
正当法律程序原则　65,68,204—
　206,217
最佳制度成本效益　226,227

后　记

本书是在我的博士后出站报告的基础上修改完成的，亦是本人主持的国家社科基金青年项目（批准号：22CFX041）的阶段性成果。在拙稿付梓之际，我想由衷感谢为拙稿的形成和完善提供了批评、建议或给予了鼓励、支持的师友。

感谢博士后合作导师冷罗生教授及师母陶芸教授的精心培养与耐心指导。博士毕业后，有幸得到冷老师的慷慨接纳。冷老师治学严谨、平易近人，不仅给予我宽松的研究环境，还在生活上对我多加关怀和支持。感谢老师在论文选题、写作、修改过程中倾注心血。感谢老师多次组织同门学术讨论，交流心得，碰撞思想，学思并进，使我受益良多。在此向恩师及李树训、沈然冉、郭小川、韩康宁等同门兄弟姐妹表示衷心的感谢！

感谢我的博士导师曹明德教授和邵方教授一直以来给予关怀，两位老师治学的严谨态度和为人的乐天情怀，值得我一生追随与践行。

感谢中国政法大学胡静教授在学术启蒙和求知旅途中给予我的指导和帮助，胡老师的"做真学问、真做学问"箴言始终鞭策着我砥砺前行。《生态损害法律责任实施机制的选择》及本书中的诸多观点均得益于与胡老师的交流，离不开他无私的解惑、点拨。感谢中国政法大学王灿发教授在我求学和工作期间给予关爱和指导，他为我提供的在环助律师事务所的实习工作奠定了我关注环境法案例的实证意识，王老师热心公益、为中国环境污染弱势群体呐喊的精神也时常鼓舞着我投身美丽中国的法制建设进程。感谢张式军教授、张建伟教授、罗丽教授和侯佳儒教授在报告开题和答辩过程中给予的宝贵修改建议。感谢王小钢教授邀请我参加了《生态环境法典》生态环境损害责任专章的研究工作，让我对修改本书有了一些新的思路。感谢王慧、彭中遥、何江、刘禹、吕梦醒、杨博文、李海棠、王哲、刘飞琴、姜潇、张怡然等同道学友给我提供了可持续的智识激励。

我所在的北航法学院，以聚焦于法学基础理论的"国际化、跨学科"研究为特色，为我个人的学术研究提供了极为便利的条件。感谢龙卫球、周友军、泮伟江、周学峰、初殿清、付翠英、王锴、王天华、肖建华、孙运梁、翟志勇等学院领导和前辈教授对后辈的关爱与勉励。感谢中心主任杜群教授一直以来对我教学科研工作的引领与指导，不断督促我精进学术、打磨作品。感谢吉冠浩、王琦、赵精武、李游、雷震文、张杨、徐实、魏露露、李静、王萌等各位年轻教师在日常工作中给予我的帮助与不吝解惑，使我受到了跨学科的熏陶和学术启迪。

本书的撰写、修改和出版先后得到中国博士后科学基金和第十一批《中国社会科学博士后文库》的项目资助，特此致谢。

中国社会科学出版社的梁剑琴老师是我第一本专著《生态损害法律责任实施机制的选择》的责任编辑，而今再次有幸承蒙她负责编辑本书。梁老师以其优秀的职业素养，确保拙稿得以高质量的出版，在此谨致谢忱。感谢我的学生蒋程吉、王晓帆、徐楚等协助校对。

最后，感谢我的家人，你们永远是我最坚实的后盾，让我在失落和自我怀疑时能够脱去倦衣，鼓起重拾自我的勇气，坚定地迈步向前。

程　玉

2024 年 4 月 30 日

第十一批《中国社会科学博士后文库》专家推荐表1

《中国社会科学博士后文库》由中国社会科学院与全国博士后管理委员会共同设立，旨在集中推出选题立意高、成果质量高、真正反映当前我国哲学社会科学领域博士后研究最高学术水准的创新成果，充分发挥哲学社会科学优秀博士后科研成果和优秀博士后人才的引领示范作用，让《文库》著作真正成为时代的符号、学术的示范。

推荐专家姓名	杜群	电话	15002764340
专业技术职务	教授	研究专长	环境法
工作单位	北京航空航天大学法学院	行政职务	中国法学会环境资源法学研究会副会长
推荐成果名称	我国生态环境修复行政命令制度重构研究		
成果作者姓名	程玉		

该成果坚持正确的政治方向，同时具有较高的学术价值和应用价值，体现在以下五个方面：

一是对相关研究作了较好的梳理和归纳，对文献的掌握和运用较为全面、充分，相较于同类研究，本文对大量碎片化的资料作了较好的收集、整理、消化和吸收，在此基础上，对生态环境修复行政命令制度进行了专业分析，使得本研究具有一定的前沿性。

二是在研究方法上，立足于法学规范分析，较为适当地借鉴、运用了法经济学、法社会学等学科的学术资源和研究方法，既有法学搭建的框架，又有经济学的方法，还有社会学的观察，综合运用的效果较好，使得本文的环境法学研究可以超越纯粹规范意义上的研究，更有说服力。

三是在研究框架上，运用成本效益分析方法比较行政命令、行政协商、司法诉讼等生态环境修复责任追究制度工具，形成了较为系统的、一以贯之的理论框架，体现了鲜明的理论特色。

三是在研究结论上，结合中国国情和法治体系的特点，提出重构我国生态环境修复行政命令制度的必要性、可行性以及具体路径，使得本研究具有前瞻性和应用性，可以为国家政策及法律的制定和修改提供理论方案和学术支撑。

五是对环境法学科发展而言，本研究具有较为厚重的理论基础，关注环境法责任规则的实施，弥补了我国环境法学研究在一定程度上重制度轻实施、重制度轻理论、重细节轻宏观的不足，对于环境法学科基础理论的发展和前沿问题的推进而言，具有较大的带动意义。

在下一步修改和完善方面，建议申请人在进出成本效益分析时更多考虑中国特色社会主义法治体系自身的特点，建议从法理层面思考多元生态环境修复法律责任追究机制体系化问题。

总体而言，该成果严格遵循学术规范，具有相当重要的学术价值、理论意义和现实意义，符合《中国社会科学博士后文库》的评选标准，建议资助出版。

签字：杜群

2022 年 3 月 15 日

说明：该推荐表须由具有正高级专业技术职务的同行专家填写，并由推荐人亲自签字，一旦推荐，须承担个人信誉责任。如推荐书稿入选《文库》，推荐专家姓名及推荐意见将印入著作。

第十一批《中国社会科学博士后文库》专家推荐表 2

《中国社会科学博士后文库》由中国社会科学院与全国博士后管理委员会共同设立，旨在集中推出选题立意高、成果质量高、真正反映当前我国哲学社会科学领域博士后研究最高学术水准的创新成果，充分发挥哲学社会科学优秀博士后科研成果和优秀博士后人才的引领示范作用，让《文库》著作真正成为时代的符号、学术的示范。

推荐专家姓名	冷罗生	电 话	13521036919
专业技术职务	教授	研究专长	环境法
工作单位	北京师范大学法学院	行政职务	
推荐成果名称	我国生态环境修复行政命令制度重构研究		
成果作者姓名	程玉		

（对书稿的学术创新、理论价值、现实意义、政治理论倾向及是否具有出版价值等方面做出全面评价，并指出其不足之处）

　　生态环境修复是当前我国生态文明制度改革的重点和热点问题，该选题从行政命令视角切入对生态环境修复的实现路径进行探讨，尤其是对生态环境修复行政命令制度在多元生态环境修复责任追究机制框架下如何发挥其生态环境损害预防和救济功能的研究，对于生态环境修复法律领域理论研究的深入以及国家生态环境治理体系和治理能力现代化实践的完善都具有重要意义。该文不仅对行政命令用于修复生态环境进行应然研究，还大量借鉴了实然性域外立法例，理论分析深入，逻辑结构合理，论证缜密，对域外立法例的介绍详细、精准，较为出色地论证了重构我国生态环境修复行政命令制度的必要性、可行性，并提出了具体的法制重构进路，尤其是对生态环境修复行政命令制度与其他多元生态环境修复制度以及公法制裁的衔接给予了高度关注，是不可多得的优秀研究成果。当然，该文还存在进一步完善的空间。比如，对域外立法经验与我国制度重构规范设计的结合度不够紧密；生态环境修复行政命令制度的部分规范内容欠缺，比如生态环境修复行政命令的管辖与适用问题。建议作者进一步修改、完善。

　　鉴于该文具有相当重要的学术价值、理论意义和现实意义，政治立场正确，关注社会现实，具有较强的出版价值，本人郑重推荐该文入选《中国社会科学博士后文库》。

签字：冷罗生
2022 年 3 月 14 日

说明：该推荐表须由具有正高级专业技术职务的同行专家填写，并由推荐人亲自签字，一旦推荐，须承担个人信誉责任。如推荐书稿入选《文库》，推荐专家姓名及推荐意见将印入著作。